図書館利用教育
ハンドブック

大学図書館版

日本図書館協会図書館利用教育委員会編

日本図書館協会 発行

Handbook for User Education
in Academic Libraries

図書館利用教育ハンドブック　：　大学図書館版　／　日本図書館協会図書館利用教育委員会編．　－　東京　：　日本図書館協会，2003．　－　209p　；　26cm．　－　ISBN4-8204-0230-7

t1．トショカン　リヨウ　キョウイク　ハンドブック　a1．ニホン　トショカン　キョウカイ
s1．図書館利用　s2．図書館教育　①015

まえがき

情報リテラシー（情報活用能力）の育成は、すべての教育機関において今、大きな課題となっている。大学図書館は早くから情報活用能力育成の重要性を認識し、従来から図書館利用教育と称して、これをさまざまな手段で実施してきた。しかしそれは、ともすれば図書館内部の断片的活動であることが多く、大学教育全体のカリキュラムから切り離されたかたちで行われてきた。また近年は、情報通信技術の進展に伴い大学全体の情報環境の基盤整備が進められ、その関連において情報リテラシー教育という言葉は、コンピュータリテラシー教育であるかのように誤解される傾向も見られる。このような時代に、大学教育を情報面で支援する役割を持つ大学図書館に求められるものは、従来から行ってきた資料・情報の提供と同時に、図書館利用教育を実施することにより、より本質的なかたちで情報リテラシーの育成に参加をし、図書館として大学教育に貢献することである。

日本図書館協会図書館利用教育委員会は、図書館利用教育を図書館が従来から実施してきた他の各種サービスと同等な図書館業務の一つであると認識をし、すべての館種の図書館においてこれを実施するための指針、「図書館利用教育ガイドライン」策定の作業を、1989年から開始した。これは図書館利用教育の理念、内容、提供方法、そして組織化の手順を明文化したものである。ガイドラインは、全館種に共通する「総合版」を基にして、「大学図書館版」、「学校図書館版」、「公共図書館版」、そして「専門図書館版」の4部構成となっている。

ここで簡単にガイドライン策定の過程を振り返ってみる。1993年9月にまず「総合ガイドライン」および「大学図書館版」の素案が『図書館雑誌』（Vol.87, No.9）誌上に公表された。ここで提示された案は現在のものとはかなりかたちが異なり、図書館利用教育の目標は「PR」「オリエンテーション」「利用指導」の3レベルであった。以後、さまざまな意見・提案をいただき、その後の情報環境の変化に対応しつつ推敲が重ねられた。まとめあげられた現在の目標は5領域にわたる。領域1は情報リテラシーおよび図書館の重要性の「印象づけ」である。領域2は利用者への「サービス案内」とし、領域3がより詳細、具体的な「情報探索法指導」である。しかし、利用教育の目標がこの3レベルまでに留まるならば、図書館は利用者の情報を受信する権利を保障することにはなるが、能動的に情報を発信する権利を保障することにはならない。そこで新たに領域4「情報整理法指導」、および領域5「情報表現法指導」が付け加えられた。これによってガイドラインは図書館として行うべき情報リテラシー支援の全体像を提示した。「大学図書館版」は1998年4月に常務理事会によって正式に承認された。同時に「学校図書館（高等学校）版」が承認され、続いて翌1999年8月に「専門図書館版」が「情報活用教育ガイドライン」として、また「公共図書館版」が「図書館利用支援ガイドライン」として承認され、利用教育の全面展開の指針がそろった。2001年には、これら4冊が合冊版として出版された。

当ハンドブックは、ガイドラインの「大学図書館版」を現場の担当者が実施に移すための具体的な手引きとするために作成されている。当ハンドブックは、六つの部分から構成されている。まず、「第Ⅰ部　図書館利用教育ガイドライン」においては、ガイドライン「総合版」の「総論」、および「大学図書館版」の本文を掲載している。次に「第Ⅱ部　理論編」においては、利用教育の定義と目標を解説している。「第Ⅲ部　準備編」においては、業務として利用教育を実施するための環境整備としてガイドラインの「実施すべき項目と手順」を中心に解説している。正攻法としてあるべき理想の姿を提示すると同時に、現実的にできるところから実施していくための工夫やアドバイスも提示している。「第Ⅳ部　実施編」では、指導を実施する際の手順・方法・手段のポイントを具体的に提示している。実務の具体的イメージを掴むために、いくつかの大学での実践例をサンプルとして載せている。

「第Ⅴ部　ワークシート集」は、このハンドブックの目玉の一つである。そのままコピーして利用できるワークシートやチェックシートを集めている。利用教育を実施する際に、計画立案、教材作成などをそれぞれの館で一から始めるのはかなりの労力と時間がかかる。具体的なノウハウで共有できるものは共有したらよいという考えのもとに、このハンドブックは作成された。したがって、図書館オリエンテーションや講習会、学科関連指導等をする際の企画書作成などは共通部分が多いので、ワークシートとして用意してある。現状分析や企画の評価の際に用いるチェックシートも準備してある。そのままコピーし、実施の際に用いていただきたい。ただし、当然のことながら、これらはあくまで平均的、標準的な例でしかありえない。具体的な事柄になればなるほど、各大学のニーズに合わせた独自なものが作り出されるべきであろう。実施の際には、これらを一つのヒントとして、自館でオリジナルプログラムを作り出していただきたい。

「第Ⅵ部　資料編」には、さらに研究をすすめるために役立つ、用語解説、教材・ツールリスト、参考文献リストを掲載している。

利用教育プログラムを成功させるには、図書館が大学内で孤立するのではなく、教員を始めあらゆる関連部門と連携をとって、協力して実施することが不可欠であるが、それと同様に、図書館利用教育担当者が専門職集団として連携をとり、協力して、よりよいプログラムを作り上げていくことが必要である。そうすることにより、利用者がどの大学に在籍していようと、自立した情報の利用者となる支援を、それぞれの大学図書館から受けられることとなる。このハンドブックはそれを目指して作成されている。よりよい実践や工夫例があれば、ぜひそれを全国の担当者と共有していただきたい。

本書の執筆は主として日本図書館協会図書館利用教育委員会委員が担当したが、委員が関係する各種団体の研究会、研修会などの研究成果や、その他さまざまな図書館での実施例が取り入れられている。ハンドブック作成に際し、快く協力し、執筆や材料提供をしてくださった方々に感謝する。

2003年1月

日本図書館協会図書館利用教育委員会

目　次

第Ⅰ部

図書館利用教育ガイドライン
—図書館における情報リテラシー支援サービスの全体像—

以下、1章に「図書館利用教育ガイドライン－総合版－」、2章に「図書館利用教育ガイドライン－大学図書館版－」を掲載する。

図書館利用教育は、大学図書館のみが、また個々それぞれの図書館が孤立したかたちで行えるものではない。各館が所属する大学コミュニティ全体との連携が必要であることはもとより、大学入学前の学校図書館、また卒業後の職業生活においての専門図書館、そして生涯にわたって利用する公共図書館などにおいても同様に実施されるべきであるし、図書館関係団体や教育関連機関が協力し、総体として取り組むことにより、初めてその目標を達成することができる。その意味でここに掲載する「総合版」は、各館種別ガイドラインの共通基盤として位置づけられるものであり、「大学版」は各論にあたる。

1章

「図書館利用教育ガイドライン－総合版－」総論

以下に、「図書館利用教育ガイドライン－総合版－」から「総論」部分を転載する。

図書館利用教育ガイドライン－総合版－

総論

このガイドラインはすべての利用者が各自の状況に合わせて図書館の活用能力を身に付けられる体制を確立するために、関係者が実施すべき指針である。

1. 定義

図書館利用教育とは、すべての利用者が自立して図書館を含む情報環境を効果的・効率的に活用できるようにするために、体系的・組織的に行われる教育である。

2. 意義

図書館の活用能力を身に付けることは、人間の成長と自立の大切な要素であり、それは情報化社会・生涯学習社会と言われているこの時代を生きるすべての人にとって欠くことのできない基礎的能力である。また常に成長しサービスを広げていく図書館は、積極的にその利用方法を人々に知らせることにより、その本来の機能を最大限に発揮することができる。

3. 対象

現に図書館を利用している、いないにかかわらず、すべての利用者である個人またはグループを対象とする。

4. 目的・目標

目的・目標は、利用者のニーズと情報利用能力の到達度に合わせて設定するべきで、次の5つの領域が考えられる。

・領域1：印象づけ
各自の情報ニーズを充たす社会的機関として図書館の存在を印象づけ、必要が生じた場合に利用しようという意識を持つようにする。

・領域2：サービス案内
各自の利用する図書館の施設・設備、サービスおよび専門的職員による支援の存在を紹介し、その図書館を容易に利用できるようにする。

・領域3：情報探索法指導
情報の特性を理解すると同時に、各種情報源の探し方と使い方を知り、主体的な情報探索ができるようにする。

・領域4：情報整理法指導
メディアの特性に応じた情報の抽出、加工、整理、および保存ができるようにする。

・領域5：情報表現法指導
情報表現に用いる各種メディアの特性と使用法を知り、目的に合った情報の生産と伝達ができるようにする。守るべき情報倫理を伝える。

5. 実施機関
5-1. 各図書館が行う。
5-2. 図書館関係団体が行う。
5-3. 学校教育機関において図書館員と教員とが協力して行う。
5-4. 国や自治体が生涯学習支援活動の一環として行う。

6. 制度化
すべての人に図書館利用教育を受ける機会を保障するためには、関係機関がこれをその業務のひとつと認識し、組織的に取り組まなければならない。
6-1. 各図書館は図書館利用教育を業務分掌に規定し、必要な人的・予算的措置を図る。
6-2. 図書館関係団体は各種基準の中に図書館利用教育の項目を設ける。
6-3. 初等・中等教育機関の学習指導要領の中に図書館利用教育を的確に位置づける。
6-4. 高等教育機関はそのカリキュラムの中に図書館利用教育を位置づける。

7. 担当者の養成
7-1. 図書館員養成のカリキュラムの中に図書館利用教育法に関する科目を設置し、その理念・内容・指導法を教育する。
7-2. 教員養成のカリキュラムの中に図書館利用教育法に関する科目を設置し、その理念・内容・指導法を教育する。

8. 研究・開発・普及
8-1. 図書館・情報学の研究対象として図書館利用教育を位置づけ、関連学問領域の成果を取り入れ、理論構築、教育方法等の研究を推進する。
8-2. 図書館利用教育をテーマとする研究会・研修会を開催する。
8-3. 共同利用できるさまざまなメディアの標準的教材を開発し、図書館利用教育が各学問分野・各レベルで、どの場においても実施できるように、その普及を図る。

9. 評価
図書館利用教育の実施状況を把握し評価するために、以下のことを行う。
9-1. 各図書館が行う調査・統計や業務報告の項目に図書館利用教育を加える。
9-2. 図書館関係団体が行う調査・統計の項目に図書館利用教育を加える。
9-3. 学校教育機関が行う自己点検・自己評価の項目に図書館利用教育を加える。
9-4. 図書館関連行政機関が行う調査・統計の項目に図書館利用教育を加える。

2章

「図書館利用教育ガイドライン－大学図書館版－」

以下､｢図書館利用教育ガイドライン－大学図書館版－｣から｢発表にあたって｣｢作成方針｣｢ガイドライン本文｣を転載する｡

図書館利用教育ガイドライン－大学図書館版－

発表にあたって

大学図書館において図書館利用教育の重要性の認識はかなり浸透し、実施状況もある程度の水準までは至っていると言える。したがって現状の問題点は従来行われてきた「オリエンテーション」レベルの限界をいかに突破し、一部ではなくすべての利用者をより自立した情報の使い手とするかという､対象者の拡大と内容の高度化である。最終的には大学教育のカリキュラムの中にこれを組み込み、全学的な情報教育の統合化を達成しなければならない。このガイドラインはその第一歩として、図書館主体で行う図書館利用教育の体系化と組織化を図ったものであり、これにより大学教育に図書館として積極的に貢献することを目指すものである。

作成方針

1. 現状のさまざまな実践上の困難にとらわれず、あるべき理想イメージの全体像を提示する。

2. このガイドラインの対象とする大学とは、四年制大学、短期大学、大学院大学、専門学校、大学校等を含む。

3. このガイドラインが想定する図書館利用者は、学部学生に限らず、大学院生、教職員、その他の大学コミュニティ構成員のすべてが含まれる。

4. 用語は､この問題を図書館界全体で検討､推進するために共通理解を得るための作業言語として選ばれている。全体の整合性･総合性を考え、これらが専門用語として定着していくことを願っている。しかし検討を進める中で、よりふさわしい用語が提案されれば､それを採用していきたい。したがって利用者に対して、またさまざまな状況の中で、別の用語が用いられることは当然あると考える。

5. 理論の組み立てはACRL（Association of College and Research Libraries：米国大学研究図書館協会）の情報探索法指導ガイドライン（Guidelines for Bibliographic Instruction in Academic Libraries, 1977）の考え方を参考にし、その基本にある非営利機関のマーケティング（non-profit marketing）の理論を取り入れる。

6. 指導目標は、近年の情報環境の急激な変化や日本での社会的な図書館認知度等を考慮して、ACRLガイドラインの「情報探索法指導」領域を中心に据え、その前に「印象づけ」（User Awareness）と「サービス案内」（Orientation）の2領域を追加し、またその後に「情報整理法指導」と「情報表現法指導」の2領域を追加して、合計5領域の構成とする。
7. このガイドラインは、すべての図書館が、全目標を一律に達成するべきだと主張するものではない。むしろこの全体像を意識したうえで、各図書館のニーズと力量に合わせて柔軟に取捨選択できる形とする。
8. 表中の個々の目標達成の方法・手段を立案するに当たっては、さらにもう一段具体化した目標を設定し、実施計画を作成しなければならない。
9. 各図書館での実施の際の具体的作業については、このガイドラインとは別に、ハンドブックやマニュアルの類を刊行していく予定である。

図書館利用教育ガイドライン
－大学図書館版－

Ⅰ. はじめに

大学図書館の使命は、大学における教育・研究、生活、および地域貢献等の諸活動に対する情報面での支援である。その支援には、資料・情報提供サービスと、図書館利用教育の二本の柱がなければならない。

大学図書館における図書館利用教育とは、自立した情報利用者の育成を目的として大学コミュニティの全構成員を対象に体系的・組織的に行われる情報教育を指す。

Ⅱ. 各図書館で実施すべき項目と手順

大学図書館は以下の10の項目を、総合的に実施しなければならない。

1. 理念の確認
1-1. 利用者の自立の支援という理念を自館の方針として明文化する。
1-2. その方針を館内および大学コミュニティ内に周知し、理解者・協力者を増やし、合意を得る。

2. 組織の確立
2-1. 図書館および大学の公式の事務分掌の中に図書館利用教育の規程を明記する。
2-2. 図書館利用教育の計画・実施・評価に責任を持つ部署と責任者を決める。
2-3. 図書館利用教育の責任者には図書館の他の主な業務の責任者と同等の地位・権限を与える。

3. 現状分析
3-1. 大学の使命・目的を理解する。
3-2. 大学のカリキュラムと諸活動を把握する。
3-3. 利用者をセグメント化し、各セグメントの情報ニーズを明確にする。
3-4. 図書館における現行の図書館利用教育の実態を分析する。

4. 目的・目標の設定
4-1. 図書館利用教育の目的・目標を次の5つの領域で明文化する。
・領域1：印象づけ
・領域2：サービス案内
・領域3：情報探索法指導
・領域4：情報整理法指導
・領域5：情報表現法指導

4-2. 利用者の各セグメントのニーズに対して多様な目標を設定する。
4.3. 少数のニーズに対する目標も含める。

5. 方法・手段の設定
5-1. 設定した目的・目標を達成するために必要な方法・手段を具体的に設定する。
5-2. その方法・手段を準備するために必要な要員と予算を設定する。
5-3. 準備作業の手順と日程と担当者を設定する。

6. 財政の確立
6-1. 図書館利用教育に関連する予算を毎年計上し確保する。
6-2. 予算は目標達成に必要な職員、研修、施設・設備、教材、広報手段の調達に十分な額にする。

7. 担当者の採用と研修
7-1. 図書館利用教育の計画・実施・評価を行うことのできる図書館員を採用・育成する。
7-2. 目標達成に必要十分な数の職員を確保する。
7-3. 研修内容には、指導法、教材の作成法、機器の操作法、評価方法、各学問分野の専門知識などが含まれる。
7-4. 研修マニュアルを作成する。

8. 施設・設備、教材、広報手段の提供
8-1. 目標に適した施設・設備を提供する。
8-2. 多様な指導形態に合わせて教材を準備する。
8-3. 実習で利用される参考ツールを教材として揃える。
8-4. 多様な広報手段を展開する。
8-5. 教材準備のための機器と作業場を提供する。
8-6. 実施マニュアルを作成する。

9. 協力体制の確立
9-1. 目標の明文化、実施への大学コミュニティ構成員の参加・協力の体制を確立する。
9-2. 目標達成度の評価への大学コミュニティ構成員の参加・協力の体制を確立する。

10. 評価の定着化
10-1. 各プログラムの効果を定期的に評価する。
10-2. 目標達成度を評価し、実績を館内および大学コミュニティ内に公表する。
10-3. 次期の目標の設定に反映させる。

III. 目標

	領域1　印象づけ	領域2　サービス案内	領域3　情報探索法指導	領域4　情報整理法指導	領域5　情報表現法指導
目標	以下の事項を認識する。 1.図書館は生活・学習・研究上の基本的な資料・情報の収集・蓄積・提供機関 2.図書館は資料・情報の受信・発信・交流の拠点 3.図書館は種々のメディアを提供する機関 4.図書館は物理的な空間というより世界に開かれた情報の窓 5.図書館は気軽・便利・快適で自由な休息と交流の場 6.図書館は個人の知る権利を保障する社会的機関（知る権利） 7.図書館は生涯学習を支援する開かれたサービス機関（学ぶ権利） 8.情報活用技能の重要性 9.図書館の種類と特徴 10.図書館とそのサービスポイントの所在地	以下の事項を理解する。 1.自館の特徴 2.施設・設備の配置（分館，サービスポイントの所在地） 3.検索ツールの配置と利用法 4.参考図書・ツールの存在と有用性 5.利用規定（開館時間等） 6.サービスの種類（貸出，複写，レファレンス，予約，リクエスト，情報検索，相互貸借，アウトリーチ，利用指導等） 7.対象別サービスの存在（障害者サービス，多文化サービス等） 8.図書館員による専門的サービスの存在（調査・研究支援） 9.図書館員による親切丁寧な案内・援助・協力を受けられること 10.利用マナー 11.行事の案内（講演会，展示会，上映会，ワークショップ等）	以下の事項を理解し習得する。 1.情報探索法の意義 2.情報の特性 3.情報の評価のポイント 4.資料の基本タイプと利用法（図書，雑誌，新聞，参考図書，AV資料，CD-ROM，オンライン・データベース等） 5.アクセスポイントと使い方（著者名，タイトル，キーワード，分類記号，件名標目，ディスクリプタ等） 6.検索ツールの存在と利用法（書誌，索引，目録，OPAC，レファレンス・データベース等） 7.サーチエイドの存在と利用法（分類表，件名標目表，シソーラス，マニュアル等） 8.情報検索の原理（AND/ OR/ NOTトランケーション等） 9.情報探索ストラテジーの立て方（一般的，専門的） 10.自館資料の組織法と利用法（分類，請求記号等） 11.レファレンス・サービスの利用法 12.他機関資料の調査法と利用法 13.ブラウジングの効用	以下の事項を理解し習得する。 1.情報内容の抽出と加工（要約，引用，言い換え，抄録，翻訳，解題等） 2.情報内容のメディア別の記録法（メモ・ノート法，カード記録法，クリッピング，データベースのダウンロード，録音録画等） 3.情報内容のメディア別の整理法（ファイリング，コンピュータによる加工法等） 4.資料の分類とインデックスの作成法（キーワード，見出し語の付与等） 5.書誌事項，アクセスポイントの記載法 6.発想法（ブレーンストーミング，KJ法等） 7.分野別・専門別の整理法 8.情報整理法の意義	以下の事項を理解し習得する。 1.情報倫理（著作権，プライバシー，公正利用等） 2.レポート，論文，報告書，資料の作成法（構成，書式，引用規則等） 3.印刷資料の作成法（パンフレット，リーフレット，ミニコミ紙等） 4.AV資料の作成法（ビデオの撮影，編集法等） 5.コンピュータによる表現法（グラフィック，作曲，アニメーション等） 6.コンピュータ・ネットワークによる情報発信（電子メール，インターネット等） 7.プレゼンテーション技法（話し方，OHP，板書法，AV，マルチメディア，学会発表等） 8.分野別の専門的な表現法 9.情報表現法の意義

Ⅳ.　方法

	領域1　印象づけ	領域2　サービス案内	領域3　情報探索法指導	領域4　情報整理法指導	領域5　情報表現法指導
方法	1.ポスター，ステッカー，ちらしなどによる図書館の存在のアピール 2.パンフレット，リーフレットの配布 3.大学のサイン計画（図書館までの誘導機能，図書館ゾーン，道路等） 4.大学広報誌，地域広報誌との連携 5.パブリシティ（マスコミ利用） 6.地域や他機関からの訪問・見学 7.学内・地域データベースへの公開 8.行事（展示会，講演会，コンサート等） 9.大学ガイダンス，オリエンテーションでの図書館紹介 10.授業の中で，教員による図書館の意義への言及 11.会議・会合での図書館への言及 12.コンピュータ・ネットワーク（インターネット等）での案内	1.図書館オリエンテーション 2.案内デスク 3.館内見学ツアー 4.館内サイン（定点，誘導） 5.動線計画，施設設備計画 6.学内図書館所在地一覧 7.配布物（パンフレット，リーフレット） 8.案内機器（AV機器，コンピュータ） 9.学内広報誌 10.学内データベース 11.コンピュータ・ネットワーク（インターネット等）での案内	1.レファレンスデスクでの指導（参考業務，調査法指導） 2.ワークショップ，講習会 3.ビデオ上映会 4.学科関連指導（授業，ゼミ） 5.学科統合指導 6.独立学科目 7.チュートリアル 8.ゼミ先輩による指導 9.情報探索法独習用ツール（ビデオ，CAI等） 10.ワークブック 11.テキストブック 12.パスファインダー 13.機器・資料の使い方リーフレット 14.機器・資料の使い方サイン 15.電子掲示板システム利用 16.コンピュータ・ネットワーク（インターネット等）利用 17.学内広報誌 18.マスメディア	1.レファレンスデスクでの指導（参考業務，調査法指導） 2.ワークショップ，講習会 3.ビデオ上映会 4.学科関連指導（授業，ゼミ） 5.学科統合指導 6.独立学科目 7.チュートリアル 8.ゼミ先輩による指導 9.情報整理法独習用ツール（ビデオ，CAI等） 10.ワークブック 11.テキストブック 12.パスファインダー 13.機器・資料の使い方リーフレット 14.機器・資料の使い方サイン 15.電子掲示板システム利用 16.コンピュータ・ネットワーク（インターネット等）利用 17.学内広報誌 18.マスメディア 19.情報整理・加工コーナー設置 20.展示会	1.レファレンスデスクでの指導（参考業務，調査法指導） 2.ワークショップ，講習会 3.ビデオ上映会 4.学科関連指導（授業，ゼミ） 5.学科統合指導 6.独立学科目 7.チュートリアル 8.ゼミ先輩による指導 9.情報表現法独習用ツール（ビデオ，CAI等） 10.ワークブック 11.テキストブック 12.パスファインダー 13.機器・資料の使い方リーフレット 14.機器・資料の使い方サイン 15.電子掲示板システム利用 16.コンピュータ・ネットワーク（インターネット等）利用 17.学内広報誌 18.マスメディア 19.情報生産・発信コーナー（ワープロ，パソコン，ビデオ，コピー機，印刷機等） 20.展示会，発表会
評価の指標例	1.新入生オリエンテーション参加率 2.利用率（学部生，大学院生，教職員，障害者，外国人，学外者，地域住民等） 3.一人当たり入館回数 4.一人当たり貸出冊数	1.好感度 2.クイック・レファレンス件数 3.投書箱の件数 4.催事の参加者数	1.レファレンス件数 2.パスファインダー，参考ツールの利用数 3.情報探索法独習用ツール利用度 4.大学構成員の情報発信度 5.催事の参加者数 6.研究者と図書館員の共同研究数 7.学科目の設置率と学生満足度	1.情報整理加工コーナー利用度 2.情報整理法独習用ツールの利用度 3.大学構成員の情報発信度 4.催事の参加者数 5.研究者と図書館員の共同研究数 6.学科目の設置率と学生満足度	1.情報生産発信コーナー利用度 2.情報表現法独習用ツールの利用度 3.大学構成員の情報発信度 4.催事の参加者数 5.研究者と図書館員の共同研究数 6.学科目の設置率と学生満足度

第Ⅱ部

理論編

—図書館利用教育の基本概念を理解するために—

大学における図書館利用教育の目的には、第一に自立した図書館利用者の育成、第二にそれによって利用者や図書館の時間の節約を図ること、第三にその過程で図書館員の専門性を高度化し、図書館サービスの質的向上を図ること、それらの結果として、第四に大学教育の基盤を強化する情報リテラシー教育の質的向上を実現すること、などがある。

以下、1章では、図書館利用教育の定義と現代的意義、歴史的変遷と将来展望、2章では、ガイドラインの示す5領域の概念、意義、構成等について解説する。

1章

図書館利用教育とは何か

「図書館利用教育ガイドライン－大学図書館版－」(以下、ガイドライン)においては、「図書館利用教育」とは「すべての利用者が自立して図書館を含む情報環境を効果的・効率的に活用できるようにするために、体系的・組織的に行われる教育」であると定義されている。以下、この定義づけが意図するところを解説し、その現代的意義について解説するとともに(1.1)、内外における利用教育の歴史的経緯や今後の展開などについて述べる (1.2)。

1.1　図書館利用教育の定義

はじめに、ガイドラインにおける「図書館利用教育」の定義が、図書館界や図書館情報学界における一般的な定義、すなわち、辞典などで示されている定義とかけ離れたものではないことを確認しておきたい。例えば、『図書館情報学用語辞典』(丸善、1997)では、「図書館利用教育」を「図書館の利用者および潜在的利用者の集団を対象に計画、実施される、組織的な教育的活動」であると定義している (p.156)。個々の言葉については以下で解説するが、表面的な字句だけでも、「(潜在的利用者を含む) すべての利用者」を対象にして「計画的・組織的」に行われる「教育 (的活動)」である、という枠組みが共通していることが読み取れる。

さて、以下では、ガイドラインの定義について解説を行っていく。ここでは、定義のなかで用いられている一つ一つの語句を手がかりにして説明をしていくかたちをとることにしたい。

まず、「すべての利用者」とは、「図書館を既に使っている利用者」あるいは「使ったことのある利用者」の「すべて」という意味ではない。図書館利用教育は、そのような「既に図書館に足を運んでいる利用者」だけでなく、「図書館を使ったことのない利用者」あるいは「これから使う利用者」、すなわち「非利用者」「未利用者」をも対象としている。そうした人々は一般に「潜在的利用者」と呼ばれている。大学図書館にあっては、大学コミュニティに属するすべての教職員や学生、および卒業生や地域住民など、潜在的利用者を含む、あらゆる利用者を想定して、利用教育を進めることとなる。

次に「自立」という言葉が登場する。「自立」とは、ガイドラインの用語解説にあるとおり、「図書館員の助けを借りなくても図書館を利用できる成熟した利用者」を指す。ここでいう「図書館」とは、次の段落でも述べるが、もちろん物理的な建物としての図書館だけではなく、「図書館を介して利用できるさまざまな資料・情報」を含んだ概念を意味する。また、利用教育が自立という概念を掲げるのは、「図書館員の助けを借りないこと」自体を目的としているためではない。図書館のかかわる情報環境も変化し続けるなか、利用者にとって図書館員の助けをまったく借りなくてすむとは考えにくい。

多様なメディアを通じて得られる資料・情報について精通しているのが専門家である図書館員であり、資料・情報の利用方法を利用者に伝えるというサービスがあって初めて、利用者は自分にとって必要なものを選び取ることができる場合が少なくない。重要なことは、必要なときに助けを借りることを含め、利用者が「主体的」に図書館の利用にかかわっていくことである。したがって、個人の自由意志に基づく「図書館」利用を成立させるためは、必然的に「教育というサービス」が求められることを確認しておきたい。図書館員が「教育」にかかわることに否定的な意見も一部にあると聞くが、教育という営みを上述のようにとらえれば、利用者の立場からは、むしろ、積極的に「サービスとしての教育」を展開すべきであろう。なお、「教育」の代わりに「指導」「インストラクション」「ガイダンス」「学習支援」など、実際には、個別の事情や文脈にあわせて、適切な用語が用いられることとなる。

さて、続く「図書館を含む情報環境」とは、物理的な建物としての図書館に収められている図書や雑誌をはじめとする資料だけでなく、相互貸借などを通して利用できる他の図書館等の資料、さらには図書館に設置されたコンピュータからアクセスできるさまざまな情報（資源）を指す。そして、より巨視的にみた場合、図書館自体が現代社会における情報環境の一部であると考えることができ、図書館以外の場所に存在している情報・資料（図書館以外のところに設置されたコンピュータ、およびそこからアクセス可能な情報を含む）、すなわち図書館を介さないでも利用できる情報・資料までを「情報環境」としてとらえることが求められる。ただし、図書館が主体となって行う図書館利用教育は、世の中に存在するそうした情報環境のすべてを対象とするわけではなく、それらを視野に入れ、関連を意識しながら、図書館とかかわりの深い部分、すなわち図書館を介して利用可能な資料・情報を中心としつつ展開されていくことになる。

「効果的・効率的」という点も重要である。利用者は、資料・情報を単に利用できればよいのではない。利用者一人一人が持つ目的や状況にとって「効果」のあるものでなくてはならない。また、いたずらに時間・費用・労力などのコストがかからないように、「効率」も求めなくてはならない。ここでは、ランガナタンの「図書館学の五原則」を今一度、想起したい。

「体系的・組織的」という点もまた、重要である。ガイドラインに示されている図書館利用教育の内容は、既に多くの図書館で実施されている事柄を含んでいる。しかし、それらが「個別的」「単発的」に行われており、相互の関係性・連携性を踏まえていない場合、利用者にとって必ずしも「効果的」「効率的」ではない。図書館で実施されている活動、あるいはこれから実施する活動を「図書館利用教育」という大きな「体系」のもとで組み立て直し、計画的に実施することによって大きな成果をもたらすことができる。また、そうした活動は、「思いつき」や「個人的な努力」に負うものではなく、図書館、ひいては大学全体という「組織」における公式の「業務」として展開されるのが好ましい。熱心な図書館員が配置転換されていなくなったとたんに利用教育が手薄になった、という話はしばしば耳にする。そうした「悲劇」を避けるためにも、業務として位置づけていくことは重要である。実際に利用教育を実施する場面においては、個人の努力に負うところが大きいとしても、業務として位置づけておきたい。

このように、ガイドラインにおいて考えられている図書館利用教育の定義は、いくつかの重要な要件によって成立している。しかし、それら一つ一つは決して目新しいことではなく、むしろ図書館が「よりよいサービス」を利用者に提供しようとすれば、当然、考えられる事柄ばかりであることを改めて強調しておきたい。

1.2　図書館利用教育の展開

この節では、利用教育がこれまでどのように展開されてきたか、また今後どのように展開されていくのか、について、ごく簡単にまとめておく。すなわち、利用教育の理論と実践の流れを整理しておきたい。

利用者に図書館資料を「効率的」「効果的」に使ってほしい、という思いは図書館員ならばごく自然と生じるものであろう。使い方がわからなければ教える、という行為は、古くから行われてきた。いや、図書館が存在したところでは、図書館員が利用者に対し、随時、個別に案内的な「指導」を行ってきたといってよいだろう。しかし、それらは、「随時」「個別」「案内的」にとどまっていた。わが国でも、利用教育は、レファレンスサービスの一環として、あるいは貸出カウンターの対応業務のなかで実施されるものととらえられてきた流れがあった。しかし、特に「計画的」で「集団」を対象とした「教育的」な指導としての利用教育を、レファレンスサービスとは別個の活動（あるいは別途の概念）としてとらえる動きが1960年代、70年代の米国で盛んになるのに遅れ、わが国でも80年代には、利用教育を一つの「業務」として受け止める傾向が強まった。

実践場面でのそうした動きと平行して、利用教育の理論的な裏づけも進んできた。レファレンスサービスとの関連などもあり、利用教育をめぐっては、レファレンスツールをはじめとする「情報源（ソース）」の「使い方」をいかに指導するか、という方法論が中心的関心であった。これは、一般に「ソースアプローチ（source approach）」と呼ばれている。具体的、個別的な資料の用い方に重点を置いて指導するソースアプローチは、利用者にとってわかりやすく、すぐに実践できるという点で優れているが、個々の図書館の個々の資料について使い方を身につけても、他の資料や他の図書館でその使い方を応用することが難しい（転移性が低い）、という現象が生じる。

これに対して、心理学や教育学など類縁学問領域の成果なども援用した研究が進んだことなどを受け、新しいアプローチが提唱されるようになった。「プロセスアプローチ（process approach）」と呼ばれるこの方法は、情報を探索し、利用する過程（プロセス）に沿って、しかも、具体的なテーマに従って、必要な知識や技能を身につけていくものである。すなわち、「資料」を出発点にするのではなく、過程そのものを学ぼうとする方法であり、「情報を探すにはどのような手順が必要か」「そのためにはどのような方法やツールがあるか」といったことを身につける。一般的、普遍的に必要とされる概念を理解していくなかで個々のツールを扱うことによって、次に応用できる転移性の高い技能を身につけることができる。

こうした理論面での発展は、実践面での進展と相まって、米国では80年代、わが国でも90年代には、図書館における業務（サービス）の一つとしての利用教育への認知度は確実なものとなった。これは、研究や実践の盛り上がりによるとともに、情報通信技術が加速度的に発展したこと、およびそれに伴い新たな知識や技能、すなわち情報リテラシーの必要性が訴えられたことによる。すなわち、図書館が社会的な文脈のなかで、重要な情報源あるいは窓口の一つとしてとらえられるようになり、そこにおける「指導サービス」として図書館利用教育を位置づけるようになったのである。

そして、現在では、図書館利用教育は情報リテラシーとのかかわりを強力に意識したうえで論じられるテーマとなっている。これは、一方では、図書館が情報を手にする唯一あるいは中核となる機関ではない場合があることの宣言でもある。すなわち、図書館を利用しなくとも探索、利用可能な情報が増加、普及し、他との相対的関係の中で自らをとらえたうえで、図書館が利用教育を実施していく必要性が生じているのである。もっとも、後で触れるように、図書館が重要な情報を扱う機関である限り、図書館利用教育が目標とするところは、情報リテラシーの重要な一部である。

したがって、今後、求められることは、社会的な文脈、すなわち、図書館以外にも視点を向けつつ、それらとの関係のなかで図書館をとらえ、全体としての情報リテラシー教育を支える重要な一部としての図書館利用教育をどう計画し、実施していくか、すなわち教育の内容と方法を適切に組み立てていくことである。なお、ここで「全体」とは、大学図書館においては大学であると考えられるが、同時に、大学の位置する地域や、学生が受けてくる初等・中等教育を含む教育全体（生涯学習）ともとらえる必要がある。

なお、内容的な側面について補足しておくならば、従来、図書館の資料を利用した「情報探索」を中心としていた利用教育は、プロセスアプローチの登場や情報リテラシーとの関連のなかで、今や「情報整理」「情報発信」など、これまで図書館が正面からは扱ってこなかった分野にまで広がっている。こうした「新しい」分野については、図書館だけですべてを完結することが難しいものが少なくない。この点においても、図書館が「外側」との機能の適切な分担を考慮したうえで、利用教育を展開していく必要が高まっているといえる。

（野末俊比古）

2章

図書館利用教育の目標：5領域の解説

ガイドラインにおいては、図書館利用教育の目的・目標を五つの領域に分けて考えている。すなわち、次の五つである。

- 領域1：印象づけ
- 領域2：サービス案内
- 領域3：情報探索法指導
- 領域4：情報整理法指導
- 領域5：情報表現法指導

われわれが情報を利用する際の行動の流れ（過程）を「探索・収集」「整理・分析」「加工・発信」という三つに分けてとらえたとき、それぞれが領域3、4、5に該当し、また、それらの背景・下地となる知識が領域1、2に該当するとみることができる。この章では、各領域の意義と、それぞれに含まれている指導項目の解説を行っていく。方法論的な解説については、「第Ⅳ部　実施編」を参照されたい。

なお、五つの領域は、知識・技能の難しさという意味でのレベルを表しているものではない。五つの領域、およびそこに含まれる事項のそれぞれにおいて、多様なレベルが存在する。

以下、ガイドラインの「III. 目標」をもとに説明を進めていく。すなわち、5領域の解説をとおして、図書館利用教育が目標とするところを整理していく。情報リテラシーを「情報を探索し、入手し、分析・加工し、発信していく一連の過程に必要な知識や技能」ととらえたとき、図書館利用教育の目標に掲げられた5領域は、この過程に沿ったものである。これらは「図書館」にかかわるところを中心としているとはいえ、図書館および図書館を介してアクセス可能な情報がきわめて多彩かつ多量であることを考えれば、情報リテラシーのなかで大きな部分を占めるものであることを予め確認しておきたい。

2.1　領域1：印象づけ

領域1は「印象づけ（user awareness）」である。ガイドラインにおいて、「理解」や「習得」ではなく「認識」という表現が用いられていることに注意されたい。例えば、マッチが火をつけるための道具であることを知らない者は、マッチを目の前にしながら、木の枝と葉っぱを擦りあわせて火をおこそうと苦労するかもしれない。図書館の利用にあたっても、「図書館がどのようなところか」ということを「知っておく」ことはきわめて重要である。

「領域1：印象づけ」では10の項目が挙げられている。それらの内容は以下のとおりである。

(1) 大学における図書館の位置づけ（項目1、2）

大学というところにおいて図書館は重要な役割を担う存在である。学生にとっては、学習・研究のうえで必要な資料・情報を得る場としてだけでなく、サークル・クラブ活動や娯楽・アルバイトなどに必要な資料・情報を得る場としても重要である（項目1）。また、情報を得るだけでなく、情報を加工したり、発信したりする場として、あるいは他人や社会とコミュニケーションをとる場としても活用できるのが図書館である（項目2）。仮に図書館に対して「単なる本の倉庫」という認識が利用者にあるならば、それを改め、上記のように、図書館は「自分にとって必要なところ」である、という認識を得られるように働きかけることが、まずもって求められよう。

(2) 図書館の社会的意義（項目3～7）

図書館が扱う資料・情報は、図書や雑誌などの印刷（紙）メディアにとどまらず、ビデオカセットテープや音楽CDなどの視聴覚メディア、CD-ROMなどの電子（コンピュータ）メディアなど、多岐にわたる（項目3）。また、図書館の建物のなかに収められている資料にとどまらず、相互貸借を通して他の図書館の資料を利用したり、コンピュータネットワークを通して世界中の情報を利用したりすることができるのが現在の図書館であり、まさに「世界に開かれた情報の窓」である（項目4）。あらゆるメディアを用い、図書館の外側にあるものも含め、あらゆる情報を扱うことのできる図書館は、したがって、個人の「知る権利」を保障する社会的機関であり（項目6）、また、卒業後も利用できるなど、資料・情報を通して「学ぶ権利」を保障する、生涯学習に不可欠なサービス機関である（項目7）。

このように、大学図書館が利用者である「大学コミュニティの構成員」にとって身近な「情報の拠点」であるばかりでなく、より一般に、すなわち他の館種も含めて、図書館が上記のような社会的意義を持つ存在である、という認識を広めたい。なお、その際、図書館は資料・情報にかかわる部分だけでなく、人と人とが直接、間接にかかわりあえる「交流の場」として、あるいは利用者の「休息の場」としても、気軽で便利で快適な空間・機能を提供していることに併せて触れたい（項目5）。

(3) 情報リテラシーと図書館（項目8～10）

情報化が進む現在、情報リテラシー（情報活用能力）はすべての人に必要な能力とされている（項目8）。情報が氾濫する社会では、自ら必要な情報を探索、入手しなければ利益を得られないような状況、または不利益を被るような状況がしばしば生じる。この現状に対する認識は、情報社会に生きるすべての人にとって重要なものである。

情報リテラシーを発揮し、必要な情報を探索、入手することに対して、しかるべき支援を行う社会的な機関として、図書館は最も重要なものの一つである。館種や特徴などを知っておくことは、効果的な利用の前提となる（項目9）。また、実際の利用に際しては、個々の図書館、およびそのサービスポイントがどこにあるかを把握しておく必要がある（項目10）。これらの点について、広く周知しておきたい。

2.2　領域2：サービス案内

領域2は「サービス案内（orientation）」である。「印象づけ」とは異なり、図書館でどのようなサービスが提供されているかを理解することが目標となる。この領域で扱う事項は、館内のレイアウトをはじめ、専ら当該図書館に固有の事柄が中心となるが、提供される方法や内容の違いはあるものの、異なる図書館でも同様のサービスが提供されていることへの配慮を忘れないように留意したい。

ガイドラインでは、この領域で11の項目を挙げている。それらの内容は以下のとおりである。

(1) 図書館の方針・目的・特色（項目1）

一つ一つの図書館には、それぞれの方針や目的が存在する。大学コミュニティに対して情報・資料という観点からサービスを提供するにあたり、どういった方針や目的を持つのか、その特色を明確にしておくことは、利用者が図書館の提供するサービスを理解するうえできわめて有用である（項目1）。

(2) 図書館の施設・設備（項目2～5）

図書館にはさまざまな施設・設備があるが、それらがどのように配置されているか理解しておくことは、図書館を利用する際に必要となる。まず、学内において、分館をはじめとするサービスポイントがどこにあるのか、また、一つの館内において、閲覧室や貸出カウンターなどがどこに配置されているのか、といったことを理解しておくことが必要となる（項目2）。とりわけ、検索ツールがどこに配置されているか（項目3）、レファレンスブックなどのレファレンスツールがどこに配置されているか（項目4）、などの点は強調されるべきであろう。

(3) 図書館のサービス（項目6～9、11）

図書館の施設・設備を利用しながら、図書館では多様なサービスが展開されている。どのようなサービスが、どのような目的・対象・方法で提供されているか、ということについては、図書館を利用するうえではぜひ理解しておきたいところである。まず、どのような種類のサービスがあるか、すなわち、貸出サービス、複写サービス、レファレンスサービス、予約・リクエストサービス、情報検索サービス、相互貸借サービス、アウトリーチサービス、指導サービスなど、バラエティに富むサービスの存在とそれぞれの概要を把握できるようにしておきたい（項目6）。さらに、対象別サービス、すなわち、障害者サービス、多文化サービスなども提供されていることは、当該対象者でなくとも知っておきたいことであろう（項目7）。また、調査・研究などを遂行する際に、それを支援する専門的なサービス、いわば調査・研究支援サービスが受けられることも理解しておきたい（項目8）。

つまり、図書館というところは、単に資料・情報を利用するための施設・設備があるだけではなく、それらに関するプロフェッショナルである図書館員によって、案内・援助・協力を受けられることにこそ、サービスの本質を見出すことができるのである（項目9）。また、そうしたプロフェッショナルの企画・運営による講演会や展示会などの各種行事も行われており、それらについても利用者に周知していきたい（項目11）。

(4) 利用規定・マナー（項目5、10）

図書館には、さまざまな利用規定がある。開館日時・時間やサービスの提供方法などは、利用するうえで理解しておく必要がある（項目5）。また、利用者は、サービスを受けるうえで守るべきマナーがあることを周知しておく必要がある（項目10）。利用規定を知り、マナーを守ることは、図書館側の経営・管理上必要というより、利用者側にとって効果的・効率的な利用を確保するために重要であることを理解させたい。

2.3　領域3：情報探索法指導

領域3は「情報探索法指導（instruction on information seeking）」である。端的にいえば、図書館を利用して必要な情報をいかに探すか、そのノウハウを利用者に伝えることである。したがって、理解したうえで、それぞれの技能を習得することが目標となる。

ガイドラインでは、情報探索法指導として13の項目を挙げている。それぞれの内容は次のとおりである。

(1) 情報探索法の意義と情報評価（項目1～3）

まず、「情報を探すこと」、およびその方法が重要であることを強調しておきたい（項目1）。重要なのは、学習・研究においてのみでなく、日常生活のあらゆる場面において、情報による問題解決および意思決定を必要とするすべての場合に「情報探索法」が必要となりうることである。もちろん、大学図書館においては、人数的に大勢を占める学生に対して、学習・研究における情報探索法を指導することが、少なくとも時間的には中心となる場合が多いと考えられるが、それだけに限定するものではない。

情報探索においては（実は、探索に限らず、情報の整理・表現においては）、まず、「情報」とはどのようなものか、という点について理解しておくことが必要となる。ここでは、学術的な意味において情報の定義を扱うわけではなく、あくまで「情報を利用する立場」、すなわち「図書館の利用者」から見た、情報の性質について理解しておくこととなる（項目2）。とりわけ、自分が接する情報、これから利用しようとする情報について、どのように評価すればよいのか、そのポイントを把握しておくことは、「情報の洪水」に押し流されないためにとても重要である（項目3）。

「評価」については、特にインターネットに象徴されるネットワーク情報資源に対して、とりわけ問題となるところである。インターネット上で流通する情報には、確かに真偽に疑問がある場合などが少なくなく、適切な評価を行うことは必須であろう。しかし、ことさら過敏にインターネットだけを取り上げて評価の仕方に思慮する必要はない。すなわち、旧来から図書館が選書やレファレンスツールの選択などを通して、印刷メディアに対して培ってきた、情報源に対する「信頼性」（出典の確かさなど）や情報ニーズに対する「妥当性」（情報の有用性など）などといった、情報（源）一般における評価のポイントについて扱っていくことが、結局、ネットワーク情報資源に評価を下す「目」を養う下地となろう。

(2) 資料とその利用（項目4、5）

項目2、3では、広く一般的な情報につい

て扱ったが、続いては、図書館における資料の利用を通して「情報探索」について扱っていくこととなる。まず、図書館において利用可能な資料の種別、すなわち図書、雑誌、新聞などの印刷資料、ビデオカセットテープ、音楽CDなどの視聴覚（AV）資料、CD-ROMやオンラインデータベース、インターネットなどの電子（コンピュータ）資料における、それぞれの特徴やその一般的な利用法を周知したい（項目4）。また、各資料を使って必要な情報を探す際に鍵となる、タイトル、著者名、件名（件名標目）、分類（分類記号）などの「アクセスポイント」についての説明が必要となる。カード目録や冊子体目録の際には、タイトル、著者名、件名、分類の四つが主なアクセスポイント（標目）であったが、OPACや各種データベースが普及した現在、それ以外のアクセスポイント、すなわち出版社、ディスクリプタ（検索用キーワード）、標準番号（ISBN、ISSNなど）なども探索の際の手がかりとなることに留意したい。

(3) 情報の検索（項目6～9）

具体的に、検索ツールを一つ一つ取り上げ、それぞれがどのようなものかを理解することも重要である。すなわち、目録や索引などの基本的な性格と構造について説明することが必要である（項目6）。また、件名標目表や分類表、シソーラスなどのサーチエイドが存在していること、検索を行う際には、必要に応じて利用していくことについてもあわせて説明したい（項目7）。

特にOPACをはじめとする種々のデータベースについては、検索の基本的な原理となる論理演算（AND検索、OR検索など）やトランケーション（前方一致検索など）といった概念についても解説が必要となる（項目8）。これらは、インターネット上のサーチエンジンなどにおいても、効率的な検索をする際に必要となるものである。また、実際の検索で計算されることはほとんどない、精度や再現率などの概念にまで触れる必要は必ずしもないが、それらが扱っているノイズや漏れといった概念については簡単に説明し、検索結果を評価すること、適切な「検索戦略」を立てることの重要性について、理解を求めることも必要となろう（項目9）。

(4) 資料の探索・入手（項目10～13）

特に自館の資料については、その組織法（請求記号や排架法など）について説明しておくとともに（項目10）、他の館の資料について調査する方法（総合目録など）に関してもあわせて触れておく必要がある（項目12）。その際、書架あるいは資料やディスプレイ上での「ブラウジング」が効果的であることや（項目13）、探索・調査に際しては、レファレンスサービスが利用可能であることを周知しておくことが重要である（項目12）。

2.4　領域4：情報整理法指導

領域4は、「情報整理法指導（instruction on information evaluation and organization）」である。入手した情報をどのように整理していくか、そのノウハウを利用者に伝えることである。したがって、理解したうえで、それぞれの技能を習得することが目標となる。

ガイドラインでは、情報整理法指導として八つの項目を挙げている。それぞれの内容は次のとおりである。

(1) メディアを利用した情報の記録と整理（項目2、3）

利用可能なメディアが多様化している現在、メディア別に情報の記録、整理の仕方を説明しておくことは、効果的・効率的な記録・整理を行ううえで有効である。すなわち、ノート、カード、コンピュータなどといったメディアごとに、情報を記録する際の方法について、それぞれの向き・不向きとあわせて説明することとなる（項目2)。また、記録した情報を整理する際の方法についても、向き・不向きとあわせて説明することとなる（項目3)。

(2) 分類・索引の利用（項目4、5）

情報を記録、整理する際に、後の利用の便宜を考えて、分類を付与したり、索引を作成したりすることが考えられる。分野によって、また扱う情報の量によって分類や索引の深度などは異なるので、応用可能なように、一般的な原理を中心に説明することとなる（項目4)。また、分類・索引に必要となる書誌事項の書き方やアクセスポイントの設定の仕方などについてもあわせて説明する（項目5)。

(3) 情報の抽出・加工（項目1、6）

記録、整理し、分類・索引の付与などによって操作が容易となった情報については、必要な情報を抽出したり、加工を行ったりすることになる。そこで、そうした方法について解説することとなる（項目1)。特に学習・研究という観点からは、「引用」や「要約」などといった基本的な手法について、レポート作成などを例に挙げながら解説すると効果的である。また、整理した情報による「発想法」についても、代表的なものを中心に、あわせて解説するとよいと考えられる（項目6)。

(4) 分野別の整理法と情報整理法の意義（項目7、8）

利用者の習熟度やニーズに応じて、分野別の、より詳細で高度な情報の整理法について説明していく必要が生じる場合がある（項目7)。また、情報整理法の意義そのものについても、解説しておくことは、より詳細で高度な整理法の理解のためにも有効であろう（項目8)。

2.5　領域5：情報表現法指導

領域5は「情報表現法指導（instruction on presentation and communication)」である。入手、整理、再構成した情報を、どのように発信していくか、そのノウハウを利用者に伝えることである。したがって、「理解」したうえで、それぞれの技能を「習得」することが目標となる。

ガイドラインでは、情報表現法指導として九つの項目を挙げている。それぞれの内容は次のとおりである。

(1) 資料別、メディア別の表現法（項目2～5）

学生にとっては、レポートや論文などの作成は最も身近な情報表現法の一つであろう。そこで、レポートや論文の構造や作成手順などを解説することは、ニーズも高いと考えられる（項目2)。

さらに、レポートや論文などに限らず、さまざまな資料・情報の作成法の解説も望まれよう。例えば、印刷資料としては、リーフレットやパンフレット、レジュメ（配布資料）など（項目3）、AV（視聴覚）資料としては、ビデオカセットテープやオーディオカセットテープなど（項目4）、コンピュータ（電子）資料としては、グラフィックス作品や音楽作品などがある（項目5）。

(2) プレゼンテーションとコンピュータネットワークによる発信（項目6、7）

上記のように作成した資料などは、さまざまな機会を使って発表（プレゼンテーション）を求められる場合がある。授業（ゼミなど）での発表や学会発表などが主なものであるが、その際の話法、レジュメの作成法、OHPやコンピュータプレゼンテーションソフトの利用法などについて説明する必要性も今後はさらに高まってこよう（項目7）。なお、特に近年では、インターネットを使った情報発信が個人レベルでも日常的に行われるようになっている。したがって、ネットワークで発信する方法を指導することについては、要望がいっそう高まっていくと思われる（項目6）。ただし、方法については、インターネットホームページに限らず、電子メール（メールマガジンなど）の利用など、多様な選択肢があることに留意したい。

(3) 分野別の表現法と情報表現法の意義（項目1、8、9）

情報の表現にあたっては（実際には、情報の探索、整理の段階から）、常に「情報倫理」に留意したい。すなわち、著作権をはじめとする知的所有権、プライバシー、個人情報などの保護といった事項について、利用者に適正な説明を行っておくことは図書館にとっても不可欠のこととなっている（項目1）。これらは、とりわけネットワークを利用する場面において、きわめて重要となる。さらに、利用者の習熟度やニーズに応じて、分野別の、より詳細で高度な情報の表現法について説明していくことも必要となる（項目8）。また、情報表現法の意義そのものについて解説しておくことは、利用者の情報表現技能の向上につながる（項目9）。

（野末俊比古）

第Ⅲ部

準備編

—組織的取り組みのために—

図書館利用教育に限らず、すべての業務において、これを組織的に実施するために必要な手順は共通である。ガイドラインは、それを「各図書館で実施すべき項目と手順」として、10のステップに分けて記している。まず、1章において、この標準的手順を簡潔に解説する。2章では、利用教育実施の基盤として最重要課題である大学コミュニティ全体との協力体制の構築について注意を喚起する。3章では、1章、2章で述べているような理想的、標準的手順ではなかなか展開しない現実の場において、全国の大学図書館がいかに取り組んできたか、その智恵を整理して「実施のための戦略」として説明する。4章以下では、実施手順のうち、特に現状分析、ニーズ分析、組織づくり、計画づくり、マニュアルづくりを取り上げ、説明する。

1章

実施すべき項目と手順

ガイドラインは、各大学図書館が10の項目を総合的に実施することが望ましいとしている。以下、ガイドラインの「Ⅱ．各図書館で実施すべき項目と手順」の各項目を再掲しながら、それぞれについて解説する。

1.1 「1. 理念の確認」

理念とは、理想を描くことである。理念は、実現のために目的化され、目的のもとに目標が立てられ、目標達成のために戦略・戦術が展開される。このように、すべては理念から始まるため、最初に理念を確立することが重要である。

(1)「1-1. 利用者の自立の支援という理念を自館の方針として明文化する」

利用者の自立を支援することによって得られる教育的効果の高さを認識し、必要性を明文化し、図書館サービスの方針のなかに明確に位置づけねばならない。

(2)「1-2. その方針を館内および大学コミュニティ内に周知し、理解者・協力者を増やし、合意を得る」

利用者の自立を支援するという方針を、大学図書館内部のみならず大学組織全体や教職員に周知する必要がある。そのためには、会議や広報等を通して、常日頃から、よき理解者や協力者を増やし、図書館サービス活動の一つとして展開することを認めてもらっておく必要がある。

1.2 「2. 組織の確立」

個人的、単発的な活動で終わらせないために組織を確立しておく必要がある。

(1)「2-1. 図書館および大学の公式の事務分掌中に図書館利用教育の規定を明記する」

大学全体の事務分掌事項のなかに図書館事務分掌規程を明文化するとともに、その分掌規程のなかに図書館利用教育に関するサービス活動を明記しておかねばならない。

(2)「2-2. 図書館利用教育の計画・実施・評価に責任を持つ部署と責任者を決める」

利用教育のさまざまな仕事は、現状では、広報、利用指導、オリエンテーションなどが分散して行われているが、その諸活動を統一した視点でとらえ実施するためには、責任部署または責任担当者を決め、業務が継続的に行われるように配慮しなければならない。

(3)「2-3. 図書館利用教育の責任者には図書館の他の主な業務の責任者と同等の地位・権限を与える」

利用教育の実施には、教員との連携・協力、図書館員すべての協力、総合的な企画・立案が必要となるので、ある程度の責任と権限を与えることが望ましい。

1.3 「3. 現状の分析」

図書館利用教育を行うにあたり、組織の使命・目的の確認をはじめ、図書館の人材、施設・設備、予算、利用者ニーズなど多様な面から現状を分析し、問題点を明確にしたうえで、どの範囲まで業務を行うかなど実施計画を立てる必要がある。

(1)「3-1. 大学の使命・目的を理解する」

大学組織および図書館組織としての使命・目的をよく理解し、図書館にあっては、その使命・目的を達成するための一つとして、さらに図書館利用教育があることを明確に理解する。

(2)「3-2. 大学のカリキュラムと諸活動を把握する」

大学のカリキュラムや諸活動を全体的な視点からとらえ、図書館利用教育のあり方や活動の位置づけを把握する。

(3)「3-3. 利用者をセグメント化し、各セグメントの情報ニーズを明確にする」

利用者を学部・学科別、学年別、ゼミ別など多様にセグメント化し、それぞれのニーズを調査、点検、評価し、図書館利用教育に反映させる。

(4)「3-4. 図書館における現行の図書館利用教育の実態を分析する」

現在実施している図書館利用教育に関するアンケートや利用統計、また、図書館利用者や図書館員などの感想から実態を分析し、問題点を明確にする。

1.4 「4. 目的・目標の設定」

実際に図書館利用教育を行うには、その目的と目的を達成するために必要な目標を明確に設定し、目標の管理がなされなければならない。

(1)「4-1. 図書館利用教育の目的・目標を次の5つの領域で明文化する」

・領域1：印象づけ

各自の情報ニーズを満たすため、大学コミュニティの構成員全員の共通基盤としての図書館の存在を印象づけ、必要が生じた場合に利用しようとする意識を持つようにする。

・領域2：サービス案内

各自の利用する図書館の施設・設備・サービスおよび専門的職員による支援の存在を紹介し、その図書館を容易に利用できるようにする。

・領域3：情報探索法指導

情報の特性を理解すると同時に、各種情報源の探し方と使い方を知り、主体的な情報探索ができるようにする。

・領域4：情報整理法指導

メディアの特性に応じた情報の抽出、加工、整理および保存ができるようにする。

・領域5：情報表現法指導

情報表現に用いる各種メディアの特性と使用法を知り、目的に合った情報の生産と伝達ができるようにする。守るべき情報倫理を伝える。

(2)「4-2. 利用者の各セグメントのニーズに対して多様な目標を設定する」

ゼミ単位、クラス単位、卒論指導対象者、留学生、新任教員、事務職員、社会人学習者など、セグメント化された利用者の多様なニーズに合わせて目標を設定することが必要である。

(3)「4-3. 少数のニーズに対する目標も含める」

利用者ニーズは多様であるが、効率性を求めるあまり、限られた利用者ニーズを無視してはならない。少人数グループであっても目標を設定することが必要である。

1.5 「5. 方法・手段の設定」

目標を実現するために、具体的方法・手段を設定する必要がある。

(1)「5-1. 設定した目的・目標を達成するために必要な方法・手段を具体的に設定する」

ガイドライン「Ⅳ. 方法」にあるように、具体的実践を行うにあたり、図書館見学ツアー、ビデオ上映、ワークショップなどの方法と、どのような機器を使うのか、配布資料を使うのかなどの手段とを予め検討し、設定しておく必要がある。

(2)「5-2. その方法・手段を準備するために必要な要員と予算を設定する」

実施のための具体的な方法や手段を検討、準備するためには、担当する要員や時間の確保、準備に伴う経費への予算措置が不可欠である。

(3)「5-3. 準備作業の手順と日程と担当者を設定する」

準備作業を行う場合、準備の具体的な手順や日程を計画し、実際の現場での担当者をよく検討し、設定する必要がある。

1.6 「6. 財政の確立」

(1)「6-1. 図書館利用教育に関連する予算を毎年計上し確保する」

図書館利用教育を組織的、継続的に行うには、年度ごとに、準備のための経費、印刷費、広報費、指導用の資料費など、利用教育実施のための予算確保が必要である。

(2)「6-2. 予算は目標達成に必要な職員、研修、施設・設備、教材、広報手段の調達に十分な額にする」

予算は、利用教育が効果的に行われる程度のものを確保することが必要であるから、十分に検討したうえ、計画を立て、予算案を立てる。

1.7 「7. 担当者の採用と研修」

利用教育を実施するためには、一定の知識と経験が必要である。したがって、採用において最低でも図書館学教育を受けている者を雇用することや、職員に対して質を高めるための研修を実施することが不可欠である。

(1)「7-1. 図書館利用教育の計画・実施・評

価を行うことのできる図書館員を採用・育成する」

効果のある図書館利用教育を行うには、利用教育の計画、実施、また実施後の評価を行えることが必要である。そのためには、経験のある者を中途採用したり、研修で計画的に育成したりするなどの配慮が必要である。

(2)「7-2. 目標達成に必要十分な数の職員を確保する」

図書館利用教育を多くの利用者に十分に行うには、個人がばらばらで行うには限界があるので、複数の職員を動員する必要がある。したがって、計画にあたり、サービス部門のみでなく、他部門に応援を求めるなど、図書館全体で考える必要がある。さらに、必要に応じて、大学内の関連部署に協力を求める。

(3)「7-3. 研修内容には、指導法、教材の作成法、機器の操作法、評価方法、各学問分野の専門知識などが含まれる」

図書館利用教育を効果的に行うには、職員研修の内容に、論文作成の手順、引用表記、話の仕方などの各種指導法、利用教育の教材作成法、OPACやコンピュータの操作法、図書館の個性に合わせた主題知識など、指導に必要なものすべてを含むことが望ましい。

(4)「7-4. 研修マニュアルを作成する」

図書館利用教育は、必要な共通情報をできるかぎり平等に提供しなければならない。そこで、職員研修用のマニュアルを作成し、複数の職員が同等レベルの指導ができるようにすることが望ましい。

1.8 「8. 施設・設備、教材、広報手段の提供」

図書館利用教育を行うには、施設・設備、教材、広報手段の整備、提供が必要である。

(1)「8-1. 目標に適した施設・設備を提供する」

図書館利用教育を効果的に行うには、指導に必要な施設・設備を整備し、提供することが必要である。例えば、外部データベースの活用法を指導するときは、パソコンや外部との接続回線の整備が必要である。

(2)「8-2. 多様な指導形態に合わせて教材を準備する」

図書館利用教育のメニューは多様であるため、それぞれのメニューに合わせた教材を準備することが必要である。例えば、OPACの講習会には、OPACの使い方をまとめた教材を作成することが必要である。

(3)「8-3. 実習で利用された参考ツールを教材として揃える」

テーマ別の文献探索法指導などで使われたレファレンスツールを機会あるごとに収集し、いつでも使えるように、教材として用意しておく必要がある。

(4)「8-4. 多様な広報手段を展開する」

図書館利用教育を実施するにあたり、図書館内の広報活動に留まらず、学内新聞、ホームページ、放送、電子掲示板などに告知するなど、考えられるさまざまな広報手段を展開することが必要である。

(5)「8-5. 教材準備のための機器と作業場を提供する」

図書館利用教育の実施にあたり、ビデオ上映、OHP 利用などを行う場合、これらに必要な機器を用意するとともに、教材を作成したり編集したりするための作業場所を提供する必要がある。

(6)「8-6. 実施マニュアルを作成する」

図書館利用教育の多様なメニューに合わせてマニュアルを作成し、指導にあたる職員が違っても共通の情報が提供できるように配慮する必要がある。

1.9 「9. 協力体制の確立」

(1)「9-1. 目標の明文化、実施への大学コミュニティ構成員の参加・協力の体制を確立する」

目標の明文化と実施にあたっては、図書館が孤立して行うのではなく、学内の協力体制を確立する。

(2)「9-2. 目標達成度の評価への大学コミュニティ構成員の参加・協力の体制を確立する」

利用教育実施後の評価は、図書館員のみならず、教員、学生、他部署職員などとの共通の問題としてとらえ、組織的に行うことが必要である。

1.10 「10. 評価の定着化」

図書館利用教育の実施後は、結果や過程において問題点はなかったか、課題はないかなど、反省を含め、点検・評価を行うことが不可欠である。この点検・評価が定着することによって、利用教育をさらに発展させることが可能となる。

(1)「10-1. 各プログラムの効果を定期的に評価する」

図書館利用教育の実施のつど、結果を点検、評価する必要がある。評価方法には、図書館が行う自己評価、大学構成員が行う評価、外部の第三者による評価がある。具体的な評価ポイントには、計画・実行過程を評価する場合と目標達成度を評価する場合とがある。

(2)「10-2. 標達成度を評価し、実績を館内および大学コミュニティ内に公表する」

図書館の貢献度や達成効果を館内および大学コミュニティに知らせる。

(3)「10-3. 次期の目標の設定に反映させる」

点検・評価によって、発見された問題点や課題を検討し、次回の改善・改革に反映させることが必要である。

（毛利和弘）

2章

パートナーシップの構築

図書館利用教育実施の基盤となるのが、学内の各部署とのパートナーシップ（協力体制）の確立である。現在、情報教育はすべての大学が追求しているテーマである。図書館利用教育を推進することにより、ときにリーダーシップをとり、ときに各種プロジェクト・授業への協力者となり、また直接に自身がインストラクターとなるかたちで、図書館員はその重要な一翼を担うことになる。この章では、単に図書館が利用教育を行うために大学内の各部署に協力を求めるという観点だけでなく、大学の情報リテラシー教育に対して図書館としてどう参加するかという視点から述べる。

2.1　情報教育プログラム構築への参加 －コーディネーターとして－

現在、どこの大学においても、全学的取り組みとして情報教育を企画、統括する部署・委員会等が設置されていると思われる。そこに図書館はどのようにかかわっているだろうか。メンバーとして図書館長、図書館運営委員会の教員、図書館員が加わっているだろうか。直接、メンバーとなっていない場合には、どのようなかたちでそこに働きかけることが可能だろうか。

図書館長、図書館運営委員会の教員等が、そのような部署に参加している場合には、図書館員は必要な情報を提供し、十分にサポートをする必要がある。ガイドラインの目標や方法を示し、それによって図書館が提供できるさまざまなサービスを紹介し、情報教育プログラムを構築する場合に、図書館は欠くことのできない重要な存在であることを認識させ、プログラムへ図書館として参加するように働きかけねばならない。特に、情報教育がコンピュータリテラシー教育にともすれば偏りがちなときに、企画段階において、図書館の持つ資源と専門技術の活用を組み込ませるために情報を提供しなければならない。

学内の情報通信ネットワーク（通信衛星も含む）等のインフラ整備・更新の際に、また関連施設整備の際に、図書館利用教育を実施できる環境を、そこに加えていかねばならない。

2.2　カリキュラム構築への参加－プランナーとして－

カリキュラムを検討する部署・委員会に図書館はどのようにかかわっているだろうか。図書館長、図書館運営委員の教員、図書館員などがそのメンバーとして参加しているだろうか。直接、参加していないとすれば、どのようなかたちで働きかけることが可能だろうか。

基礎（一般）教育の段階で、また専門教育の段階において、情報リテラシー教育は不可欠であり、それに図書館利用教育が大きな部分を占めることを示していかねばならない。利用教育の実施により、図書館員が教員のパートナーとなり、教育効果を高められるからである。

(1) 学科統合指導の推進

一番望ましいかたちは、各学科目のカリキュラム・指導法を企画する段階で、教員と図書館員が協力するかたちである。ガイドラインはそれを学科統合指導と表現している。学生がその学科目の学習・研究を行ううえで必要とし、かつ卒業後、プロフェッショナルとして自立して成長できる基礎を与えるために、情報探索法・整理法・表現法の指導を授業に組み込み、図書館員も指導に参加し、達成度を評価し、成績に反映するようにする。慶應義塾大学の「法学情報処理」の例にみられるように、多くの先進的な取り組み事例があり、第Ⅳ部3.5で述べるように、特に医学・薬学・看護学の専門教育のなかでそれが定着しつつある。

(2) 独立学科目の設置

図書館利用教育を独立学科目とすることも推進せねばならない。既に設置されているならば、選択科目に留めず、必修科目へと格上げし、全学生の受講を保障するように働きかけねばならない。

その形態も、教員主導で行う場合、そこに図書館員が参加する場合、図書館員が担当者として教える場合などさまざまである。必修科目としては金沢工業大学が長年実施している「情報基礎」、大阪女学院短期大学の「研究調査法」等が挙げられる。選択科目としては京都大学で開始された「情報探索入門」、亜細亜大学の「情報リテラシー」、駿河台大学の「資料検索法」などがある。

2.3　授業への参加－教員のパートナーとして－

(1) 学科関連指導の普及

現在、「ゼミガイダンス」などの名称で、最も普及している利用教育の形態が、学科関連指導である。それぞれの学科目の学習・研究で必要とされる情報探索法・整理法・表現法の指導を、担当教員の依頼により図書館員が授業時間の一部を用いて行うものである。前節で述べている学科統合指導のように、学部全体また学科全体のカリキュラム構築段階で行われる授業との統合ではないが、各科目の担任教員の意思により図書館員がその授業へ参加するものである。実施にあたっては、事前に教員より授業の目標の説明を受け、何を伝えたらよいのか、十分に打ち合わせを行う。学生の動機づけが強く、学習効果が顕著であり、教員からも学生からも評価が高い。したがって、指導の依頼が一部の教員からしかない場合には、その効果を学内に広く伝え、普及に努めねばならない。

2.4　連携の対象

(1) キーパーソンへのアプローチ

図書館利用教育への理解を得、協力関係を築くためにまず必要なのは、日常的な図書館の広報活動であろう。一般的な広報手段に加えて、より有効な手段として、大学の方針に影響を持つキーパーソンへのアプローチを試みる必要がある。学長、学部長、教務部門の長、また役職にかかわりなく大学内で信頼され影響力・実行力を持つ人物などへ働きかけ、協力関係を築いていくことが有効である。

（丸本郁子）

(2) 教員とのタイアップ

利用教育を積極的に推進し、また、図書館の円滑な利用を進めるためには、教員との連携と協力が欠かせない。そのために日ごろから教員と連絡を密にしておくことが必要である。

特に、初めて大学図書館を利用する新入生に対して、教員が授業のなかで図書館の重要性に触れることや、図書館資料を利用した課題を積極的に出すことにより、学生の図書館への関心と利用度は大きく異なってくる。

また、図書館主催の利用教育プログラムを教員とタイアップしてクラス単位で実施することは、潜在的利用者の発掘や受講率の面からみてもよい結果が得られる場合が多い。個人・グループ単位の参加の場合でも、教員に授業内で参加を勧めてもらうことで受講率が増加する場合がある。

一方、教員が図書館の機能を正しく認識し、学生に利用を勧めるようになるためには、教員への利用教育も必要である。新任教員にのみ実施し、既にいる教員への実施は滞りがちであるが、教員用利用案内の配布や定期的に研究分野の新情報を提供することにより、常に関心を持ってもらえるよう働きかけ、役に立つ図書館をアピールすることが重要である。図書館運営委員を通して、教授会などへの働きかけを行ってもらうことも必要であろう。

日常のサービスの面でも、指定図書や課題図書の利用が一時期に集中しないよう年度の初めに教員と連絡を取り、きちんと授業支援の対応ができるようにしておくことが必要である。このような日常的な積み重ねの結果、教員の側からも図書館への理解が深まり、協力関係が築かれていくことによって、利用教育がスムーズに実施できるようになる。また、大学の情報教育の一環としてカリキュラムに組み込まれ、図書館員が授業の一部を担当するような場合にも、教員の賛同を得やすい環境が整えられることになる。

（赤瀬美穂）

(3) 技術部門の専門家との連携

図書館利用教育の実施には、さまざまな機器・メディアの活用が必要である。図書館員は館内だけでなく、学内および学外の専門家から常に学び、アドバイスを受け、協力を得ながら進めていかねばならない。

(4) 事務部門、他部署との連携

オリエンテーション、図書館主催のワークショップ、ガイダンスなど各種利用教育プログラムを学内の年間スケジュールに組み込み、効果的に展開するには、教務・学生生活担当部署と密接に連絡をとることが大切である。学内全体の広報媒体に図書館関連の話題が頻繁に登場するように情報提供をする必要がある。

(5) 学生パワーの活用

オリエンテーションのアシスタントとして、情報検索のチューターとして、機器のサポート要員としてなど、訓練を受けた学生は各種プログラムの実施に今や欠くことができない。指導用教材・メディアの作成の際には、イラスト、コピー、編集、デザインなどに発揮される学生の感性や才能は貴重である。AV機器やコンピュータの利用技術などを持つ学生が各種利用教育の教材作成に参加してくれる例は多い。

(6) より広い連携を求めて

利用教育の実施にあたっては、関連教育機関、行政機関、産業界、地域のさまざまな機関・施設の動きを知り、連携を持つように努め、関連するプログラムをそれらと連携させ、より広がりを持ち豊かなものとすることが大切である。

（丸本郁子）

3章

実施のための戦略

実施すべき項目と手順は1章で明らかになった。次はそれを実際に現場でどう実施するかが問題になる。この3章では、全国の大学図書館での先進的な取り組みの教訓を整理しておく。心構えから実施計画の作り方、陥りがちな落とし穴、困ったときの対処法まで、誰でもすぐ始められるノウハウを紹介する。

3.1 「正面突破作戦」

3.1.1 参画への追い風

大学教育全般にとって情報リテラシー教育が今後ますます重要になるという点を、学内のしかるべき機関に対して、しかるべき手順と形式で、図書館側から提案していく、というのが本筋である。これまで成功例は稀であったが、最近、時代の風が情報リテラシー教育にとって順風に変わっている。

大学教育の見直し論議のなかで、新しい「教養」の内容として、情報リテラシーが注目されるようになっている点も見逃せない。東京大学の「知の技法」シリーズ（1994年～）のベストセラー化が、その潜在的ニーズの大きさを証明した。この流れのなかで、図書館側からの働きかけより先に、大学の学長自らが情報リテラシー教育推進の旗を振る例も出てきた。トップダウンで図書館に対して、図書館利用教育を公式に授業として実施せよ、との指示が出た場合は、何はともあれ喜んでお受けするべきだろう。

また、コンピュータリテラシーの必要性は、どこの大学でも既に広く認識されており、コンピュータ関係の設備投資は急拡大している。これに伴って、コンピュータリテラシー関連の授業も、選択科目から必修科目へと格上げされつつある。こうした授業のなかで、図書館のOPACの使い方や、CD-ROMやオンライン情報検索の知識と技能が取り上げられることになる。図書館からの提案が通りやすい条件が整ってきたといえる。

さらに、大学首脳の意識のなかでも、情報リテラシー教育を大学サバイバルの切り札にするしかないという切迫した経営判断が下される場合も多くなった。図書館側からの提案が適切な内容と形式できちんとなされれば、意外とあっさり承認される可能性が出てきたのである。

3.1.2 参画する機会

こうした教学の条件のもとで、図書館は、図書館利用教育の実施について、どんな提案をもとに、どのように交渉すればよいのだろうか。一番重要なことは、機会を逃さないことである。多くの成功事例を見ると、大学経営陣からの図書館への参画要請に対して、図書館側が積極的に応じたり、構想段階において図書館側から積極的に情報リテラシー教育の必要性を提案したりしてきたことがわかる。

以下に有力な機会を五つの類型にまとめておく。

(1) 新キャンパスの建設

どこの大学でも、何年かに一度は建物の老朽化による建て替えや、時代の変化に合わせて新キャンパス建設の計画が立案される。その構想のなかで、大学の「売り物」として情報リテラシー教育が本格的に重視された例がある。

卒業生への社会的評価の向上という外部の回路を経て、カリキュラムの効果が大学内外で認知され、結果的に大学教育における情報リテラシー教育の重要性と、それに貢献する図書館の存在感とが格段に向上し、さらに、参画した図書館員の力量への評価も大いに高まる。教員のリーダーシップが不可欠の条件であるが、新キャンパスの社会的評価の向上に図書館員が参画できる機会として、これ以上の舞台はない。

(2) 文献探索関連科目の設置

近年、学部の共通科目に情報リテラシー教育関連科目が設置される例が増えている。ガイダンス科目、情報処理科目など、さまざまな位置づけや形態があるが、「文献探索入門」などの科目名で、半期あるいは通年の授業が設置される場合、図書館が参画する好機が訪れる。

データベースや二次資料を使った文献探索の基本的な知識と技能を教えることは図書館員の守備範囲であるという学内の共通認識があれば、図書館が受け皿になれる可能性は高い。レファレンス担当者がチームを組んで授業を担当する形式で実施するので、日頃、図書館の使い方に親しんでいない受講生にはレポート作成に役立つ点で非常に高い評価を得ることができる。最初は単位認定されない図書館の一行事として出発した場合でも、実績を重ねるなかで新入生必修単位として認定された例は少なくない。基礎的な内容は低学年次の必修科目とし、専門科目関連の内容は高学年次の選択科目として設置されるというのが一般的である。

(3) コンピュータリテラシー関連科目の設置

ほとんどの大学でコンピュータ関連の新入生必修科目として「情報リテラシー入門」などの科目が設置されている。コンピュータやインターネットの基礎から情報機器の利用方法、情報検索法、ルールとマナーと倫理に至るのが一般的な内容である。

半期あるいは通年の授業として、コンピュータリテラシーを主眼とする科目ではあるが、図書館側からの積極的な働きかけによって、図書館活用法やOPAC利用案内まで含まれるように拡張した例も多い。学内および学外から文献を入手する手順など実際的な内容になると、図書館員の実務知識が活きるのである。

さらには、こうした授業の成果を図書館のホームページ上に公開することで日常的なガイダンスに応用した例がある。ここでは、図書館は学科目に教材ツールを提供する側に回っていることになる。結果として図書館は利用教育と業務省力化の両方の効果を大幅に向上させることができる。

(4) 電子出版活動の開始

大学が情報教育環境の整備を目的として、情報コンセント設置などの施設・設備の改善と並んで、ガイダンスや学科目の見直しに踏み切る例もある。ネチケット講習会などインターネット活用コースが新設され、図書館利用法の講習会が企画される。これに伴い、放送やマルチメディア型の授業形態が導入されると関連テキストの電子化が要求されるようになり、情報リテラシー教育支援としての電子出版活動という新事業が立ち上がる。

紀要類のCD-ROM化や図書館活動情報のデータベース化とその一般公開が日程に上ってくると、図書館員の出番が回ってくる。こうした実例は今後ますます増えるものと予想される。

(5) 先進的学長の就任

情報リテラシー教育に熱心な学長の誕生は最高の追い風になる。カリキュラムやガイダンスの再編成が劇的に進展する。情報リテラシー関連科目が続々と設置され、教員の教育改善への取り組みが鼓舞され、図書館員の授業参画が要請される。図書館員は教育改革のパートナーシップを獲得する。

教職員が総力を挙げて学部教育の改善に取り組むことで、学内の雰囲気そのものが活性化される。学生の基礎学力が向上し、学外からの教育評価が向上する。その結果、学長は大学改革のリーダーとして各種の講演会、シンポジウム、テレビ出演などの機会に、情報リテラシー教育の重要性、図書館活用の効用を広く訴えてくれることになる。

3.1.3　日頃の準備

こうした好機はいつ訪れるかわからない。しかし、だからといって日頃の準備を怠っていると、いざチャンスというときに対応できずに終わることになる。以下のような準備を常に心がけておくことが望まれる。

(1) 理念を語れる

大学のトップや教員層に対して、情報リテラシー教育と図書館利用教育の理念をきちんと説明できることが必要である。思いつきという印象を与えてしまっては、企画立案にお誘いを受けることが難しくなる。自分自身の見識・熱意・意欲を印象づけるには、大学教育という枠組みのなかで、目的と期待される効果をさりげなく述べるに限る。ガイドラインの内容を箇条書きで整理しておくことをお勧めしたい。

(2) 事例を語れる

理念だけでは説得力が弱い。国内だけでなく世界の先進事例を整理しておくといつでも実例を挙げて説明することができる。大学という世界では、近隣地域の先進例や、自分の大学とライバル関係にある大学の「進んだ」現状を具体的な数値を示して説明すると、意外なほどスムーズに、末端からトップまで「追いつけ追い越せ」で一致団結する機運が盛り上がることが多い。より説得力のあるかたちで比較データを提示できるよう、いつも最新の情報を仕入れて整理しておくことが必要である。

(3) 自分の大学の事情に合わせた提案ができる

一般論だけではただの知識の披露に終わる。一般論のうえに、自分の大学にどう応用できるのかを語る必要がある。そのためには、自分の大学の置かれている教育・研究の状況、大学トップが推進しようとしている政策の方向性、図書館が保有する資源の質と量などを客観的に押さえておく必要がある。統計類なども単に数字の羅列を見せるのではなく、図表の形に直して視覚的に理解しやすいようにしておくべきである。

(4) 教育内容と方法を提案できる

提案には具体性が必要である。いつ何を誰が誰にどのように教えるのか。どんな科目が考えられるのか。その授業に必要な施設設備、機器、教材、講師、TA（ティーチングアシスタント）はどのくらいか。現有資源でまかなえるのか。予算はいくら必要なのか。意思決定者はそれらを総合的に検討して決断しなければならないのである。

彼らに対して具体的なデータを図書館側から提供することが必要になる。そのためには、自分がベストだと思う提案を一つだけ提示するよりも、実現可能性のある複数の選択肢を用意して、決断は意思決定者に預けるのが賢い方法である。

(5) 計画と実施に参画する意思と能力を表明できる

計画と実施は、図書館外の誰かが行う「他人事」ではない。学内の人的資源の総合力が問われるのが情報リテラシー教育である。企画を提案したら、図書館員が自ら積極的に参画する意思を示すべきである。もちろん、限られた図書館内の要員をそれに割く以上は、現在のサービス水準を落とすわけにはいかないし、現場に過重な負担をかけるのも望ましくはない。また、図書館員の指導能力の面で不安がないとはいえない。しかし、多少の無理は承知のうえで参加協力の意欲を見せることが必要である。

労働条件を守るばかりで大学教育への貢献に消極的だという印象を与えると、図書館員の教育・指導面での貢献への期待を裏切ることになる。まず参画の意思を表明することが先決である。

計画と実施の過程で、要求される能力が不足していることがわかったら、実践のなかで高めていく方策を考えていくべきである。学内の協力体制や研修制度は、最初から与えられるものではなく、実践のなかでこそ整備されていく可能性が生まれるのである。図書館員の学内における存在感、専門性への信頼感を高めるために、勇気を持ってはじめの一歩を踏み出そう。

3.2 「一点突破作戦」

「正面突破作戦」だけですべてがすんなりうまくいくことはむしろ稀であろう。公式の提案ができるような学内環境を作り出すまでの過程では、さまざまな非公式の働きかけ、地道な実績づくり、粘り強いPRなどの積み重ねが必要である。この節では、こうした多数の試みの事例から、他館でも応用可能な実践的な作戦を紹介する。

(1) 「なりすまし」作戦

「コンピュータ演習」という通年授業の1コマを「データベース検索」指導として引き受ける。実績を残して担当教員からの信頼を得る。1コマを2コマに、さらに3コマに……。こうして、情報リテラシー教育のある部分を担う内容のコマがいつのまにか市民権を獲得する。これが「各授業の一部になりすます」作戦である。

既成事実の積み上げから、いつか全学共

通の独立科目設置の提案へ持ち込む、というのが長期的な戦略である。その前の実績として、新入生ガイダンスを実施することが重要である。それも任意参加の一過性のイベントではなく、新入生全員に修了してもらうようなかたちにしたい。

最初は教室内での講義だけでスタートしても構わないが、PC（パソコン）教室へ移動して演習を追加すると学生に好評を得ることができる。図書館オリエンテーションから始めて、次第にOPAC演習へ、さらに余力を蓄えたら次のステップである情報探索法・整理法・表現法へと進めていけばよい。

(2) 「よろず引き受け」作戦

小規模な大学・短大では、教員から図書館員への個人的な協力要請も多い。「情報処理教育」「教養ゼミ」「専門ゼミ演習」など、レファレンスツールや情報検索についての指導代行依頼があったら、とにかくまず引き受けてしまうという作戦である。

信頼関係の確立のためなら、多少の無理は承知のうえでも断るわけにはいかない。しかし、無理にも限度はある。パンクしない範囲で引き受けつつ、業務の省力化を推進して余力を生み出す努力も必要になる。その余力で、指導できる職員を増やすための研修の充実など、利用教育の実施基盤を強化していけば、さらに引き受けられる講習会の数も増えるし、質的な向上も望めるようになる。

(3) 「出前」作戦

図書館へ来てもらうのも無理、授業のコマをもらうのも無理となっても諦めてはいけない。図書館活用法の指導は図書館や教室でなくてもできるのである。図書館側で時間と場所を決めておいて、参加者を募るという「待ち」のイベント方式だけが唯一ではない。相手の都合に合わせてこちらから出向けばよいだけのことである。研究室への「出前」指導サービスという発想である。

もちろん、少人数の対象者グループにきめ細かく対応するには人手がかかる。しかし、『図書館の達人』（紀伊國屋書店）などのビデオ上映やパワーポイント（Microsoft PowerPoint）のスライドショーをパッケージ化することにより、図書館側の誰でもがいつでも出前できるようにすれば、人的、時間的な負担を軽減することはできる。実績を重ねるうちに、研究室単位から学科単位あるいは学部単位へと規模を拡大していく展望が開ける。

(4) 「図書館長就任」作戦

大学内にも図書館にも情報リテラシー教育の積極的な推進者が見当たらない場合、意欲のある教員が自ら図書館長に立候補して就任してしまうという大胆な（？）作戦もありうる。推薦者がいなければ、まずは理解者を増やす必要がある。小規模な大学なら学長に直接売り込んで、熱意でポストを獲得することができるかもしれない。首尾よく就任できた暁には、図書館長には権限というものがある。

従来は名誉職的なポストであったとしても、本気で権限を駆使するつもりがあれば、少なくとも図書館内では、図書館員を叱咤激励して機会あるごとに図書館利用教育を実施させることができるのである。学内に対しては、最初は孤軍奮闘でも、関連学科目への参加協力によって教育的効果が出れば、学内での図書館評価は上がり、教職員のなかに理解者・協力者が増える。職員の力量不足が心配な場合でも、あえて講習会を実施することで鍛えなおすこともできる。ヒト・モノ・カネがなくても、自らが先頭に立って旗を振れば「自転車操業」という手も立派に成立する。

こうした意欲満々の館長を迎える図書館側としては、労働条件の面で大変な事態であるかもしれないが、自分たちの存在意義を学内に訴えかけるまたとない機会であることも間違いない。館長の意欲が空転しないよう現場の立場から補佐しながら、利用教育の前進に積極的に協力することが必要である。

3.3　取り組みのポイント

さて、ガイドラインに沿った取り組みを企画し、開始し、維持発展させていくには、それなりの知恵が必要である。始める前に挫折したり、途中で行き詰まったり、成果が図書館内外で正当に評価されなかったり、といろいろな問題が生じるのが普通である。予め了解しておくと慌てたり落ち込んだりしないですむ。以下に整理して紹介するので、必要なときに参照してほしい。

3.3.1　方法・手段の企画のポイント

①個々の方法・手段だけを考えない。
　→まず理想の全体像を描き出そう。
②個々の方法･手段に何でも詰め込まない。
　→適正な役割分担で分業と協業を。
③自前で全部揃えようとしない。
　→上部団体のツールの活用を。
④教員の領域に遠慮しすぎない。
　→学科目との連携･統合への足掛かりを。
⑤図書館側の都合だけで決めない。
　→利用者の快適・便利・気軽を重視。
⑥館内制作だけに固執しない。
　→外部専門家の活用を。
⑦労力の限界で立ち止まらない。
　→ボランティアの活用を。

3.3.2　実施計画のポイント

①実施前に考えすぎない。
　→まず一つ始めてみる。
②完璧を求めない。
　→次の機会に改善すればよい。
③やりっぱなしにしない。
　→計画・実行・評価のサイクルを守る。
④自分だけで抱えない。
　→同僚･上司･管理者･利用者を巻き込む。
⑤一人で悩まない。
　→理解者・協力者を実践のなかで増やしていく。
⑥自館だけで無理しない。
　→上部団体への支援要請を。
⑦各館の経験を無駄にしない。
　→ハンドブックやマニュアルの共同作成へ。

3.3.3　取り組みを躊躇させる閉鎖的思考形態

最後に、挫折に向かいがちなモノの考え方について整理しておこう。実際に、利用教育の全面展開に向けて積極的に取り組むべき場面で、私たちがついつい消極的になってしまうことがよくある。もちろん、客観的に図書館内外の状況が厳しい以上、そうそう簡単に取り組みができるとは限らない。最初にどこから始めるべきか、現有の力量で目標を達成できるのかできないのか、遭遇した困難をどう乗り越えればよいか、迷いが生じる状況は必ずある。

取り組みを最初から断念するか、戦線縮小か全面撤退か、名誉ある後退か……。そんな進行上の重要な分岐点で迫られた意思決定の場面で、状況が悲観的であれば、知らず知らず消極的な思考形態に落ち込んでしまうことがある。困難な状況にあってもなお、後退せずに前進し続けるには、一種の「思考のフットワーク」を身につけておく必要がある。

(1)「あれかこれか」択一思考から「あれもこれも」全面思考へ

利用教育の目標の設定という場面で、オリエンテーションの充実か情報検索講習会の開始か、と意見が分かれたり、そのための広報活動を考えるときに、告知手段をチラシにするかポスターにするかを迷ったりすることもあるだろう。ガイドラインの目標と方法の一覧表を眺めてみれば、理想的には全部実施したほうがよい。しかし、図書館の資源には限りがある。だから、どちらかに絞らなければならない。

よくある状況であるが、どちらかに決める前にちょっと考えてみてほしい。イベントに投入する人手が不足なら、時期をずらして両方実施できないであろうか。『図書館の達人』等のビデオ上映を取り入れて、効果を上げつつ人手を省けないだろうか。広報予算が不足しているなら、チラシは印刷を外注しないで自前で輪転機で印刷してはどうか。ポスターも枚数を抑えるかわりに、強力なインパクトのあるALA（米国図書館協会）のポスターを数枚購入してはどうか。

やみくもに無理をするべきだといっているのではない。こういうふうに人手や予算の制約条件があっても、すぐに諦めずに、時期や制作方法を柔軟に工夫することで、かたちを変えて何とか両方とも実現できるようにできないものかと、とことん考え抜いてはどうであろうか。ぎりぎりまで「あれもこれも」全面思考を追求しよう。

(2)「どこでだれが」限定思考から「どこかでだれかが」振り分け思考へ

ガイドラインには、さまざまな方法・手段について、誰が実施するべきかが書かれていない。実施したほうがよいのはわかっているが、図書館員の仕事なのか教員の領分なのか、という大学組織内の微妙な問題に触れると図書館側は少々腰が引けてしまう。学内の交渉事ですんなり通ればよいが、反対されたり、別な問題で批判されたりしてヤブヘビになっても困る。損するくらいなら提案は見送ろう……という結論になってしまう。

確かに、企画書は具体的なほどよい、とモノの本には書いてある。しかし、二段階で提案するという作戦もあるはずである。文献探索ワークショップという企画を例にとれば、最初は、誰が実施するかは書いていないが、情報リテラシー教育の一環としてぜひとも必要ではないか、という問題提起はできる。そういう科目や講習会があれば、ないよりはよい、必要だ、という一般的な賛成意見は意外と簡単に引き出せるかもしれない。一般的な賛同が議事録に残るだけで、その会議はよしとする。そして後日、「前回賛同をいただいた件につき、具体的な提案を」と一歩進めてみよう。

もちろん、全部先生だけでやってください、というような押し付け型では却下は確実である。また、教育にかかわる事項に図書館側が勝手に入り込んでいくような印象を与えては逆効果になる。理解のある教員を押し立てて、協力してくれる教職員を募りながら、図書館側も積極的に協力するつもりである、という側面支援のスタンスでいきたい。そうなればよいし、もし図書館側が主体になって取り組んでほしい、という結論になったとしても、それはそれで正式に引き受ければよいのである。

最初は小規模に確実に成功する範囲で始めよう。いずれ実績を重ねるうちに正規の学科目に昇格する日が来るにちがいない。

(3)「できるかできないか」予断思考から「やれそうなことをやってみる」挑戦思考へ

利用教育の取り組みを企画するときによくある失敗は、理想的で本格的な完成状態を思い描いてしまって、それができるかできないか、という議論に陥ることである。

最初に理想を描くことは重要である。自分たちの主体的力量を冷静に見積もることも同様に重要である。しかし、何も始めない前に、できるかできないかを二者択一で決めないと気がすまないというのは実務の進め方として明らかに誤りである。

とにかくまず「やれそうなことをやってみる」挑戦思考という選択肢がありうる。目標を低く設定して、すぐに成果が出るものから始めれば、失敗がない。成果が出ると意欲が湧いて次の企画を立てやすくなる。いくつかの企画が実現されて成果が蓄積されると、利用教育の相乗効果が現れてきて、最初に不可能と思えた目標が意外と簡単に実現できてしまうこともある。

予断で無為に終わるよりも、挑戦して道を切り開く取り組みを開始するほうを選ぼう。

(4)「どこから始めるか」始点思考から「既に始まっている」萌芽レベルアップ思考へ

さまざまな取り組みの候補が揃ったとしよう。そこで、新規事業として「どこから始めるか」の議論になる。いわば始点思考であるが、よく考えてみよう。利用教育の各方法・手段は、どこの図書館でも多かれ少なかれ既に実施されているものである。本格的なものでなくても、初歩的、萌芽的な形態で実施されていると考えてみれば、実はたいていのものは「既に始まっている」のである。

既に実施されているものならば、必ず翌年、改訂のチャンスが来る。自然に取り組みが必要になるのである。ゼロから始めようと意気込んで始め方を議論するよりも、既に実施されているものを少しだけ改良してみるアイディアを出すほうが簡単なはずである。ある方法・手段のレベルアップをしてみる過程で、他の方法・手段の改良案が浮上してきたら、次にそれを課題にすればよいのである。

(5)「自分の立場」執着思考から「ニーズにサービス」柔軟思考へ

図書館内には長い経験と深い学識のある重鎮がいる。そんな人が利用教育に消極的あるいは否定的な意見を開陳すると、一般の職員が口出しできない雰囲気になってしまう。その人の業務上の立場と私的、個人的な価値観が渾然一体になっていて区別がつかないからである。

利用教育は明確な理念と目的を掲げているが、実施すべきであるという理論的な根拠はそれだけではない。ニーズである。情報リテラシー教育への社会的な要請、大学のサバイバル戦略としての教育方針、学内の教育・研究支援サービスとしての必要性、学生の学びたい意欲など、情報リテラシー教育への図書館からの貢献、すなわち図書館利用教育へのニーズこそが図書館の政策決定の最重要要因でなければならないのである。ニーズのあるところにサービスを展開するというのがサービス機関の存在理由である。抽象的な理念論や目的論のレベルの原則論が個人的な主義主張に流れ始めたら、現実的なニーズの視点から、柔軟な思考のほうへ話を移すのが得策である。

(6)「やらねば」使命感思考から「面白そう」興味本位・快感原則思考へ

利用教育は図書館を含む大学全体の組織的な取り組みであるから、正式な政策に基づいて、図書館の総力を挙げて全員一丸となって企画､実施するのがタテマエである。だから、個々の図書館員は割り振られた役割分担に対して前向きに取り組んで所定の期間内に成果を出さなければならない。いわば「やらねば」という使命感を前提にした考え方が必要なことは確かである。したがって、人前で話すのが苦手な職員に館内ツアーを担当させて鍛え直すことも、コンピュータに弱い職員にホームページのメンテナンスをやらせることも、研修の意味で必要なことではある。

しかし、強制的で負担感のある仕事は長続きしないものである。そんなときに、考えてみる価値があるのが「面白そう」だからやってみたいという、いわば興味本位の動機づけを大切にした快感原則的な職員起用法である。ときには、各自の得意分野をそのまま割り振って、全員が楽しく自発的に参加できるようなプロジェクトの組み方を試してみるのも悪くないはずである。楽しい仕事が期待以上の成果を残せば､逆に､辛い仕事にも耐えられるような職場の雰囲気が生まれるかもしれない。利用教育成功のための最大の条件は館内カルチャーの変革である。

（仁上幸治）

4章

組織づくり

ガイドラインの「Ⅱ．各図書館で実施すべき項目と手順」における2番目のステップは組織の確立である。この章では、組織化の意味と、現在行われている具体的な展開方法を説明する。

利用教育を図書館業務として継続的かつ組織的に展開するには、組織づくりが不可欠である。利用教育を行う部署、責任の所在、組織図の中に占める位置や権限・義務などを明確に示すことによって、継続的な図書館サービスを利用者に保証することができる。

組織づくりとは、個人の判断で自主的にサービスを行うのではなく、業務が事務分掌規程や業務マニュアルに定められ、また部署の組織図に明確に謳われるなど、組織の長の権限と責任の下に行われるもので、人事異動があっても組織の業務として継続的に行われることをいう。

具体的に組織づくりを展開する場合、下記のような方法が考えられるが、何よりも行うことが大切であるから、小さい組織からでもスタートさせることが肝要である。

(1) 利用教育担当部署で展開する方法

図書館利用教育を組織的かつ積極的に展開するには、独自の所管部署を設けることが望ましい。利用教育を本格的に実施する場合、教授会や教員との連携、年次計画策定、予算確保、職員研修、マニュアル作成、職員の動員などを行う必要があり、レファレンス係や奉仕係の業務の一部として展開するには限界があるので、業務を一本化させた部署が必要である。

(2) レファレンス担当部署で展開する方法

利用教育をレファレンス担当部署内のみで展開する場合は、大きくは二つのケースがある。一つは、大規模館で、レファレンス担当部署が独立しており、職員に恵まれている場合、二つ目は、小規模館でありながらも、図書館政策上、独立した専任のレファレンス係を置いている場合である。いずれの場合も、独立した専任のレファレンス係がいることが前提となる。

(3) チームを編成し、展開する方法

奉仕部門などのサービス担当部署が協力してチームを編成する場合と、専門的職員同士がチームを編成する場合が多い。その他、サービス業務経験を勘案し、利用教育ができると思われる層の職員同士で部署を越えてチームを組む場合がある。また、利用教育の内容によっては、図書館以外の関連部署、例えば、情報センターや視聴覚資料センターなどの職員をメンバーに加えて展開することもある。

(4) 奉仕・閲覧部署で展開する方法

組織が小規模で、奉仕係・閲覧係などの部署で、貸出・返却、レファレンス、相互貸借業務など、対利用者サービスのほとんどを行っている場合に、図書館利用教育をも担当し、展開する。

（毛利和弘）

●図1　組織図の例

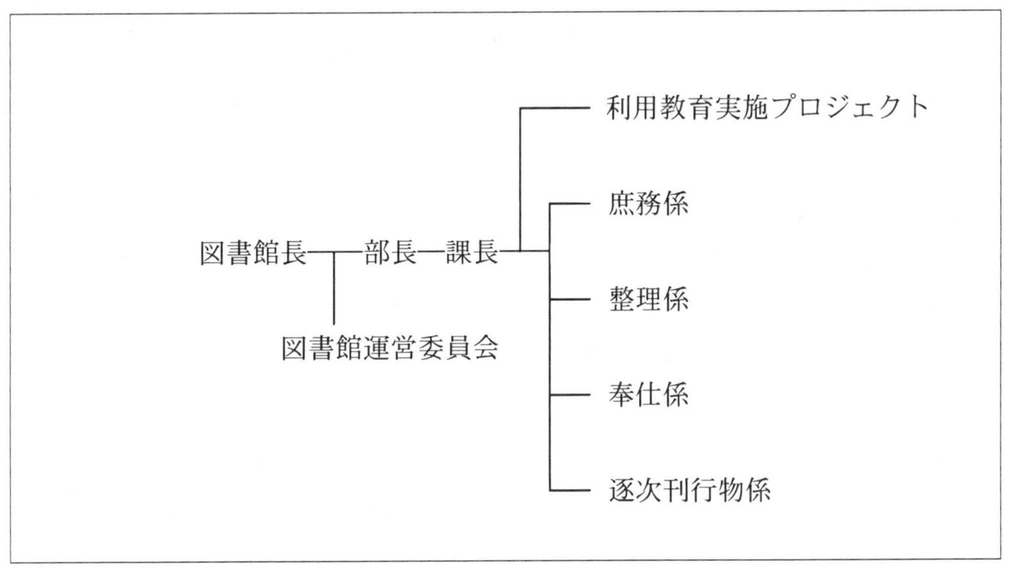

5章

現状分析とチェックリスト

利用教育を実施しなければならない必然性を明らかにしたならば、次のステップはそのための客観的な環境条件と主体的な力量の把握である。それが、ガイドラインの「Ⅱ．各図書館で実施すべき項目と手順」における3番目のステップ「現状分析」の目的である。この章では、まず、ガイドラインの各項目内容を具体的に解説し、次に、特に学生のニーズ分析について詳述する。このようにさまざまな局面から現状を把握することにより、次のステップである目標や手段の設定を、よりニーズにあった有効なものとすることが可能になる。

同時に留意したいのは、本章で示されている各項目を分析、把握するに先立ち、その基盤として広い視野に立ち、次の事柄を押さえておくことである。

・社会全体の動き
・教育界の動向
・文教政策
・出版界・メディアの状況
・大学の置かれている地域の状況

5.1　現状分析

以下に、ガイドライン本文を引用し、それぞれの項目を把握するための具体的方法例を示す。

(1)「3-1. 大学の使命・目的を理解する」

これは大学が育成しようとする人間像を知ることである。図書館は大学の教育を担う場であるから、まず、すべての活動の出発点としてこれを理解せねばならない。その手法として次のものが考えられる。

①大学要覧の使命・目標の記述を読む。
②入学式・卒業式等で学長・総長等の話を聞く。
③学内刊行物で語られる大学の理想・ビジョンを読む。

(2)「3-2. 大学のカリキュラムと諸活動を把握する」

・大学の組織を知るために
①学部・学科構成、附属研究所等の構成と規模を知る。
②大学の意思決定の仕組みを知る。
③キーパーソンを知る。
④事務部門の組織・構成を知る。
⑤事務部門の事務分掌規程を読む。
・カリキュラムと研究体制を知るために

①学生要覧や授業要覧を読む。
②各科目・ゼミのシラバスを読む。
③各科目・教員の授業方法を知る。
④レポート、発表、試験、資格試験、実習の時期を知る。
⑤教員・研究者の研究テーマを知る。
⑥大学内で実施されている研究プロジェクトを知る。
⑦大学内で実施される学会・研究会を知る。
⑧大学のエクステンションプログラムを知る。
⑨カリキュラムのなかの利用教育を知る。
独立学科目となっているものは何か。
学科統合指導を行っている科目はどれか。
学科関連指導を行っている科目はどれか。

(3)「3-3. 利用者をセグメント化し、各セグメントの情報ニーズを明確にする」

利用者は、以下の例にみられるようなさまざまな属性を持っている。セグメント化とは、これらの属性の多様な組み合わせによる、きめ細かな「細分化」である。この場合、特に留意したい点は、とかく忘れられがちな少人数のセグメントのニーズへの対応である。

・教員・研究者をセグメント化し、その情報ニーズを把握する。
専門分野別、研究テーマ別、担当教科目別、使用言語別、世代別、キャンパス別、勤務体制別（常勤、非常勤、新任)、図書館利用の習熟度別など
・学生をセグメント化し、各セグメント独自の情報ニーズを把握する。
新入生、編入生、聴講生、外国人学生、利用に障害を持つ学生、帰国学生、社会人学生、再履修生、通学生、下宿生、寮生、内部進学生、交換留学生、入学時期別、学年度別、専攻別、キャンパス別、クラス別、性別、図書館利用習熟度別など
・多様な利用者をセグメント化し、その独自の情報ニーズを把握する。
理事者（理事、学長)、職員（部署別、担当業務別、専門分野別、勤務態勢別、性別)、卒業生（進路別)、外国人（言語別、日本語の習熟度別)、外部利用者（地域住民、公開講座受講者、関係者の家族、提携校関係者)、利用に障害を持つ人(障害別、障害度別、高齢者、病気を持つ人など)、見学者、訪問者、図書館利用習熟度別など

(4)「3-4. 図書館における現行の図書館利用教育の実態を分析する」
以下の項目をチェックする。
①館内に利用教育を行う合意があるか
②図書館長は利用教育を推進しているか
③図書館運営委員会は利用教育を推進しているか
④利用教育の立案・運営・実施の担当者
⑤利用教育の目標・目的の明文化
⑥利用教育の年間計画
⑦ガイドラインの各領域中で実施されている項目
⑧利用者の各セグメントに実施されている指導内容と方法
⑨学科関連指導の指導案の作成
⑩学科関連指導の指導案の記録
⑪各方法・手段の実施マニュアル
⑫指導に用いる機器
⑬指導スペース・場所
⑭直接・間接に関わる経費の処理方法
⑮指導の評価方法
⑯効果の学内へのフィードバック方法
⑰教務部門との協力関係

⑱学生部門との協力関係
⑲メディアセンター・コンピュータセンターとの協力関係
⑳学科関連指導がカリキュラムに組み込まれている学部・科目・ゼミ
㉑学生に図書館利用を推進している教員
㉒図書館員の行う指導内容や方法へアドバイスをしてくれる教職員
㉓教員との日常的な適切なコミュニケーション
㉔各図書館員の専門分野・得意分野
㉕各図書館員の語学能力・メディアリテラシーの程度
㉖学内・館内の利用教育関連の研修
㉗学外の研修への参加状況
㉘図書館員の研修マニュアル

5.2　ニーズ分析

上記の現状分析において中心部分を占めるのが「3-3. 利用者をセグメント化し、各セグメントの情報ニーズを明確にする」という箇所である。この節では、特に学生のニーズ分析を行うときの留意点とニーズ把握の一般的方法を述べる。

・学生のニーズ分析を行うには、次の事柄に留意する。
①各セグメントの情報要求の時期を知る
レポート、発表、宿題、試験、資格認定試験、実習などの時期
②学生会の組織、行事、活動を知る
③クラブ・同好会の活動を知る
④学外関連団体の活動を知る
⑤学生の新しい興味・嗜好の状況を知る
⑥大学入学前の状況を知る
⑦大学卒業後の進路を知る

・ニーズ把握方法としては次の事柄が考えられる。
①学内の資料・出版物中のデータの分析
②学生へのアンケート調査（オリエンテーション、ガイダンス、その他の機会に実施する）
③教職員へのアンケート調査
④利用者の意見を聞く工夫（メール受付、ホームページ上の投稿、投書箱設置など）
⑤図書館利用統計の分析
⑥利用者の図書館内外の利用行動の観察と分析
⑦レファレンス質問の分析
⑧資料・機器・各種サービスの利用状況の分析
⑨教職員、理事者との話し合い
⑩学生との話し合い
⑪多様な利用者との話し合い
⑫新聞、マスコミその他の情報源による社会、教育界の動きの把握
⑬地域の社会・経済・文化・歴史的状況の把握

（丸本郁子）

6章

計画づくり

ガイドラインに示された利用教育は一挙に達成されるものではない。各大学の現状から出発し、長・中期計画を立て、可能な部分から順次作り上げていくものである。また、実施に際しては、年間、週間等、期間別のスケジュール管理が必要となる。この章では、長・中期計画の必要性、立案の過程を示し、年間スケジュールの具体例を挙げる。

6.1　長・中期計画の必要性

日本の教育は「注入教育」が主であるため、自らが総合的に学習するための図書館利用能力を十分に持ちあわせていない利用者が多い。また、そうした能力の必要性についてもほとんど気づいていないのが現状である。したがって、利用教育の浸透は容易なものではない。学生は2年や4年単位で入れ替わる。教育に携わる教員も図書館活用能力を十分持ちあわせていない。こうした現状を打破するためには、長・中期的な視点から継続的な利用教育を計画する必要がある。その他、長・中期計画の必要性を挙げると次のようなものがある。

①図書館が本来持っている専門性の高い機能も社会的に認知されていないまま今日に至っている。これらを解決するには、長い期間をかけて、利用者や社会に浸透させることが必要である。

②図書館利用教育が根づくには、教員との連携が不可欠である。教員の協力・理解を得るには、利用教育を受けた学生の変化が、授業やゼミで正当に評価されなければならない。こうした認識が教授会や学生間に十分浸透するには、長い期間が必要である。

③継続的な利用教育実施のためには、計画的かつ継続的な予算確保が必要である。

④利用教育に不可欠なレファレンスツールを計画的に整備する。

⑤利用教育の指導内容を安定させ、一定のレベルを保つには、研修などを通しての人材育成が不可欠である。

⑥大きな成果をもたらすには、図書館だけでなく、関係部署の協力や大学構成員の理解と協力が必要であるが、大きな成果を生み、高い評価を受けるには、長期間を要する。

⑦利用教育を実施するには、視聴覚関係、情報環境関係、施設・設備関係など、実施のためのインフラ整備が不可欠である。こうした整備は、長・中期計画戦略として位置づける必要がある。

(毛利和弘)

6.2　長・中期計画立案の手順

図書館利用教育に限らず、すべてのプロ

ジェクトを立案するには、次のような標準的ステップを踏む必要がある。

①ステップ1:立案担当者、部署、プロジェクトチームを作る。
②ステップ2：目標を立てる。
③ステップ3：現状の問題点を把握する。
④ステップ4：情報を集める（社会・教育界の動き、大学の長・中期計画、図書館の長・中期計画、教員・上司・同僚とのインフォーマルな話し合いなど）。
⑤ステップ5：情報を分析する。
⑥ステップ6：解決策を考える。新しい発想、改善策、新規戦略の発見など。
⑦ステップ7:上記の中から可能な方策を選ぶ（小さな改良で改善されるものと、大改革が必要なものに分ける）。
⑧ステップ8:タイムスケジュール化する（期日を設定する）。
⑨ステップ9：企画書を作成する。
⑩ステップ10：企画を提案する。

6.3　スケジュール管理－スケジュール表の作成－

利用教育を日常業務とするには、これを年間・月間・週間スケジュールに組み込み、計画的に実施していく必要がある。

⑴ 行事計画を作る

オリエンテーション、学科関連指導、学科統合指導、講習会、ワークショップなど各種プログラムの実施スケジュール表を作成する。

特に学科関連指導は一時期に依頼が殺到することが多い。適当な時期に教員に対して指導実施の案内を出し、事前に申し込みを受けつける。必要な場合には図書館外部の部署より応援を得るなど工夫をして、計画的に公平に実施できるようにする。また、しばしば突然に指導をしてほしいと依頼されて困ることも多い。トラブルを避け、希望に添うように、また上手に断るためにもスケジュール表が必要である。

各プログラムの実施時期が決まれば、企画ワークシートに必要な利用者グループ、指導時間、指導内容、指導場所、利用機器、担当者、広報手段、案内掲示時期、資料準備期間など詳細な情報を記入していく。

⑵ 広報計画を作る

広報誌、ホームページ、サイン、各機器やツール類の使い方のパンフレット、案内ビデオなどの作成・提示・更新時期のスケジュール表を作る。

（丸本郁子）

●表1　長期計画の例

図書館の長期計画－１０ケ年計画案－

【1】現状（1995年度）：前機械化時代。		
カード目録、コンピュータなし、スリップ記入式貸出		
【2】1年後（1996年度）		
AV ブース２台、検索機器３台（OPAC, オンライン情報検索, CD-ROM 兼用）＋プリンター	→	遡及入力完了→カード目録を破棄。検索のみカードレス化＝オンライン化完了。
【3】2年後（1997年度）		
貸出システム２台、ＢＤＳ１台	→	貸出スリップを破棄。検索・貸出オンライン化完了。荷物持込み可に。
【4】？年後（200X年度）		
書庫拡張、ＬＬ自習室 ＋ コンピュータ室と合体。組織変更。→ EAST ASIAN STUDIES MEDIA CENTER (?)	→	日本アジア研究資料の大幅充実。マルチメディア化実現。→メディアセンター化専門レファレンス機能強化。
【5】10年後（2005年度）		
新学部へ移転 → EAST ASIAN STUDIES INTERNATIONAL INFORMATION CENTER (?)	→	世界に誇る日本アジア研究教育国際情報センター完成。その情報支援サビス機関の超未来像の実現。

●表２　年間計画の例

京都産業大学図書館利用教育一覧

対　象	指導時期	指　導　内　容	指導時間	受付単位	利用ソフト等	担当者	指導場所	広報手段
新入生利用教育	４月～５月	利用案内ビデオ上映・館内案内・OPAC検索実習	90分	クラス	ビデオ インターネット	全課員	図書館ホール	情報教育授業の一環として実施
ゼミ学生対象ガイダンス	４月～６月	ゼミのテーマに沿った文献探索法・参考図書の紹介・CD-ROM検索実習	90分	クラス	ビデオ インターネット	参考係	図書館ホール	担当教員に案内状送付・図書館ホームページ・ポスター
大学院生対象ガイダンス	４月	利用案内・館内案内・OPAC・CD-ROM検索実習・情報検索DB紹介	60～90分	個人 グループ	ビデオ インターネット・CD-ROM	参考係	視聴覚室 パソコン室	案内状・図書館ホームページ
留学生対象ガイダンス	４月・９月	利用案内・館内案内・参考図書紹介・OPAC検索実習・情報検索DB紹介	30～90分	個人 グループ	ビデオ インターネット・CD-ROM	参考係	視聴覚室 パソコン室	国際交流センターに案内状送付・図書館ホームページ
新任教員対象ガイダンス	４月	利用案内・館内案内・OPAC・情報検索DB検索実習	60～90分	個人 グループ	ビデオ インターネット・CD-ROM	参考係	視聴覚室 パソコン室	案内状送付・図書館ホームページ
教員対象ガイダンス	随時	利用案内・OPAC検索実習・情報検索DB紹介	30～60分	個人 グループ	インターネット	参考係	視聴覚室 パソコン室	教員用利用案内・案内状送付
職員対象ガイダンス	8月・9月	利用案内・館内案内・OPAC検索実習	30～60分	個人 グループ	インターネット	参考係	視聴覚室 パソコン室	所属長宛案内状送付・新入職員宛案内状送付
OPAC検索講習会	4月～５月	OPAC検索実習（機器操作・ブール演算・自然語と統制語等説明）	30分	個人 グループ	インターネット	参考係	パソコン室	館内・学部掲示板・図書館ホームページ
レポート・論文のまとめ方	６月・10月	『図書館の達人』ビデオ上映・雑誌記事索引検索実習・参考文献記載方法等	30分	個人 グループ	ビデオ インターネット	参考係	視聴覚室 パソコン室	館内・学部掲示板・図書館ホームページ
雑誌記事索引検索講習会	６月・10月	雑誌記事索引検索実習	30分	個人 グループ	インターネット	参考係	パソコン室	館内・学部掲示板・図書館ホームページ

7章

事務分掌規程とマニュアルの整備

利用教育について、継続的かつ同質のサービスを提供し続けるには、業務の標準化が不可欠である。また、昨今の社会変動に対しても柔軟に対応し、ニーズに合わせたサービスが計画的に行われるためには、その土台となる業務マニュアルや事務分掌規程の整備が必要である。

7.1　事務分掌規程

組織的に利用教育を展開するには、図書館業務の内容を定めた事務分掌規程のなかに明文化することが望ましいが、事務分掌規程には大分類方式が多いため、場合によっては利用教育に関する業務は「奉仕業務に関すること」「レファレンスサービスに関すること」などのなかに組み込まれ、規程化できないこともある。

以下に事務分掌規程の例を挙げる。なお、(1)のような場合は、事務分掌規程を受けてさらに細かく業務記述を行う図書館総合マニュアルや部門別マニュアルのなかに明記し、組織として位置づけることが肝要である。

(1) 例1：図書館事務分掌規程（利用教育業務をレファレンスサービスに関することに含める場合）

図書館は下記の業務を行う。

①選書に関すること
②資料の検品・検収・受入など、収書業務に関すること
③資料の棚卸・除籍など財産管理業務に関すること
④資料の整理・装備・製本など整理業務に関すること
⑤資料の閲覧・貸出など奉仕業務に関すること
⑥レファレンスサービスに関すること
⑦会計・営繕など庶務業務に関すること
⑧その他必要と思われるもの

(2) 例2：理想的な図書館事務分掌規程

図書館は下記の業務を行う。

①選書に関すること
②資料の検品・検収・受入など、収書業務に関すること
③資料の棚卸・除籍など財産管理業務に関すること
④資料の整理・装備・製本など整理業務に関すること
⑤資料の閲覧・貸出など奉仕業務に関すること
⑥レファレンスサービスに関すること
⑦利用教育に関すること
⑧会計・営繕など庶務業務に関すること

⑨その他必要と思われるもの

7.2　マニュアル

マニュアルは、大きく分けると総合マニュアルと部門別マニュアル、それに個々の業務手順を詳細に記入した個別業務の実施マニュアルの三つに区分することができる。利用教育を組織的に展開する場合には、まず総合マニュアルのなかに明確に位置づけを明記し、さらに具体的なことは部門別マニュアル、実施マニュアルの順で展開することが望ましい。

マニュアルを作成する場合は、下記の(1)～(6)の六つの配慮を踏まえて作成することが望ましい。なお、マニュアルの記載例を(7)(8)に挙げる。

(1) 組織性

マニュアルは単に個々人の仕事内容の記録に留まるものではなく、図書館運営を組織的に行うために作成されるものであって、常に組織の仕事として認識されなければならない。

(2) 継続性

業務内容が担当者によって勝手に中断されたり、変更されたりするようでは継続的なサービスが提供できないばかりか、サービスの向上を計画的に図ることが困難である。また、図書館の健全な発展の阻害要因ともなるので、業務に一貫性を持たせ、継続性を尊重しなければならない。特に、人の異動によって図書館サービスが中断されることがないように配慮する。

(3) 相互性

個々の業務は、図書館の目的や方針に沿って行われるものであるから、その業務と方針がどのような関係になっているかを明確にしなければならない。また、分館、分室、部局がある場合、業務の相互関連性を明確にしておかねばならない。

(4) 手引性

特に個別業務で重要であるが、業務手順を単に列記するのみではなく、いつ誰がきてもできるかぎり同じ仕事ができるように最大の工夫をし、手引書的要素を十分に持たせる。具体的には、書式、様式、流れ図等も入れるなどの工夫をする。

(5) 明瞭性

個々の業務の意味や価値、各職員の責任や占める位置、また業務の相互関係、やり方等を明瞭に説明しておかねばならない。

(6) 対応性

図書館業務そのものは、世の移り変わり、また図書館の発展・成長、環境変化等に常に対応していかねばならない。そのためには、マニュアルが固定的、不動的なものであってはならず、特に重要と思われる場合は、図書館の方針および他の方針をも考慮したうえで、逐次修正されなければならない。

(7) 例1：総合マニュアルの記載例（事務分掌規程を受けて展開するのが理想）

利用教育に関すること

利用教育の所管は奉仕部門に属するが、実施にあたり広く理解と協力を得るため、委員会を設け、図書館全体の見地から企画、立案する。企画・立案の責任者は、レファレンス係のチーフがあたり、委員会開催を企画する。委員会の決定事項は、図書館政策としてできるかぎり尊重する。また、実施にあたっては、全職員を動員するための動員表や日程表を作成するなど、具体的実施計画を立てなければならない。

(8) 例 2：部門別マニュアルの記載例
奉仕部門マニュアル

●図2　実施後アンケートの例

2001 年度
オリエンテーションアンケート（1 年生）

学部名（経営学部）

今回の「図書館利用法と論文の書き方」のオリエンテーションを受けて感じたことを下記項目にお答えください。該当番号に〇をつけてください。

1. 内容は、理解できましたか。
   ① 大変よく理解できた　②理解できた　③普通　④あまり理解できなかった　⑤理解できなかった
2. 時間はどうでしたか。
   ① 大変長い　②やや長い　③ちょうど良い　④やや短い　⑤短い
3. ビデオの活用はどうでしたか。
   ① 大変効果的　②効果的　③なんとも言えない　④あまり効果がない　⑤まったく効果なし
4. 説明者の話は分かりやすかったですか。
   ① 大変分かりやすい　②分かりやすい　③普通　④やや分かりにくい　⑤分かりにくい
   ② 「やや分かりにくい」及び「分かりにくい」と答えた方のみお答えください。
   その理由は
   ①声が聞き取りにくい　②説明が不明朗　③説明が単調　④その他（　　　　　　　　　　）
5. 実習時間はどうでしたか。
   ① 十分すぎる　②やや多い　③ちょうど良い　④やや不足　⑤不足
6. 実際にコンピュータ検索をしてみてどうでしたか。
   ①よく理解できた　②理解できた　③少し理解できた　④あまり理解できなかった　⑤ほとんど理解できなかった
7. レポート作成 10 のステップは参考になりましたか。
   ① 大変参考になった　②参考になった　③分からない　④あまり参考にならない　⑤参考にならない
8. パワーポイントの画面校正は分かりやすかったですか
   ① 大変分かりやすかった　②分かりやすかった　③なんとも言えない　④やや分かりにくい　⑤分かりにくい
9. 配布資料は説明時に役にたちましたか
   ①大変役にたった　②役に立った　③なんともいえない　④あまり役に立たなかった　⑤全く役に立たなかった
10. その他気づいたことがありましたらお書きください。
   （　　　　　　　　　　　　　　　　　　　　）

※　ご協力ありがとうございました。今後の参考にさせていただきます。

図書館利用教育実施チーム
プレゼン担当者名（　　　　　　　　）
実施日　　　　（　　　年　　月　　日）

レファレンス係の業務例［部分］

レファレンス係は、下記の業務を行う。

①質問の処理

略

②読書指導・相談

略

③利用教育（個別対応）

略

④利用教育（集団対応）

集団を対象に行う利用教育には、図書館独自で企画する講習会・ワークショップ等と、教員の要請に基づいて行うものとがある。後者の場合は、特に教員との調整・連携に留意する。具体的な業務は、次のとおりである。

1. 企画・立案と予算化
・委員会の組織と開催
・企画・立案の策定
・予算案の作成

2. 実施内容

実施内容は、日本図書館協会が示す図書館利用教育ガイドラインに沿って下記の5領域を実施することが望ましい。特に、本学図書館においては、印象づけ、サービス案内、情報探索法指導に重点を置き、実施する。

・領域1　印象づけ
・領域2　サービス案内
・領域3　情報探索法指導
・領域4　情報整理法指導
・領域5　情報表現法指導

3. 点検・評価

実施後の点検・評価は、業務の改善・改革に不可欠であるため必ず実施する。

・実施後のアンケート
・回収・集計・分析
・報告書の作成

4. 係員研修
・情報機器操作
・ツール学習
・電子資料の特色や扱い方
・プレゼンテーション
・教材・図等作成

5. 広報活動
・学内新聞
・学内放送
・ポスター作成
・電子掲示板
・ホームページ

6. 教員との連絡・調整
・開催通知・協力願い
・スケジュール調整
・テーマ・方法論調整

7. 会場設営・準備
・プレゼンテーションルームの設営
・配布資料・使用教材・機材の準備
・プレゼンテーションのリハーサル

8. その他必要な業務

⑤参考図書の選定および構築

略

⑥レファレンス統計の処理

略

⑦補助ツールの作成

略

⑧その他必要と思われる業務

7.3　実施マニュアル

実施マニュアルは、展開しようとする利用教育のすべての種類について用意するのが理想である。例えば、ガイドラインの領域に合わせた記述すべき内容を示すと下記(1)～(5)のようになる。なお、(6)に実施マニュアルの例を挙げる。

(1)「印象づけ」分野のマニュアル（領域1）

マニュアルの内容には、次のようなものがある。

①新入生ガイダンス、オリエンテーションでの図書館紹介に関するもの
②ポスター、チラシ、ステッカーなど、図書館の存在のアピールに関するもの
③パンフレット・リーフレットの配布に関するもの
④サイン計画に関するもの
⑤広報誌との連携に関するもの
⑥パブリシティ（マスコミ）に関するもの
⑦地域や他機関からの訪問、見学に関するもの
⑧学内・地域へのデータベース公開に関するもの
⑨行事に関するもの
⑩教員による図書館利用の意義など（利用者との関係や位置）に関するもの
⑪会議・会合に関するもの
⑫コンピュータネットワーク利用に関するもの　など

(2)「サービス案内」分野のマニュアル（領域2）

マニュアルの内容には、次のようなものがある。

①図書館オリエンテーションに関するもの
②案内デスク紹介に関するもの
③館内見学ツアーに関するもの
④館内サインに関するもの
⑤導線、施設・設備計画に関するもの
⑥分館・分室など学内図書館の案内に関するもの
⑦配布物に関するもの
⑧機器案内に関するもの
⑨学内広報誌に関するもの
⑩学内データベースの利用に関するもの
⑪インターネットやホームページの活用など、コンピュータ利用案内に関するもの

(3)「情報探索法指導」分野のマニュアル（領域3）

マニュアルの内容には、次のようなものがある。

①質問相談などのレファレンス業務に関するもの
②利用教育ワークショップや各種講習会に関するもの
③『図書館の達人』などのビデオ上映会に関するもの
④授業やゼミとタイアップした学科関連指導に関するもの
⑤カリキュラムに位置づけられた学科目のなかで指導する学科統合指導に関するもの
⑥「情報リテラシー」など単位が認定される独立学科目に関するもの
⑦大学院生を活用したTA（ティーチングアシスタント）と連携して行うチュートリアルに関するもの
⑧ゼミの先輩と連携して行う指導に関するもの
⑨ビデオ、CAIなど情報探索法の独学用ツールに関するもの
⑩指導のためのワークブックやテキストに関するもの
⑪パスファインダーに関するもの
⑫コンピュータ機器・視聴覚機器などの使い方を紹介したリーフレットやパンフレットに関するもの
⑬機器・資料の使い方に関するサインに関するもの
⑭電子掲示板・テレビ掲示システムの利

用に関するもの
⑮コンピュータネットワーク（インターネット、ホームページなど）に関するもの
⑯学内広報誌に関するもの
⑰マスメディアに関するもの　など

(4)「情報整理法指導」分野のマニュアル（領域4）

マニュアルの内容には、次のようなものがある。

①質問相談などのレファレンス業務に関するもの
②ワークショップや各種講習会に関するもの
③『図書館の達人』などのビデオ上映会に関するもの
④授業やゼミとタイアップした学科関連指導に関するもの
⑤カリキュラムに位置づけられた学科目のなかで指導する学科統合指導に関するもの
⑥「情報リテラシー」など単位が認定される独立学科目に関するもの
⑦大学院生を活用したTAと連携して行うチュートリアルに関するもの
⑧ゼミの先輩と連携して行う指導に関するもの
⑨ビデオ、CAIなど情報整理法の独学用ツールに関するもの
⑩指導のためのワークブックやテキストに関するもの
⑪パスファインダーに関するもの
⑫コンピュータ機器・視聴覚機器などの使い方を紹介したリーフレットやパンフレットに関するもの
⑬機器・資料の使い方に関するサインに関するもの
⑭電子掲示板・テレビ掲示システム利用に関するもの
⑮コンピュータネットワーク（インターネット、ホームページなど）に関するもの
⑯学内広報誌に関するもの
⑰マスメディアに関するもの
⑱情報整理・加工コーナー設置に関するもの
⑲展示会に関するもの　など

(5)「情報表現法指導」分野のマニュアル（領域5）

マニュアルの内容には、次のようなものがある。

①質問相談などのレファレンス業務に関するもの
②ワークショップや各種講習会に関するもの
③『図書館の達人』などのビデオ上映会に関するもの
④授業やゼミとタイアップした学科関連指導に関するもの
⑤カリキュラムに位置づけられた学科目のなかで指導する学科統合指導に関するもの
⑥「情報リテラシー」など単位が認定される独立学科目に関するもの
⑦大学院生を活用したTAと連携して行うチュートリアルに関するもの
⑧ゼミの先輩と連携して行う指導に関するもの
⑨ビデオ、CAIなど情報表現法の独学用ツールに関するもの
⑩指導のためのワークブックやテキストに関するもの
⑪パスファインダーに関するもの
⑫コンピュータ機器・視聴覚機器などの

使い方を紹介したリーフレットやパンフレットに関するもの
⑬機器・資料の使い方に関するサインに関するもの
⑭電子掲示板・テレビ掲示システム利用に関するもの
⑮コンピュータネットワーク（インターネット、ホームページなど）に関するもの
⑯学内広報誌に関するもの
⑰マスメディアに関するもの
⑱情報生産・発信コーナー（パソコンやビデオ、コピー機、印刷機など）に関するもの
⑲展示会、発表会に関するもの　など

(6) 例1:「利用教育の点検・評価業務」のマニュアル例（部分）

利用教育を実施した結果については、次の計画の改善・改革に資するため、点検・評価を行わなければならない。点検・評価を行う方法には、アンケート方式を採用する。

①アンケート作成と配布

1. 利用教育実施後に行うアンケート調査票の作成
・アンケート項目は、回収効果と回答時間を配慮し、A4サイズ1枚とする。
・評価項目は5段階方式とし、記述方式はできるだけ避ける。

2. アンケート配布
・アンケートは、利用教育終了時に全員に配布する。
・全員から回収するために、会場入口で職員が回収する。

②回収・集計・分析

・アンケートは、年度ごとにまとめ、利用教育のレベルもしくは形態に分け、学部・学科、学年、ゼミ、一般などに区分して、集計・分析を行う。
・レベル、形態別例（新入生オリエンテーション[30分]、図書館活用法[90分]、OPAC研修［90分]）、文献探索法指導［90分]、電子ライブラリー利用指導［90分]、基礎ゼミ図書館利用指導［90分]、卒論指導［90分]、レポート作成指導［90分］など

③報告書の作成と活用

・集計・分析された結果は、報告書としてまとめる。
・図書館報に掲載し、利用者に公開する。
・図書館運営委員会の資料として配布し、意見を聴取する。
・ゼミ単位で指導した場合には、指導教員に報告書を配布し、意見を聞く。
・集計、分析した結果は、次年度の改善・改革に反映される材料として活用する。

（毛利和弘）

第Ⅳ部

実施編

—方法・手段の企画のポイントを確認するために—

「第Ⅲ部　準備編」では、利用教育を組織化するために必要な項目と手順について述べてきた。「第Ⅳ部　実施編」では実際に利用教育を実施する際の方法と手段について解説する。ガイドライン「Ⅳ．方法」の表中に示されている方法・手段を実施に移す際の手順や留意点等を述べているが、「Ⅳ．方法」の各領域に挙げられたもののみが、その領域の目標を達成する方法や手段というわけではない。むしろ方法・手段というものは各領域にまたがって共通に用いられるものであり、また、利用者の情報リテラシーの成熟度によって、ある一つの手法が他の領域の目標を達成することもしばしばある。また、当然のことであるが、これらの手法はそれぞれの特性を活かして組み合わせて用いることにより、相乗効果をもたらす。

こうしたことから、次のような構成をとる。まず1章において領域ごとにポイントを確認したうえで、2章から4章まで個々の方法・手段について解説していく。5章には事例を掲載する。

限られた紙面であるので、すべての方法・手段を記載するわけにはいかない。ここで述べられているものは、ごく標準的に用いられているものに限定されている。教育メディアの急速な進展も考慮に入れねばならない。新しい手法を積極的に取り入れることは大切であるが、同時に伝統的なコミュニケーション手段の持つ力も認識し、基本を押さえて活用し、効果を上げていただきたい。また、具体的に応用する際には、大学や図書館の性格によって実施方法は異なってくる。ここに記載されていることは一つのサンプルと考えて、自館の実状に合わせて柔軟に応用していただきたい。

1章

5領域のポイント

図書館利用教育の方法･手段について、それぞれ個別に解説していく前に、改めて五つの領域ごとに、その内容を整理しながら、実施のポイントをまとめておこう。また、領域ごとに用いられる方法･手段については、既に「ガイドライン」の「Ⅳ．方法」において一覧表として示されているとおりであるが、特に代表的な方法･手段を紹介し、次章以降につなげることにしたい。

1.1　領域1：印象づけ

ガイドラインの五つの領域のうち、第一の領域である「印象づけ」では、図書館というサービス機関の有用性・信頼性・親近感などのイメージが利用者に伝わることが重要である。「印象づけ」の領域が他の領域と比べてサービスとしての専門性が低いということではない。専門性の高い低いではなく、領域によって指導する内容と方法が異なると考えるべきである。

「印象づけ」には、広報、広告、宣伝など社会的に高度な専門的職業が成立しているサービス領域であることを意識しておくことが求められる。こうした考え方は図書館経営におけるマーケティング手法の積極的な導入を意味する。顧客満足度という基準から見ると、「印象」とはその場その場の単なる気分のようなものではなく、図書館が提供している全サービスおよびそれを支える全活動についての顧客の総合的評価ということになる。したがって、「印象づけ」の目標を達成するためには、五つの領域のさまざまな方法・手段を全体として総合的に企画し運用することが必要になる。

以下に、企画と運用のポイントをまとめておく。印象づけを展開するうえでの具体的な要件などについては、特に「2.1　ポスター」「2.2　サイン」を参照してほしい。

1.1.1　マーケティングの考え方

「印象づけ」の領域に記載されている方法・手段は、各図書館で何らかのかたちで既に実施されているものばかりである。したがって、今後の取り組みのポイントは、既に実施されているものを、いかにしてより効果的なものに改良していくか、という点にある。そのためにはまず、機能面とデザイン面の両面で、理論的、技術的なポイントをしっかりと意識的に応用していこうという意思が必要となる。自己流の経験主義だけでは、あるレベルまで到達できるとしても、絶対に行き詰まる。

また、「印象づけ」は、図書館から利用者

への一方的な単なる「お知らせ」ではないことにも十分な理解が必要である。図書館は、親機関からみれば下部機関である以上、親機関が期待する任務を果たさなければならない。大学コミュニティ内のさまざまなコミュニケーションのなかで、絶えず図書館の存在を訴求していくという取り組みが必要である。大学構成員のなかで図書館の影響力を増進させるように話題性、信頼性、共感を演出しなければならない。

さらに、学内だけではなく、地域社会や外部からの来訪者に対しても、広くマスコミに対しても、適確な情報提供、話題提供の努力が求められる。こうした日頃の努力の積み重ねが、図書館の社会的評価の向上に貢献する。それがまた巡り巡って、学内における図書館の評価も向上させることができるのである。

利用者本位のサービス姿勢、情報リテラシー支援サービスを積極的に展開しているという姿勢、利用者の時間を最大限に節約する合理的なシステム、情報探索・調査に対する専門的な支援ができる親切で信頼感のある図書館員の存在などをあらゆる場面で印象づけることが必要である。その結果として、利用者の意識のなかで、図書館の好感度を高めることができれば、次の「サービス案内」以降の領域での指導サービスもスムーズに受け入れてもらえるのである。

1.1.2　留意点

企画と運用にあたっては、以下の点に留意したい。

(1) 「内容で勝負」ではだめ

図書館の建物自体の印象が決定的である。実際に利用者が図書館の外に立った時点で、「みすぼらしい」「だらしない」「妙に権威的」などのマイナスイメージを植えつけてしまっては、いくら「内容で勝負」という自負があっても第一印象の挽回は難しくなる。

また、図書館に到着するまでの学内のサインや入口までのアプローチも重要である。図書館がどこにあるのかわかりにくいと、大学の教育研究にとって図書館の役割があまり重視されていないかのような印象を与えてしまう（実際に印象どおりである事例も多いのが困ったことだが)。「内容で勝負」するためにこそ、「内容以前」を軽視しないことが重要である。

(2) 細部への気配り

施設・設備や付随する備品・用品、配布物、帳票類などについて、細部まで行き届いた気配りが欠かせない。図書館のエントランス周辺の整理整頓、利用者本位のわかりやすい広報媒体、サインや図書の背ラベルの直感的でわかりやすいデザインなどによって、図書館のイメージは快適性・利便性のポイントを大きく上げることができる。

しかも、個々の要素の個別的な工夫だけでなく、それらが全体として有機的に組織化されたシステムであることを明確なメッセージとして伝えることが重要である。

(3) 図書館員自身の印象

図書館員自身の印象も重要である。明るい雰囲気、清潔な身だしなみ、名札の着用、適切な応対などによって、親近感や信頼感を得ることができる。サービスを提供する側である図書館員全員に、好感度を上げるためのサービスポリシーが一貫して感じられるように、きちんと組織的に管理されていることが望ましい。

単に個々の図書館員の自覚に任せるだけでは、全体的な水準を長期的に保つことは難しい。管理第一主義の弊害に陥っては困るが、新人研修や現職研修の機会があるごとに、組織としてのサービス方針を繰り返し徹底することが必要である。

(4) 理解・認識への誘い

単に見た目の「印象」をよくしようというだけでは不十分であることに注意してほしい。ガイドラインの「印象づけ」の領域に列記されている事項には、図書館という機関の社会的機能や市民的権利の意義について、利用者に認識してもらうという目標が含まれている。当然、その目標を達成するために、さまざまな啓蒙的な広報配布物を用意したり、講習会や講座を提供したりする活動そのものが、そうした認識を促進し、図書館の印象を向上させるのである。

(5) 直接の目的と副次的な効果

ある講習会で専門分野の二次資料のデータベースの使い方を説明する場合、直接の目的はもちろん参加者の理解である。全員が100％理解してくれれば大成功で、言うことはない。しかし、50％しか理解してもらえなかったら講習会は失敗だったことになるのだろうか。ここで考えなくてはいけないのが副次的な効果である。たとえ利用者が使い方や内容を十分に理解できなかったとしても、「図書館とはすごいことができる場所なんだなあ」という印象を持ってもらえただけで、「印象づけ」の目的は十分に果たしたと考えてみよう。

詳細な情報を正確に深く理解し認識してもらうに越したことはないが、完璧を求める必要はない。この意味で、指導サービスの個々の方法・手段を実施する場合、いつも副次的な効果が生まれているのである。図書館活動の副次的な効果を全部寄せ集めると、全体として「印象づけ」の目的に大いに貢献していることになるのである。

(6) 総合評価の結果としての印象

ガイドラインの第一領域である「印象づけ」の目標を達成するには、次の第二領域である「サービス案内」以降の全領域の方法・手段を総合的に組織化する必要がある。単に広報活動を強化すればよいと考えるのは誤解である。

「印象づけ」にとって広報活動は必要条件であるが十分条件ではないのである。なぜならば、「印象」というものは、利用者が図書館で受けたさまざまなサービスについての総合的な評価から生まれるからである。提供する情報機器や文房具の適切さ、レファレンスサービスにおける応対の適切さ、講習会における講師や会場、配布物などの適切さなど、情報の探索・整理・表現の全指導領域にわたって、「印象」を左右する要素は限りなく多いのである。

(7) 押しつけがましさを避ける

「印象づけ」の領域を自己目的化するのは誤りである。利用者に理解・認識・共感を求めすぎると、せっかくの親切が「押しつけがましい」というマイナス評価に転じてしまう。利用者が図書館でサービスを享受する過程で、自然に理解・認識・共感が深まっていけばよいのである。

専門的なサービスに自信を持っているとしても、最初から前面に押し出しすぎないような注意が必要になる。この意味で、サービス機関としての基本的なサービスを確実に提供することこそが最大の「印象づけ」であることを忘れてはならない。　**（仁上幸治）**

1.2　領域2：サービス案内

サービス案内は、利用者が個々のサービスを受けるために必要な情報を適切に提供する領域である。以下では、サービス案内全般のポイントをまとめておく。なお、サービス案内を展開する具体的な方法・手段とその要件などについては、特に「3.1　オリエンテーション」「3.2　図書館ツアー」を参照してほしい。メディアの利用もサービス案内では重要である。紙（印刷）メディアについては、「2.1　ポスター」「2.2　サイン」「2.3　パンフレット・リーフレット」「2.4　PR紙」を参照してほしい。また、近年、一般的になりつつある、ビデオやホームページの活用については、4.1、4.2を参照してほしい。

サービス案内の領域の内容には、初めての来館者への案内から始まって、反復利用者が初めて受けるサービスについての簡単な説明、さらには利用者が受けられるすべてのサービスそれぞれについての詳細な説明までが含まれる。それらの内容を伝達する方法・手段としては、大学コミュニティ内外で大学が配布する印刷媒体だけでなく、学外のマスコミ、ミニコミに掲載される大学図書館関連の情報欄も含まれる。また、放送やインターネットなどの非印刷媒体を通じても意識的に提供する必要がある。

サービス案内の方法・手段については、要するに来館後の利用者の目に触れるあらゆる視覚的要素を総合的に企画、運用することが一番肝心なポイントである。内容の載せ方には、方法・手段の特性に応じて、提供される情報の切り分けが必要であり、ときには意識的な重複も必要になる。また、内容だけでなく、デザイン統合など、ビジュアル面の視点も重要である。

サービス案内の情報は、一度に全部を理解してもらおうと考えてはいけない。分厚い利用案内冊子をすべての潜在的利用者に読了してもらうことなど現実的に不可能であり、無理に理解を強要しても、しょせん覚えられないものだと図書館側は端から諦めるべきである。

それよりも、利用者の身になって、ある時点で必要になる情報を、一番適切な時と場所で提供するという考え方が必要である。つまり、サービスを受ける前の時点では、開館日程、時間、利用資格、受けられる主なサービスなどの基本的な情報だけを提供しておき、個々のサービスの受け方は来館してから、そのサービス窓口に来てから、提供すればよいのである。来館前に、何階のどこにどんな窓口があって、どんな利用手続きが必要かまでくどくど説明しておく必要はないということである。

そこで重要なのは、媒体別の役割分担、いわば分業と協業の考え方である。サイン、リーフレット、パンフレット、掲示、帳票など、さまざまな媒体の個々の特性を最大限に活かして、提供する情報の内容、レベル、分量、用語、表現を工夫することが要求される。サインは歩きながら、あるいは立ち止まって、少し離れた位置から眺め見るものであるから、詳細な長い説明には向かない。サービス案内の一項目の基本だけを簡単に理解してもらうにはリーフレットが最適であり、全サービス項目の総合的な解説のためならパンフレットの厚さが必要になるだろう。

帳票類の記入事項や書き方の約束事の説明も、実は重要なサービス案内を含められることも忘れないでほしい。例えば「リクエストカード」があれば、そのなかに「所蔵目録を引いた結果はどうでしたか」というような質問事項を入れておくことで、OPACの存在と有用性を知らずに書架への直接アクセスだけで蔵書を利用していた利用者に、初歩的な利用指導を事実上、実施することができるのである。

そして、「印象づけ」の領域での場合と同じように、ビジュアル面のデザイン統合という視点を、ここでもきちんと貫かなければならない。利用者本位のサービス姿勢、情報リテラシー支援サービスを積極的に展開しているという姿勢、利用者の時間を最大限に節約する合理的なシステム、情報探索・調査に対する専門的な支援ができる親切で信頼感のある図書館員の存在などをあらゆる場面で印象づけることが必要である。利用者の意識のなかで図書館の好感度が高まっていればこそ、「サービス案内」の領域の個々の方法・手段がスムーズに受け入れられるのである。　(仁上幸治)

1.3　領域3：情報探索法指導

「情報探索法指導」は大学図書館における利用教育の中心である。一番普及している手段は「ゼミガイダンス」等と称されている学科関連指導であろう。それらを受けることができない利用者を対象に、図書館独自で企画する講習会やワークショップも活発に実施されている。レファレンスとしての個人指導や申し込み制のチュートリアルもある。パンフレット、ワークブック、テキスト、ビデオ等のメディアを通じての指導も欠かせない。最近ではCD-ROMやホームページ上での指導の試みもなされている。

本節では、指導にあたってのチェックポイントを確認しておく。学科関連指導については3.3で、図書館主催の講習会等については3.4で、実施上のポイントを記している。また、学科統合指導については、3.5にまとめている。特にOPAC検索法は、どの館においても取り組まねばならない大切な指導項目であるので、3.6において、実施上のポイントを述べる。

ビデオやホームページの作成については、それぞれ4.1、4.2でまとめている。また、とかく人前で話すことが苦手と思っている図書館員のために、3.8においてプレゼンテーションの際のヒントを整理している。なお、具体的な事例については、5章で実践例を紹介している。

(1) 情報探索から情報創造まで

情報探索法では、まず情報技法の基本的な知識を習得することが必要である。探索とは何か、探索と検索の違い、情報検索の理論と技法、各種情報源の知識などである。そして、次のステップである「情報整理法」「情報表現法」へのつながりも重要なポイントである。情報の作成（発生）から収集・整理、活用、さらに情報の創造へという情報のサイクル（循環）の考え方も重要である。

(2) 情報探索法指導の手順

まず最初に、図書館内、図書館運営委員会、学事年間予定担当、教務部門などと打ち合わせ、あるいは協議して、図書館利用教育としての情報探索法指導の必要性、重要性の理解と認識を得たうえで、指導実施の合意を得る。

次に、実施担当者を決め、全体スケジュールとの調整を行う。さらに、指導目標、指導内容、指導要綱、利用資料、課題内容などを協議し、学生の習熟度を把握しておく。また、指導案を作成し、教材、機材、場所などの準備をする。

以上の準備が完了した後に、指導を実施する。終了後、定められた基準（チェックリスト）などをもとに、実施結果の評価を行う。最終的に、これらの実績と評価を集約して、学内に発表する。

(3) 情報探索法指導の場所

指導の場所としては、まず、日常的な指導の行われるレファレンスデスクがある。レファレンスサービス、学術的な調査法などの指導の場所である。さらに、計画的な指導の場として、ワークショップ、講習会、ビデオ上映会などが定期的に行われる。

授業、ゼミなどにおいて、その学科目を学ぶために必要とされる情報探索法を、教員からの要請にもとづいて図書館員が、その授業時間の一部を使うなどの方法で指導する「学科関連指導」がある。大学図書館でよく行われる「ゼミガイダンス」は、その事例の一つである。

さらに、学科目の授業のなかで行われるものとして、大学の全体カリキュラムのなかに組み込み、教員と図書館員の分業により指導する「学科統合指導」と、独立の学科目として、他の学科目と同様に設置されている「独立学科目」がある。

この他に、図書館員、教員、大学院生（TA）等による個別指導時間として「チュートリアル」や、ゼミ先輩等による個別指導などがある。

(4) 情報探索法指導の機材

主として独習用のツールとして使われる機材としては、ビデオ、CAIなどがあり、さらに増加しているものとしてインターネット上のホームページの活用がある。

(5) 情報探索法指導の教材

基本的な教材としては、ワークブック、テキストブック、パスファインダー、リーフレットなどがある。

日常的に使われる普通の教材には、図書、新聞、雑誌、パンフレットなどがある。あらゆる資料が教材になると考えられる。

(6) 情報探索法指導の道具

上記以外の道具として、資料等の使い方のリーフレット、パンフレット、サインなど、電子掲示板、コンピュータネットワーク、学内広報メディア、マスメディアなどがある。電子メディアの活用は必須である。

(7) 情報探索法指導の評価指標

実施後に評価を行い、これらの方法が適切であったかどうかをチェックする必要がある。評価のためには、そのための基準が定められていなければならない。評価指標としては、数値（量）で表すことのできるものがわかりやすいが、定性的な（数値で表わすことのできない）ものも重要である。

指標例としては、レファレンス件数、パスファインダーやレファレンスツールの利用数、独習用ツールの利用数、催事の参加者数など、利用者の利用数量等の増加により、効果を測るものを挙げることができる。また、大学構成員の情報発信度（数）、研究者と図書館員の共同研究数など、情報活用の結果としての発信数の増加によるものがある。さらに、学生満足度の測定（数値化できないものも含めて）を確実に行える指標を定めておくことが課題である。

(8) 文献探索法指導チェックリスト

1) 情報の検索と利用

①検索戦略を作成しているか？

（下記の各項目についてチェックする）

1. 検索戦略の準備と実行
2. テーマの確認
3. データベースの事前調査
4. 検索システムの確認
5. 検索戦略の作成
6. 検索の実行
7. 検索結果の評価
8. 検索結果の活用

②読解技術は十分か？
（下記の各項目についてチェックする）
1. 読解目的の把握
2. 論旨の要約
3. 事実内容の収集
4. メッセージ内容の解読
5. 速読法の体得
6. 批判読みと分析的読書技法
7. 読解内容の記憶

③情報源の把握はできているか？
（下記の項目を理解したうえで把握しているかどうか）
1. 図書館と図書館員の利用
2. 百科事典の活用
3. レファレンスブック（参考図書）と専門図書の差異と活用
4. 雑誌の種類、内容、利用法
5. 新聞の種類、内容、利用法
6. パンフレットと小冊子の利用法
7. 各種団体と専門学協会の利用法
8. 専門家と研究者、教員の利用法

④索引の利用はできているか？
（下記の項目を理解して、利用しているかどうか）
1. 目次と索引の違いと利用法
2. 目録と索引の違いと利用法
3. 索引の内容と種類
4. 索引の活用
5. 索引の作成
6. カード索引とコンピュータ索引の違い

⑤抄録の利用はできているか？
1. 抄録と索引
2. 抄録の種類
3. 抄録の活用
4. 抄録の作成

⑥対人コミュニケーション技術は十分か？
1. 相手に興味を持つ
2. 相手の立場に立つ
3. 相互の良好なコミュニケーションを心がける
4. 相手の言葉を理解する

⑦聞き取り技術は十分か？
1. 話を聞きながら、あまり目をそらさない
2. できるだけ近づいて聞く
3. 言葉の手がかりを聞き取る
4. 非言語表現も手がかりとして探す
5. 質問はできるだけ多くする

⑧最新情報収集技術を持っているか？
1. 最新情報源の理解と把握
2. 最新情報の所在場所
3. 定期的な情報収集活動
4. 日常的な情報源の把握
5. 情報収集技法の継続的教育と訓練

⑨観察技術を持っているか？
1. 情報収集と情報観察
2. 情報観察の重要性
3. 情報観察法
4. 観察結果の記録法
5. 情報観察と情報観測

⑩コンピュータ利用技術は十分か？
1. パソコンの基本的な利用技術
2. ワープロソフトをはじめとする基本ソフトの利用技術
3. 電子メールの自由な活用
4. マルチメディア情報源へのアクセス技術

5. インターネットとデータベースの活用
6. 個人的なデータベースの構築法

2) 情報の評価と組織化

①情報の評価の基本的な項目は達成しているか？

1. 情報の選択は広く十分に行われているか
2. 図書、雑誌、論文などの評価を行っているか
3. データ、原資料、史料などの読解は十分か

②情報の組織化は十分に行われているか？

1. 講義ノートの取り方は十分か
2. 読書ノートの取り方は十分か
3. 記憶術を修得しているか
4. ファイリング技術は十分か
5. 目録作業、索引作業、情報の個人的組織化は十分か
6. 一般情報の組織化を行っているか

（戸田光昭）

1.4　領域4：情報整理法指導

「情報整理法指導」とは、図書館の利用者が情報の評価・分析能力や、情報の整理・保存法を習得することを、図書館が直接、間接的に支援するサービスを指す。

各種メディアから取り出した情報を有効に活用するためには、まず情報を取捨選択し、それを適切な方法で整理、保存しておかなくてはならない。情報を取捨選択するためには、情報の内容を評価、分析する能力も必要になってくる。ここで取り上げる「情報整理法」が、情報の整理の技術という狭義の整理法だけを指しているわけではないことには注意しておく必要がある。

情報の整理法は、レポートや論文の作成等と関連づけて授業のなかで指導するほうが学生にとっては理解しやすいが、そのような授業を受ける学生の理解を助けるために、図書館でも情報整理法を学習できる教材を用意、提供したり、情報整理を体験できるコーナーを設置したりすることが望ましい。また、授業で情報整理法を学習する機会のない学生のために、情報整理法の講習会を開催することも必要になってくる。

本節では、指導にあたってのチェックポイントを確認しておく。学科関連指導については3.3で、図書館主催の講習会等については3.4で、学科統合指導については3.5にまとめている。また、ビデオやホームページの作成については、それぞれ4.1、4.2を参照されたい。なお、指導時のプレゼンテーションのヒントについては、3.8が参考になる。

1.4.1　情報整理法指導の内容

「情報整理法」というと一般には、書類やデータを効率よく保管するための技術、例えばファイリング技術やシステム手帳の活用法と受け取られがちであるが、ここでいう情報整理法は、そのような整理の技術のみを指しているわけではない。

この領域4は、領域3の情報探索法指導と領域5の情報表現法指導の間に位置しているが、情報の活用はいつでもこの三つの領域の順番どおりに「探索→整理→表現」と直線的に進んでいくわけではない。メディアから取り出した情報を記録、整理する作業は、実は情報探索と同時進行で始まっているし、情報を整理しながら、不足している情報があることに気づいてまた探索の作業に戻るということも、よくあることである。

領域3、4、5においては、情報活用の流れは、利用者の情報を活用しての行動と、情報生産を中心にして、行きつ戻りつする流れになる。つまり、この三つの領域においては、調べる、情報を評価する、考える、不審な点があるからまた調べ直す、評価する……ということが繰り返され、最後に満足のいく結果が出たところで、その内容を整理して情報として発信するという行為がいったん完結することになるのである。

この情報活用の流れのなかで、探索の結果得られた情報を表現活動につなげていくために整理する段階を想定し、そこで必要なさまざまな技術、知っておくべき知識を習得させることを目指すのが、この領域4であると考えるとわかりやすいだろう。

図書館で行う情報整理法の指導は、ただ資料を見た目上、きれいに片づける技法を教えるだけでなく、情報を「使える状態」に整理すること、すなわち情報の取捨選択をメインに据えたものにするべきである。そうでなければ、この内容を図書館での利用教育に取り入れる意味はないだろう。したがって、この領域のキーワードは「情報の評価と分析」だといってもよい。

もちろん、ファイリングや索引の作成法など情報を物理的に整理、保管するための技術も必要だが、それらの作業を効率よく行うためにも、情報の評価と分析の技術が必要不可欠であることはいうまでもない。

情報の評価というと「メディアリテラシー」という呼び方でくくられることが多いが、ここではもっと広い意味での情報の評価を取り扱う。例えば、情報源としては新聞やテレビなどのいわゆるマスメディアのみならず、図書などの印刷資料やインターネット上の情報までも幅広く対象とする。また、情報の評価のあり方そのものも、情報操作に踊らせられないための消費者教育的な枠に留まらず、情報の主体的な活用者として、その情報が自分の社会的活動や表現活動にどれくらい有用であるかを判定できるような能力を取得できるような指導を目指したい。

1.4.2　情報整理法指導のポイント

情報の整理法は、情報を探索し、表現に結びつけていく過程で学習したほうが、理解しやすい。したがって、レポートの作成等と関連づけて授業のなかで指導する方法が考えられるが、授業には本来の目的があり、あまりその指導ばかりに時間をかけているわけにはいかない。そこで、図書館でも情報整理法を学習できるような教材を用意、提供したり、情報整理を体験できるコーナーを設置したりすることが望ましい。また、授業で情報整理法を学習する機会のない学生のために、情報整理法の講習会を開催することも必要になってくる。

情報整理法指導のポイントは大きく分けて二つある。

まず第一に、情報というものはすべて評価の対象になるのだということを理解させなくてはならない。いかに優れた人物であろうと「完璧な」情報を作り出すことはできない。不完全な「人間」というフィルターを経由して発信されている以上、どのような情報も、多かれ少なかれ偏りや間違いを含むことから逃れられないのである。もちろん、意図的に情報を操作しようとして発信された情報もあれば、できるだけ公正であろうとして発信された情報もある。情報の信頼度の違いを判断できるようになることも、ここでの指導の目標の一つとなる。

ただし、情報の評価を教えるうえで注意しなくてはならないのは、情報の偏りを強調しすぎて、学生が「メディアは信用できない」というニヒリズムに陥らないように配慮することである。社会や他人を信じられず、強い不安を抱いている人間は逆に情報操作にかかりやすくなる危険性もある。

第二に、ファイリングや索引作成などの資料の整理と保管の技術を教えるときには、それらが「情報の活用」という目的のためにあるのだということを十分に理解させる必要がある。もちろん、当座は必要のない資料をコレクションして楽しむということもあるので、情報生産に結びつかない情報整理は無用であると言い切ってしまうのはいきすぎである。しかし、情報整理には趣味として面白い部分があって、しばしば本来の目的のために情報を集めていることが忘れられて情報整理そのものが目的となってしまう傾向がある。そういう本末転倒が起こらないよう十分に注意したい。

情報整理法指導で取り上げる内容としては以下のものがある。

①情報整理の意義
- ・情報整理の技術
- ・情報を評価・分析することの必要性

②情報内容の抽出と加工の方法
- ・メモやノートの取り方
- ・情報カードの使い方
- ・切り抜きの整理の仕方（クリッピング）
- ・データベースからの情報のダウンロードの仕方

③情報内容のメディア別の整理法
- ・ファイリングの仕方
- ・個人データベースの作り方
- ・AV資料の整理法

④情報の分類とインデックスの作成法
- ・情報の分類法
- ・目録の作成法
- ・索引（インデックス）の作成法

⑤書誌事項、アクセスポイントの記載法

⑥発想法
- ・ブレーンストーミングのやり方
- ・KJ法、その他発想法

⑦分野別・専門別の整理法について
- ・楽譜、設計図、地図など分野別、専門別に存在する特殊な資料の整理法

⑧情報の評価と分析
- ・情報を評価的に読むことの必要性
- ・メディア別の情報の評価法（図書、雑誌、新聞、映像（テレビ、映画）、ホームページなど）

⑨その他

（有吉末充）

1.5　領域5：情報表現法指導

どのような表現法であれ、表現にはある程度の技術が必要である。また、情報の発信は社会的に責任のある行為であり、情報倫理をよく理解しておくことが必要である。「情報表現法指導」とは、図書館の利用者が情報表現の方法を習得することを、図書館が直接、間接的に支援するサービスを指すが、そこでは技術面での指導ばかりでなく、情報倫理について理解を促すための指導もなされなくてはならない。

ここでいう「情報表現」には、レポート、ホームページ、ビデオの作成、プレゼンテーションやパフォーマンスなど、情報や知識、意見などを他者に伝達していく行為が、幅広く含まれている。個人や集団が持っている情報は、しばしばマスメディアが発信する情報とは違った価値を持っており、学内での情報表現活動を促し、その結果を新た

な情報源として組織していくことも大学図書館の新しい役割となってくる。

本節では、指導にあたってのポイントを確認しておく。学科関連指導については3.3で、講習会等については3.4で、学科統合指導については3.5にまとめている。また、ビデオやホームページの作成については、4.1、4.2を参照されたい。指導時のプレゼンテーションについては、3.8が参考になる。

1.5.1　情報表現法指導の内容

図書館は個人の情報探索の場であると同時に、個人の情報表現の場としても機能しなくてはならない。「情報表現法指導」とは、図書館の利用者が情報表現の方法を習得することを、図書館が直接、間接的に支援するサービスのことを指す。

「表現」というと音楽や文学、パフォーマンスなど芸術的な表現のことのように思われがちだが、ここでいう「情報表現法」とは、そのような芸術的なことだけに限定せず、個人や団体が、自分たちが持っている体験や知識を他者に伝達したり、自分たちの意見や主張を伝えたりする方法全般を幅広く含むものである。したがって、「情報表現」には、芸術的な創作活動はもとより、授業関連のレポート、論文、課題作品、発表等も含まれるし、授業以外の、クラブやサークル活動の記録、個人的な趣味の研究の記録なども含まれることになる。

これまで大学生は、図書館に蓄積された情報を利用する、消費者の立場にいるものとみなされ、彼らの表現物が情報源として利用されることはあまりなかった。しかし、大学生が表現した情報のなかにも有用なものは少なからず存在するはずで、それらを収集、保存して情報源として公開していくことは、これからの大学図書館の大切な役割の一つになるはずである。

情報表現法の指導においては、さまざまな情報の表現法を学習できる機会を作ることも大切だが、同時に、情報倫理について学ぶ機会を必ず設けなくてはならない。

情報表現という行為は、社会的に責任のある行動であり、表現にあたっては守るべきルールがある。他者の著作権を尊重することや、引用のルールを守ることなどを理解させることが非常に大切である。

1.5.2　情報表現法指導のポイント

情報表現法も、情報整理法と同様に、レポートや課題の作成等と関連づけて授業の中で指導する方法が考えられるが、授業にはやはり本来の目的があり、その指導ばかりに時間をかけているわけにはいかない。そこで、図書館でも情報表現法を学習できるような教材を用意、提供したり、情報整理を体験できるコーナーを設置したりすることが望ましい。また、授業で情報表現法を学習する機会のない学生のために、講習会を開催することも、必要になってくる。

情報表現法指導のポイントは二つある。

まず第一に、情報の効果的な伝達には、ある程度の技術が必要だということを理解させることである。

他人は自分が期待しているようには自分の文章や作品を理解してはくれず、不適切な表現はしばしば誤解のもとになる。情報を伝えるためにはそれなりの工夫が必要であり、少しでもこちらの意図を正確に伝えるためには、情報の表現法を学ぶことが必要になってくる。これは文章を書くうえでも、プレゼンテーションを行ううえでも、映像などを制作するうえでも知っておくべき持っておくべき基本的な認識である。どのような表現であっても、その表現の手段や、利用するメディアに応じた表現の方法というものが存在する。それを学び、相応の準備をすることによって、より質の高い表現が可能になる。表現の方法を学ぶことは、一部のクリエイターだけがやればよいというものではなく、すべての人の情報活用のあり方を豊かにするものなのである。

しかし、表現の技法に頼りすぎると、本来の表現の持ち味を損ねたり、逆に誤解を招いたりすることにもつながる危険性がある。さらに、表現の技術を悪用すれば誤った情報を意図的に流したり、他者の意見を操作したりしようとすることも可能だが、それは厳に慎しむべきであるということも当然理解されていなくてはならない。

そのこととも関連するが、情報表現法において学生が学ぶべきもう一つのポイントは、情報倫理の必要性である。

情報表現は、社会的に責任のある行為であり、大学生といえども守らなくてはならないいくつかのルールがある。今日、情報メディアの発達によって、誰もが簡単に情報の発信ができる状況が整いつつあるが、その一方でインターネット上での迷惑メールや個人情報の流出など、人に害悪を及ぼす行為が目につき始めている。すべての人が情報発信者となりうるのなら、すべての人が情報倫理をわきまえておかなくてはならない。大学図書館は情報表現の技法を教えると同時に、情報倫理の普及にも積極的に取り組むべきである。

情報倫理の問題を考えるうえで避けて通れないのが著作権の問題である。「大学生だから」「非営利だから」ということで、著作権に対して深く考えないような風潮もあるが、情報を正しく活用していくうえで著作権を尊重することは最低限のマナーである。何が禁止され、何が許可されているか、引用にあたってはどのようなルールがあるかなど、大学生だからこそ著作権については十分に理解しておく必要がある。

情報表現法指導で取り上げる内容としては以下のものがある。

①情報表現の意義
- ・情報の共有と情報を活用しての社会参加、他者とのコラボレーションの意義

②情報倫理
- ・著作権
- ・プライバシーの保護
- ・ネチケット

③レポート、論文、報告書の作成法

④印刷資料の作成法
- ・校正、レイアウト、印刷、製本等

⑤AV資料の作成法
- ・ビデオ資料作成法（撮影法、編集法）
- ・その他AV資料（OHP、録音資料等）の作成法

⑥コンピュータによる表現法
- ・グラフィック、音声、アニメーション等の作成と利用

⑦コンピュータネットワークを利用した情報発信法
- ・電子メールの利用法
- ・ホームページ（Webサイト）の作成法

⑧プレゼンテーション
- ・プレゼンテーション資料の作り方（印刷資料、コンピュータを利用した資料づくり）
- ・プレゼンテーションの技法

⑨分野別の専門的な表現法

⑩その他

（有吉末充）

2章

印刷メディアの活用

―ポスター、サイン、パンフレット・リーフレット、PR紙、パスファインダー―

図書館利用教育を実施していく方法として、印刷メディアは重要な役割を果たす。「ガイドライン」の「Ⅳ. 方法」をみてもわかるように、「印象づけ」や「サービス案内」だけでなく、「情報探索法指導」「情報整理法指導」「情報表現法指導」においても、印刷メディアは大切な方法・手段として用いられる。

以下、各節において、ポスター、サイン、パンフレット・リーフレット、PR紙、パスファインダーについて、それぞれ述べていく。ポスター、サインについては、特に「印象づけ」と関連させて、パンフレット・リーフレット、PR紙については、特に「サービス案内」と関連させてまとめている。パスファインダーは、「情報探索法指導」の代表的なツールとして、ホームページを活用した方法を含めて、述べていく。

2.1　ポスター

「ポスター」は、広告・宣伝・イメージアップのために使われる一枚物の比較的大きな印刷物で、掲示板や壁に貼りつけて、視覚的な要素によって注意を引き、イメージや情報を伝達するための効果的な手段である。大学という空間における図書館という存在の意義を問いかけ、有用性と利便性を訴えかけるには、強力な媒体である。

ポスターの役割は二つある。ある時期に図書館の存在をアピールするための「イメージポスター」と、特定のイベントの日時と場所を広く伝えるための「告知ポスター」である。

図書館はサービス機関であるという観点に立てば当然、宣伝やイメージアップが必要になる。確かに各図書館でオリエンテーションなどのイベントの告知のためにさまざまなお知らせ掲示が内部で作られているが、残念ながら、概してこれらのレベルが高いとはいえない。

利用教育の観点からは、ポスターは「印象づけ」領域の強力なメディアであり、各種の講習会等のイベントの告知に威力を発揮する。ポスターの企画にあたってはその特性を最大限に活かすように、以下のようなポイントに留意したい。

(1) いかにアピールするかを考える

ポスターがその役目を果たすのはイラストや、写真、デザインによってアピールするからである。アピールしなくても別にかまわないというホンネが見えるようなポスターは困りものである。イベントがあるから例年どおり一応宣伝はした、というアリバイ的なポスターでは、姑息な印象を与えてしまって、図書館という組織の保守性と反サービス姿勢を見透かされることになる。

AV世代の大学生の視線を惹きつけるには、とにかく注目を集めるように目立つビジュアルを大胆に工夫するべきである。まずは図書館員自身が思いつく範囲で、目を引く図版を切り貼りしたり、意外性のあるキャッチコピーを大きく入れたりするだけで、ポスターの宣伝効果は格段に向上する。その結果、宣伝の積極姿勢が学内での図書館の存在感を高めることにつながる。

(2) 外注を考える

では、そのような伝達効果のあるポスターはどうしたら作れるのか。一番の方法は、プロのイラストレーターを起用したり、広告代理店に依頼したりすることである。しかし、図書館が独自に質の高いポスターを作るには、広報業務の優先順位が低く、最初から高額な予算がすんなり取れる図書館は多くはない。

制作過程の「川上」側（つまりアイディアを出す企画）ほど外注費は高いから、まずは「川下」側の印刷を外注することを目指すのが合理的である。ある程度のレベルに到達できたら、次に企画を学内の漫画研究会や広告研究会などの学生ボランティアに依頼するという方法も現実的である。安価でなければ外注は無理という制約があるから、学内コンペという話題づくりのイベントとして作品を募集する手もある。

数年の実績が図書館内および学内で評価されるようになったら、いよいよプロへの外注を目指せるはずである。卒業生のなかに、現役のプロとして活躍している広告会社社員、出版社社員、編集者、イラストレーターがいないか探してみれば、候補者が見つかることがある。知り合いのツテを辿って、母校のために協力してもらえないか交渉する。実現できたら、学内の話題性はもちろん、そのプロの業界でも多少の話題になるかもしれない。そうなれば、翌年は業界の友人を紹介してくれる可能性も出てくる。

広告代理店に外注できるほどの大きな予算が取れるようになれば、その図書館の広報活動は既に「超一流」の水準に達している。利用教育の「印象づけ」領域にとって十分というべきである。

(3) 上部団体共同制作品を利用する

もちろん、外注はそう簡単に実現できないのが普通である。そこで、一般的にも広告として十分通用し、なおかつ安価である共同制作ポスターが作れないか、という相互協力の発想が生み出された。私立大学図書館協会東地区部会研究部企画広報研究分科会による共同制作ポスターという実例がある。

当時、この試みは、図書館オリエンテーションのイメージを根本的に変えたといわれている。1984年版の「シンボー」ポスター以来、10年間継続され、1995年に日本図書館協会（JLA）に移管されて、安野光雅版で再スタートし（『図書館雑誌』1996年1月号)、1998年「コニーちゃん」ポスターに至っている（『図書館雑誌』1998年5月号)。人気キャラクターの威力は、利用した各館で実証ずみである。今後もJLAでのいっそうの事業展開が期待される。

(4) 外国製を購入して利用する

国産品では飽き足らないのであれば、イメージポスターとして、米国図書館協会（ALA）の「READ」キャンペーンポスターを利用することもできる。ALAにはマーケティング部という専属の部署があって、グッズ関連事業は出版事業と並ぶ重要な事業活動となっており、全国の図書館現場を活気づけ、利用者への「印象づけ」に絶大な効果をもたらしている。俳優協会などと提携していて、映画・テレビ・音楽・スポーツ・文化等、各界の超人気有名人が自分のお気に入りの本を一冊手にしてポスター用の写真をボランティアで撮らせてくれる仕組みになっている。

ALA独自の情報リテラシー教育関連のキャンペーンもあって、心に響く奥深いスローガンが入ったポスターや栞の新作が続々とカラーカタログに掲載される。スペイン語版や多言語版もあって、多文化への配慮も行き届いている。国内での話題性と教育的影響力は圧倒的である。

日本でもこうした完成品を海外発注で入手して掲示することで、図書館のイメージアップと話題性を狙うという使い方ができるはずである。全国図書館大会（毎年10月開催）や図書館総合展（毎年11月開催）の会場では、ALAポスターの展示即売があるので、その際に仕入れておくこともできる。自館に相応しいポスターをしかるべきタイミングで館内外に一斉に貼り出せば、相当な衝撃力を期待できるに違いない。

(5) 独自のイメージの創出を

ポスターには話題性が必要であるが、それだけで完結するものではない。イメージ戦略という視点も不可欠である。図書館は大学の一機関であるから、大学の個性（校風）に合致した範囲で、学内的な一体感を尊重する必要がある。また、大学図書館界の相互協力ネットワークのなかにある図書館としては、一種の共同性・共通性の印象を演出することも重要である。

他方、学内における図書館の独自性、他大学の図書館と比べての独自性を印象づけることも求められる。存在感を印象づける強み、「売り物」としてのサービスの特徴は何かを徹底的に煮詰めなければならない。自館の個性を明確にしておくことで、広報活動の基盤が強化される。

イメージというものは決して表面的なものではない。その館がどういう館なのかというアイデンティティが曖昧では、訴求するべきイメージを絞り込むことができない。図書館の存在理由そのものがその大学の情報リテラシー教育のイメージを決定づけるのである。

アイデンティティを構成する基本コンセプトを作り始めることから、専門家と協力して進められれば理想的である。まずは身の回りの事例を参考にしながら自館のイメージを表現したロゴマークを作って、全広報媒体に共通に刷り込むとか、使用する書体や文体を統一するとか、自分たちのポスターに関する全知識を動員して、さまざまな面で、訴求力と話題性を高め、利用教育の媒体としての完成度を高める努力を重ねることが望まれる。　**(仁上幸治)**

2.2　サイン

ここで考えるのは利用者への情報伝達の一手段としての「サイン」である。

一般に「サイン」とは、ある環境のなかにおいて、必要とするところやものへ人を導いたり、あるものの存在についての情報を知らせたりするための視覚的媒体の一つである 。

「サイン」というと、図書館では建物に付随する案内板や看板、掲示板の類というイメージでとらえられがちであり、結果的に新館建設や改造時には意識されるが、普段は特に見直されることが少ない。したがって、図書館員の意識のなかでもサインは設計者が考えて建設業者に任せておくものと考えられがちである。

しかし、本来、CI（コーポレートアイデンティティ）の理論によれば、サインは利用者の視野に映る誘導的機能を持つ記号の総体を指すのであり、具体的には図書の背ラベルの色や文字まで含めて総合的に考えるべきものである。

サインにはメッセージを伝えるための媒体としての機能と、組織体のイメージを伝える機能という、二つの重要な機能がある。したがって、利用教育の観点からは、「印象づけ」と「サービス案内」の役割を果たすように細心の配慮が必要である。

改善するには、以下のようなポイントに留意したい。

(1) 全館的統一を考える

同じ図書館のなかなのに、係や室ごとにサインが筆書きだったりワープロ拡大文字だったり、あちこちの壁に「私語禁止」「飲食厳禁」「ケータイ通話禁止」などの権威的、命令的な規制系のメッセージが貼られているかと思えば、トイレの前まで行かないとトイレの場所がわからないという実例が未だにある。また、利用者の「逆走」に手を焼いている図書館では「出口ではありません」「NO EXIT」といった回りくどい否定表現の例も後を絶たない。

「討論はグループワーク室でどうぞ」「館内禁煙　喫煙は決められた場所で」という肯定的でソフトな印象を与えるサービス案内を実現するには、全館・全部署を通して組織的に統一した方針と表現上の約束事が必要不可欠である。

(2) 技術的標準を守り更新可能に

文字の書体や大きさ、設置する高さ、場所、色彩などは図書館員の好み以前の問題として、はっきりした技術的標準があるとう事実をよく認識することが重要である。自分自身の印象で判断する前に、まずはそうした基本的な知識を学んでから、サインの企画を始めるのが原則である。

図書館員はかつて「図書館は成長する有機体である」という名言を学んだはずである。モノの移動は日常茶飯事なのであるから、サインを維持、更新していく組織を確立しておき、変更に対応できる安価で柔軟な差替方式のシステムを設計しておくことが計画の一番最初に必要なのである。誘導機能が疎かになると、「わかりにくい」という印象を与えてしまい、サービス評価に悪影響を与える。

(3) 説明サインの充実を

サインには定点サイン、誘導サインのほかに説明サインという種類がある。利用教育の観点からはこれも重要である。実態をみると、自分の係が担当する部屋や機器、ツール類については自分の係が作成、改訂することになっていて、結果的に、全館を見わたすとバラつきが目立つ館が多い。

試しに、コピー機やマイクロリーダープリンタなどの機器の使い方、端末機の操作法、リクエストや投書の仕組みと手順、複写取り寄せの申し込みの仕方など、館内のいたるところに貼られている掲示類を、一度、一連の説明サインとして見直してみる必要がある。日頃意識して読んだことのない意外な内容と形式のサインや掲示類を改めて「発見」することは間違いない。

用語や表現の原則は統一されているか、説明は初心者にわかりやすいか、申し込み手順が面倒さを印象づけていないか、外国人に配慮があるか、などさまざまなチェックポイントについて、きちんと現状分析をしておくことが必要である。

利用者の案内誘導のインフラともいうべき総合的なシステムとして「サイン」を見直して、細部まできちんと改善すれば、利用教育の水準は格段に向上するはずである。

(仁上幸治)

2.3　パンフレット・リーフレット

2.3.1　図書館利用教育の観点

図書館におけるパンフレット、リーフレット類の代表格は、いわゆる「利用案内」と呼ばれる印刷物である。ここでは携帯型印刷メディアのうち、本の栞よりは面積が一回り大きなものと考えておく。

どこの図書館でも制作され、館内で配布されている。内容としては、館内案内図・開館日時・館長挨拶・サービス案内・分類表・類縁機関案内などとなっているものがほとんどである。他にも、配架分類表、情報探索案内、ILL（相互貸借）利用法などの独立した印刷配布物を用意している館も多い。

形態はさまざまで、一枚物では、片面印刷と両面印刷があり、二ツ折・四ツ折など、折り方に工夫がある。冊子の場合は、見出しをタブ形式にするなどの工夫を凝らしたものもある。

制作方法としては、企画から版下づくり、印刷まで全面的に内部で行っている場合と、範囲はさまざまだが部分的に印刷会社などへの外注を取り入れている場合がある。

広報活動の観点からみて、10年前の状況と比べれば、大学図書館界全体の水準はある程度改善されてきた。しかし、図書館利用教育の観点からつぶさに見直してみると、まだまだ改善の余地がある。広報・利用指導関連の印刷物の企画にあたっては、印刷物づくりの基本をきちんと守ることが前提になる。そのうえに情報リテラシー教育の内容を上手に載せていくことを目指すべきである。

内容も形態も、図書館の旧来の「伝統」にとらわれることなく、もっと自由な発想で考え直してみたい。日常生活で見つけた図書館の外にある参考事例を絶えず図書館広報に繰り込んでいく姿勢が重要である。

以下では、実務に即して改善のポイントを示す。印刷媒体を企画、制作、配布する際に役立ててほしい。

2.3.2　改善のポイント

(1) ビジュアルの重要性

いわゆる「利用案内」は、初来館者に対して、どこに何があってどうすれば利用できるのか、どんな特典や制約があるのか等々の基本的な情報を提供するために作られている。ある意味では「わかればいい」という面もある。しかし、図書館利用教育の観点からは、それだけでは不十分である。まずは「印象づけ」の点で、印刷配布物には、利用者志向のサービス姿勢、親切さ、誠実

●図3　利用案内の例（亜細亜大学）

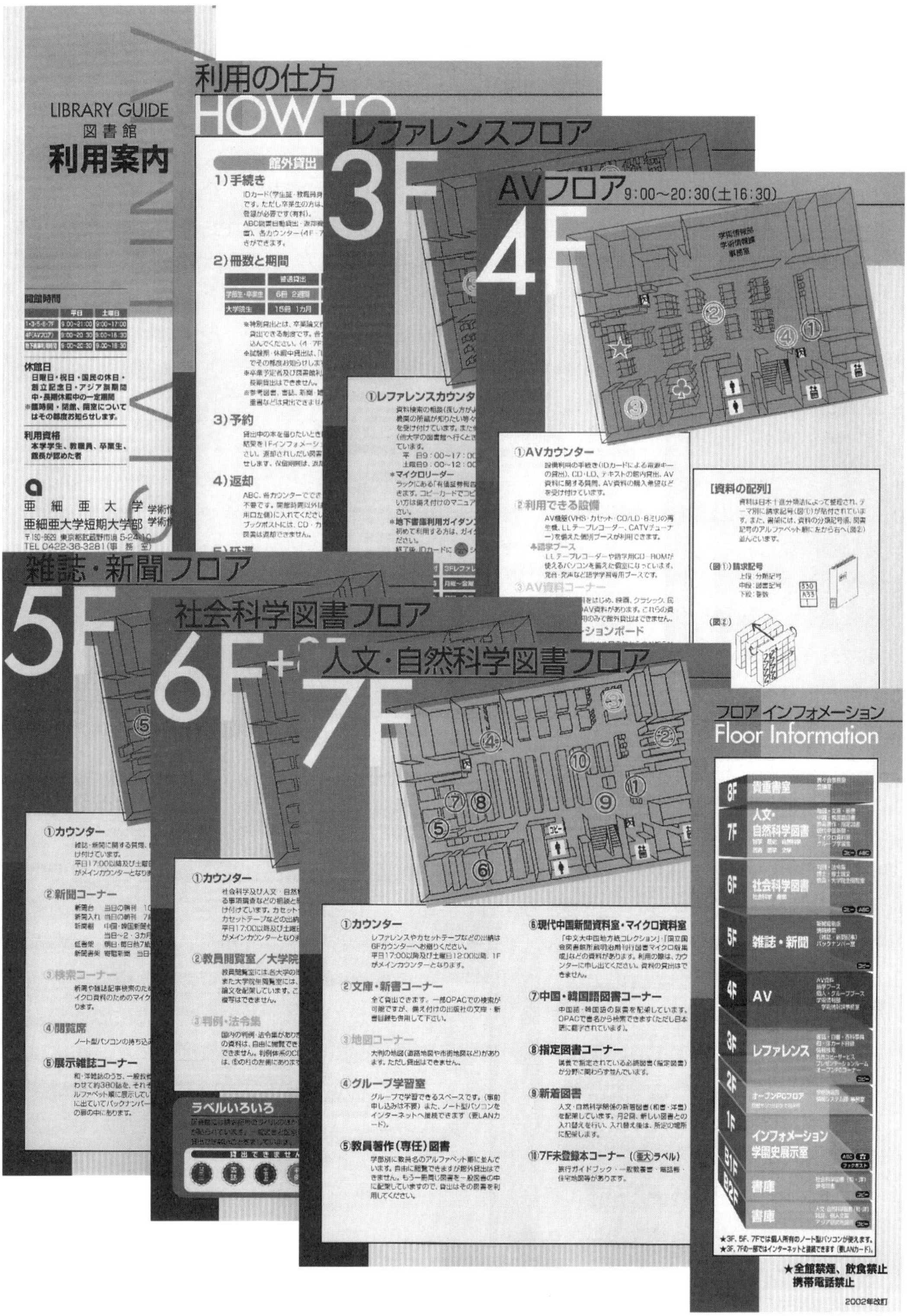

さ、行き届いた配慮をきちんと伝達することが要求される。

もちろん、サービス自体の絶えざる改善が前提になるが、仮にサービスが不十分であったとしても、その不十分さの範囲内のぎりぎりまで、少しでも印象をよくする努力を惜しむべきではない。

ビジュアルデザインは重要である。用紙と刷色が地味で目立たないなら、明るくすっきり目立つ色に変えるべきである。分厚く重い冊子は、分冊化してシリーズ化し、一点ごとに手に取り持ち帰りやすい形態に変更したい。紙質もテカテカのコーティングで厚いものよりは、ナチュラルで薄めのリサイクル紙を選ぶべきである。いたずらに豪華さを押し出すと、予算と資源の無駄使いを印象づける結果になり、印象はマイナスになる。

学部学生を対象にした小規模な大学図書館では「手作りの良さ」を押し出すという方針も成り立つが、大規模な館や専門的な研究図書館ではそうはいかないことも多い。きちんとした体裁と語法など形式面での基本要件を崩さないことが最低条件となる。

シリーズ化するということは、各種の印刷配布媒体のなかで、「利用案内」シリーズとしての同一性が一見して認知できるように色と形を統一しなければならない。この点では、例えば四か国語対応の場合には言語別に紙色を変えて共通のシリーズ記号を付与することが有効である。また、同一シリーズのなかでは、一点ごとに他のものとの差異を、誤解の余地なく直感的に認知できるような記号づけが必要になる。

共通シリーズ記号の後に一連の番号を付与する方法がある。こうしたビジュアル面での「わかりやすさ」の配慮は、利用者にとってだけでなく、図書館側の補充や在庫管理上も必要不可欠なものである。シリーズ番号は、奥付として末尾下段に小さく入れておくという程度ではなく、表紙に大きく目立つように配置することが大切である。

ある水準以上のビジュアルを実現するには、内部の手作り路線では限界がある。いずれ印刷だけでなく、企画から編集、レイアウトまで含めた外注を検討するべきである。利用者本位で、手軽でわかりやすく、環境保護意識をさりげなく示し、自然に手に取りたくなるような、配慮の行き届いたビジュアルを心がけることが重要である。

(2) 記事内容の高度化

施設・設備やサービスの「案内」は配布用媒体の基本的な内容である。施設・設備やサインが利用者本位にシンプルでわかりやすく設計されていれば、すっきりした内容にすることができる。しかし、現実に館内の物理的な構造や配置が複雑でわかりにくいとすれば、そのわかりにくさをできるだけ緩和するような編集上の工夫が必要になる。

読む側の視点から、記事内容を徹底的に見直してみることが改善の出発点である。これは、広報サービスの基本として重要である。広報活動の観点からみて、多くの館でなおいっそうの改善が必要である。しかし、もう一つ図書館利用教育の観点を追加して、ガイドラインの目標と方法の一覧表に照らして見直してみれば、まだまだ実現されていない課題が多いことがわかるはずである。一言でいえば、内容を単なる「案内」から情報リテラシー教育関連の「指導」へと高度化することが要求されているのである。

「どこに何があるか」から「あることを調べるには何を見ればよいか」へと記事内容

をシフトしていくには、レファレンスツールの紹介を前面に押し出すべきである。ツールごとに解説、紹介する形式と、テーマ別に調査手順を紹介する形式とがあるので、目的に応じて意識的に使い分ける必要がある。

(3) シリーズ企画で

内容を広げて高度化していくには、媒体の印刷面積を拡張しなければならない。単体の「利用案内」ですませようとすると昔の分厚い「万能永久保存版」に逆戻りしてしまう。「利用案内」は数ある広報手段の一つであり、また利用教育の方針に合わせて対象別・利用目的別に作られる印刷媒体の一つにすぎないのであるから、決して単体で企画されるべきではない。その一種類を作品としてどれだけ完成させるかではなく、必要とされる「利用案内」シリーズの全体像をはっきりさせて、各単体間の分業と協業を意識的に設計するという考え方が必要である。

新入生用なのに詳しすぎる、大学院生用なのに初歩的すぎる、というように、目的と対象者を考慮に入れていないと、「利用案内」は誰にとっても少しずつ不満足なものになってしまう。「汎用一点豪華主義」でもダメだが、無造作なシリーズ化もまた利用教育の目的に合致しない。特定の目的にジャストフィットするように目的を思い切り絞った単体を、できるだけ多数揃えたシリーズ展開を企画するべきである。

記事内容を用意するには、日頃から、レファレンスブック、二次資料、データベース、インターネット資源（無料サイトリンク集）などを、ツール別、テーマ別に整理しておきたい。もちろん所蔵資料やサービスの独自性を活かして、特殊コレクションの紹介、独自のデータベースなどを「自慢の種」として利用者にアピールすることも忘れないようにしたい。これらが利用者の調査目的に対するその館の有用性を強く印象づけるはずである。

「利用案内」のなかで紹介されたテーマ別の調査手順がよくできていれば、その部分をパスファインダーとして別な印刷物シリーズに独立させるとよい。そうすれば「サービス案内」領域ではなく「情報探索法指導」領域の一般教材として活用できる。その便利さを理解した教員が授業で見せたり、紹介したりしてくれれば、レポート作成の手引きとして大学の情報リテラシー教育に直接貢献できたことになる。

(4) 配布方法の工夫

「利用案内」シリーズが充実してくると、配布の方法にもいっそうの工夫が必要になる。昔からある配布スタンドケースに詰め込んだり、カウンターの片隅に漫然と並べたりしておくだけでは、せっかくの記事内容を活かし切れない。この点で参考にするべきなのは、図書館界よりも「外」の世界にある。デパート、スーパー、コンビニ、各種専門店など、私たちの生活のなかには、目を引き、読ませる洗練されたデザインの印刷配布物を、見やすく手に取りやすいかたちで提供している例はいくらでもある。図書館という狭い枠にとらわれず、広く一般の優れた広報活動に学ぶような発想を持ちたい。

図書館員は図書館という場ではついつい管理意識が強くなってしまうが、街に出れば一顧客になって消費者意識でパンフレット配布の方法・手段を眺めることができるはずである。見出しのつけ方、展示の方法、在庫管理など、見習うべき細かな配慮の跡がわかるに違いない。

できれば専用の配布ケースを用意するべきである。ケースに余裕がある場合に、同じ印刷物をいくつかの山に分けて展示している例が見受けられるが、原則は一印刷物につき一山である。複数の山があると、一見して同一シリーズの別物かと認知してしまい、識別番号や標題を読まなければならなくなる。マメに補充するほうが親切である。

全シリーズが完成してから一斉に配布しようとするといつまでも完成しなくなる。それよりも、できたものから順に公開していくことをお勧めする。ツールの情報は日々変化するので、あまり大量に印刷すると無駄が多くなる。後で手書きで修正したり、訂正シールを貼りつけたりする手間を考えれば、最初は控えめな適正数量でスタートして、消費速度を見てから徐々に増やすほうが合理的である。

(5) メディアミックス

メディアミックス（広告効果を上げるために各種広告媒体を組み合わせること）の視点も重要である。せっかく作った印刷媒体なのだから、紙媒体の特性を活かしてさまざまな機会に持ち帰ってもらうことは当然であるが、そこで留まるのはもったいない話である。「利用案内」シリーズの内容は、ワープロソフトのファイルとして保存されているはずである。

「利用案内」のファイルをホームページへ転用するのは簡単である。一度ホームページにアップされた内容は、時間と空間の制限から解放される。つまり、紙で配布していたときよりも、はるかに流通力が大きくなり、活用の機会が増える。例えば、レファレンスサービスのなかでの直接的な指導サービスに使える。講習会の場でスクリーンに投射して説明ができる。研究室への「出前指導」にも使える。図書館員の研修にも使える。何より利用者が来館しなくても自宅からインターネットを通じてアクセスして「自習」することができるのは大きい。

(6) 個人ではなく図書館全体で

このように「利用案内」を「情報探索法指導」の媒体として位置づけて本格的なシリーズ展開を図ると、その仕事を閲覧係あるいは編集やイラストが得意な個人に任せておくわけにはいかなくなるはずである。図書館のあらゆる資源を総合的に投入するには、部署を越えた取り組みにしなければならない。一担当部署が全過程を請け負うのではなく、全館的な業務のコーディネーターとしての役割を担うべきである。企画制作の過程に参加した図書館員は、指導サービスのための資料について学ぶ機会を得ることができ、図書館が大学の情報リテラシー教育への直接、間接の支援業務を行っていることを実感できる。広報と利用教育の仕事を図書館全体の重要業務として位置づけるための努力が必要である。

（仁上幸治）

2.4　PR紙

2.4.1　伝統的な館報を越えて

「PR紙」とは、図書館が発行する利用者向けの比較的薄手の逐次刊行物を指す。広義には、図書館紀要・図書館年報なども含むが、狭義には、お知らせを主体にした館報ということになる。

図書館界では伝統的に「館報」という印

刷物が存在している。概して堅苦しいイメージで、今時の学生には親しみにくい印象である。誰に、何のために、どんな方法で配布するのかといった広報媒体づくりの基本的前提が抜け落ちていると、利用者・図書館員・大学当局など誰にとっても中途半端で面白くないものになってしまい、結果としてほとんど読まれない。

PR紙を本来の姿で再生することができれば、情報リテラシー関連のさまざまな連載記事を掲載して、毎号読者から多数の反響の手紙が来るような、強力な広報メディアにすることもできるに違いない。以下のポイントに従って改善企画を練り直せば、きっと読まれてためになるPR紙に生まれ変わるはずである。

2.4.2　改善のポイント

(1) 対象者別のPR紙を

PR紙は読者対象によって分化すべきものである。一口に「利用者」といっても教員、学生、大学院生などいろいろであるし、日本人用と外国人用では内容も表現も当然違う。学生のなかでも図書館をあまり利用しない学生とよく利用している学生では知りたい情報の範囲も違う。図書館がPR紙を一紙だけですませようとすること自体にもともと無理があったのである。

利用教育の内容を記事として提供するには、まず対象者別のPR紙を創刊することが先決である。そのうえで、対象者別にアレンジした記事を載せるべきである。

(2) 役立つ面白い記事として

今時の学生は「必要なら読む」のではなく、「必要な情報を簡単に入手できるのなら読む」のである。しかも、単位を取るためという必要に迫られて読むよりも、自分自身のホンネの興味で読むのであれば、分厚い冊子でも難なく読み通すものである。その「簡単に」の部分を図書館側がきちんと配慮できるかどうかが問題なのである。それほど面白くもない図書館の記事ではなおさら工夫が必要である。

利用教育を目的として、本当に読んでもらえる記事を企画するのであれば、「私の情報整理法」「レポート作成法講座」「就職情報の集め方」など、学生が必要とする実践的なテーマで図書館の資源をアピールする記事を掲載するべきである。卒業生の有名人の中から適当な候補者を選んで原稿を依頼するのも面白い。多忙な有名人であれば、執筆依頼よりもインタビューを申し込むほうが可能性が上がる。

(3) わかりやすいビジュアルを

PR紙を図書館で作る以上、企画・編集・デザインのための基本的な実務知識が必要である。利用教育の内容のうち、検索の論理や検索ツールの収録範囲などは、概念的な言語だけでは理解しにくい。だらだらと文章だけで説明、紹介すると、最後まで読んでもらえなくなる。直感的にわかりやすい図表やイラストを多用して、初心者の学部学生にも、多忙な教員にも、短時間で読み通せる分量にまとめる必要がある。利用教育の内容は広報活動の魅力的な土台のうえでこそ活きるのである。

(4) 間接的な効果も

PR紙には間接的効果があることを認識しよう。直接的には、特定の利用者とのコミュニケーションが目的ではあっても、それを見る大学当局者や教員に対して「図書館もガンバッとるな」という印象を与える可能性がある。

PR紙は、外部に対して図書館が積極的に動いているという事実を具体的なかたちとして示すことができる。しかも、大学の情報リテラシー教育に対して直接的な貢献をしようという内容が含まれていれば、図書館の学内的な地位を上げる方向に働くはずである。管理職にとっても、具体的な実績をわかりやすく証明でき、自慢の種になる。

そのうえ大学当局が情報リテラシー教育の拠点として図書館をもっと重視する必要があると認識を改めてくれればいうことはない。PR紙は確かに利用者向けの印刷配布物であるが、実は、大学コミュニティにおける図書館の存在証明という戦略的な役割も担っているのである。

(仁上幸治)

2.5　パスファインダー

2.5.1　パスファインダーとは

パスファインダー (pathfinder) とは、あるトピックに関する資料・情報を系統的に集める手順をまとめた、一枚物のリーフレットのことである。インフォメーションガイドやトピカルガイドと呼ばれることもある。一つのテーマについて調べようとするときに、初心者（学生など）は、単純に図書のみを求めたり、百科事典の情報で十分と思ったり、やみくもにインターネットで探そうとしたりする。そのような利用者にとって、系統立った調査の手順を示し、多様な特徴を持ったさまざまな情報源を案内するパスファインダーは、たいそう有効な手引きとなる。まさに、その名のとおりの道案内である。

パスファインダーは、文献リストとは似ているようでありながら、そのコンセプトがまったく異なる。文献リストとは、あるトピックに関する資料を網羅的に、または作成者が選択してリストアップしたものである。つまり、文献リストは利用者にどの資料を見たらよいかを教えてくれるが、自立して他の資料を探し出せるようにはしてくれない。一方、パスファインダーは利用者が自分で選び、調べることができるようにするために、必要なツール、手法、戦略を順に示し、関連する情報を主体的に収集できるように作成されている。つまり、あるテーマへの初心者向け調査法ガイドである。その意味でパスファインダーは利用者の自立を促進する利用教育の趣旨に合致するツールである。また、もう一つの特徴は、パスファインダーは、あくまで具体的な一つのトピックに関する調査法に絞って作られていることである。レベルは利用者に合わせており、初級情報である場合もあり、専門情報である場合もある。

大学図書館では、ある時期に同じトピックの情報を求めて利用者が殺到することがよくある。そのトピックも、授業で出される宿題のテーマであるとか、ニュースで話題になったものといったように、予測できることが多い。そこで図書館としては、そのトピックについての調べ方をパスファインダーにまとめて用意しておけば、情報要求があったときに、それを手渡して説明することができる。目につく場所に置いておけば、利用者が必要に応じて自分で取っていく。学科関連指導で授業やゼミで指導をしたり、講習会をしたりするときの配布資料としても使える。また、レファレンスデスクに立つ図書館員にとっては、自分の専

●図4　パスファインダーの例（大阪女学院図書館）

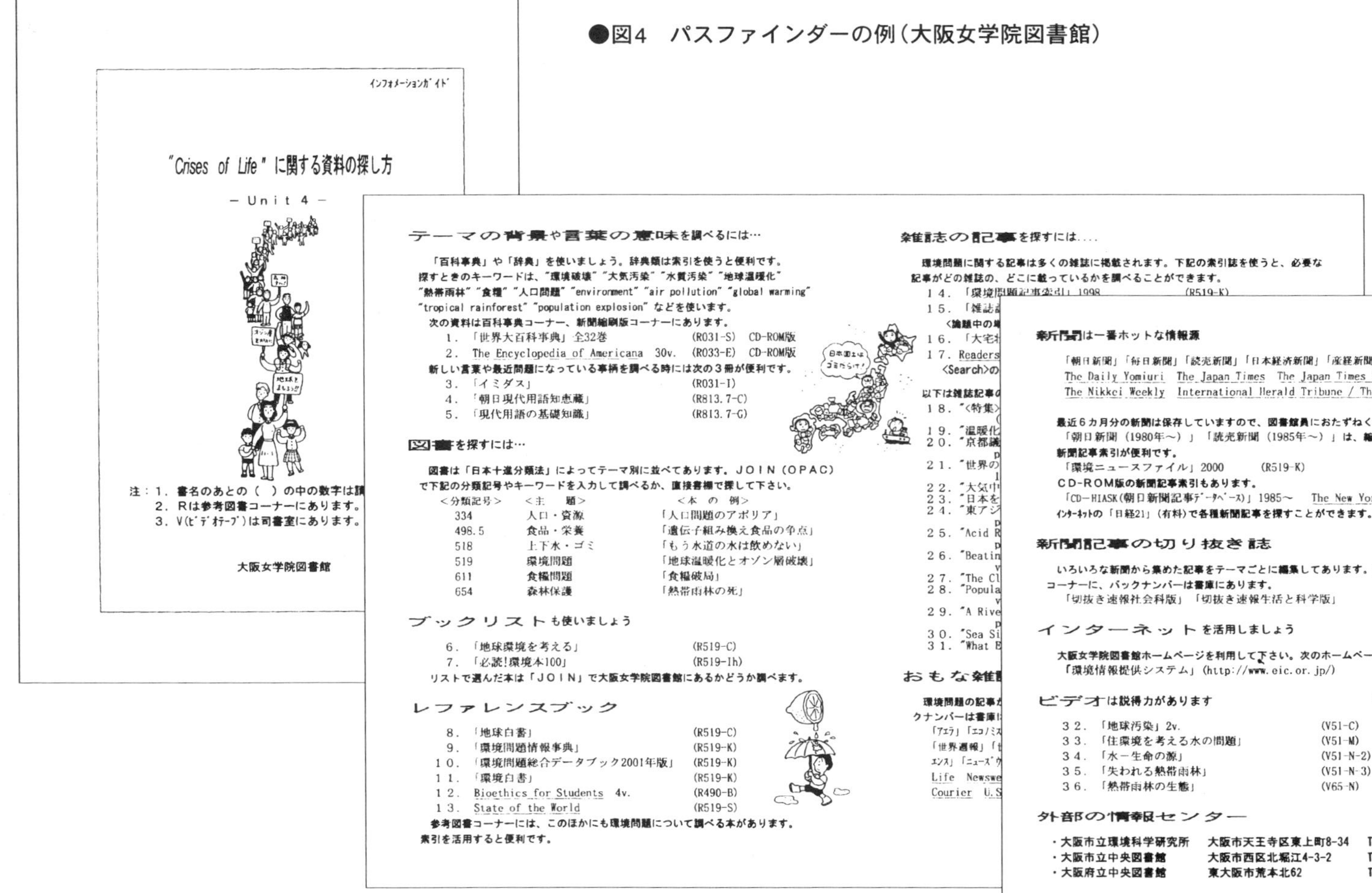

インフォメーションガイド

"Crises of Life" に関する資料の探し方

－ Unit 4 －

注：1．書名のあとの（　）の中の数字は請
2．Rは参考図書コーナーにあります。
3．V(ビデオテープ)は司書室にあります。

大阪女学院図書館

テーマの背景や言葉の意味を調べるには…

「百科事典」や「辞典」を使いましょう。辞典類は索引を使うと便利です。
探すときのキーワードは、"環境破壊" "大気汚染" "水質汚染" "地球温暖化"
"熱帯雨林" "食糧" "人口問題" "environment" "air pollution" "global warming"
"tropical rainforest" "population explosion" などを使います。
次の資料は百科事典コーナー、新聞縮刷版コーナーにあります。

1．「世界大百科事典」全32巻　(R031-S)　CD-ROM版
2．The Encyclopedia of Americana 30v.　(R033-E)　CD-ROM版

新しい言葉や最近問題になっている事柄を調べる時には次の3冊が便利です。

3．「イミダス」　(R031-I)
4．「朝日現代用語知恵蔵」　(R813.7-C)
5．「現代用語の基礎知識」　(R813.7-G)

図書を探すには…

図書は「日本十進分類法」によってテーマ別に並べてあります。JOIN（OPAC）で下記の分類記号やキーワードを入力して調べるか、直接書棚で探して下さい。

＜分類記号＞	＜主　題＞	＜本　の　例＞
334	人口・資源	「人口問題のアポリア」
498.5	食品・栄養	「遺伝子組み換え食品の争点」
518	上下水・ゴミ	「もう水道の水は飲めない」
519	環境問題	「地球温暖化とオゾン層破壊」
611	食糧問題	「食糧破局」
654	森林保護	「熱帯雨林の死」

ブックリストも使いましょう

6．「地球環境を考える」　(R519-C)
7．「必読!環境本100」　(R519-Ih)

リストで選んだ本は「JOIN」で大阪女学院図書館にあるかどうか調べます。

レファレンスブック

8．「地球白書」　(R519-C)
9．「環境問題情報事典」　(R519-K)
10．「環境問題総合データブック2001年版」　(R519-K)
11．「環境白書」　(R519-K)
12．Bioethics for Students 4v.　(R490-B)
13．State of the World　(R519-S)

参考図書コーナーには、このほかにも環境問題について調べる本があります。
索引を活用すると便利です。

雑誌の記事を探すには....

環境問題に関する記事は多くの雑誌に掲載されます。下記の索引誌を使うと、必要な記事がどの雑誌の、どこに載っているかを調べることができます。

14．「環境問題記事索引」1998　(R519-K)
15．「雑誌記
〈論題中の
16．「大宅
17．Readers
〈Search〉の

以下は雑誌記事の
18．"〈特集〉
19．"温暖化
20．"京都議
21．"世界の
22．"大気中
23．"日本を
24．"東アジ
25．"Acid R
26．"Beatin
27．"The Cl
28．"Popula
29．"A Rive
30．"Sea Si
31．"What E

おもな雑誌

環境問題の記事が
クナンバーは書庫に
「アエラ」「エコノミス
「世界週報」「
エンス」「ニューズウ
Life　Newswe
Courier　U.S

新聞は一番ホットな情報源

「朝日新聞」「毎日新聞」「読売新聞」「日本経済新聞」「産経新聞」 USA Today
The Daily Yomiuri　The Japan Times　The Japan Times Weekly
The Nikkei Weekly　International Herald Tribune / The Asahi Shimbun

最近6カ月分の新聞は保存していますので、図書館員におたずねください。
「朝日新聞（1980年～）」「読売新聞（1985年～）」は、縮刷版があります。
新聞記事索引が便利です。
「環境ニュースファイル」2000　(R519-K)
CD-ROM版の新聞記事索引もあります。
「CD-HIASK(朝日新聞記事データベース)」1985～　The New York Times 1995～
インターネットの「日経21」（有料）で各種新聞記事を探すことができます。

新聞記事の切り抜き誌

いろいろな新聞から集めた記事をテーマごとに編集してあります。新しいものは雑誌コーナーに、バックナンバーは書庫にあります。
「切抜き速報社会科版」「切抜き速報生活と科学版」

インターネットを活用しましょう

大阪女学院図書館ホームページを利用して下さい。次のホームページが役立ちます。
「環境情報提供システム」(http://www.eic.or.jp/)

ビデオは説得力があります

32．「地球汚染」2v.　(V51-C)
33．「住環境を考える水の問題」　(V51-M)
34．「水－生命の源」　(V51-N-2)
35．「失われる熱帯雨林」　(V51-N-3)
36．「熱帯雨林の生態」　(V65-N)

外部の情報センター

・大阪市立環境科学研究所　大阪市天王寺区東上町8-34　TEL. 06-6771-8331
・大阪市立中央図書館　大阪市西区北堀江4-3-2　TEL. 06-6539-3300
・大阪府立中央図書館　東大阪市荒本北62　TEL. 06-6745-0170

わからないときは図書館員におたずねください。

イラストは「みんなでためす環境クイズ」(519-Sh) より　2001.12

門外のテーマの資料を求められたときに、パスファインダーは役に立つ情報源である。最近はパスファインダーを図書館のホームページ上で提供する館もある。

2.5.2　パスファインダーの作成法

パスファインダー（紙媒体の場合）に含まれる要素、作り方を以下に示す。

(1) 形態

①一枚のチラシにする。

②簡潔に、そして魅力的に。カラー紙を用いるのも効果的である。

③利用者にとって馴染みのない専門用語（図書館用語）は使わないようにする。用いる場合には説明をつける。

(2) 内容

①定義と範囲：そのパスファインダーで扱うトピックの範囲を示す。利用者が自分の必要とする分野が含まれているかを知ることができるようにする。専門用語には説明をつける。

②キーワード：そのトピックの情報を探すときのアクセスポイントとなるキーワード、人物名、事件名などの例をリストする。ディスクリプタ（検索用キーワード）や件名がある場合には、それを示す。

③入門情報源：そのトピックの概要を知るための入門的情報源を紹介する。百科事典や現代用語辞典など。

④図書：関連する分類記号、または件名を示し、それに該当する代表的図書を例示する。

⑤文献目録：その主題の文献目録（印刷体、CD-ROM版、Web版）を紹介する。トピックによってはそのものズバリの資料がない場合もある。そのときには上位概念の目録を用いるが、その場合は、どの項目のもとで、またはどのキーワードで探すかを記載する。

⑥雑誌：トピックに関する専門誌を紹介する。また、それ以外の雑誌で特集号が組まれている場合も紹介する。雑誌の配架法・場所を記載する。

⑦雑誌記事索引：記事索引（印刷体、CD-ROM版、Web版）を紹介する。

⑧新聞記事：縮刷版、Webサイト、記事索引を紹介する。

⑨レファレンスブック：主題に関連した専門辞典、人名辞典、図鑑、ハンドブック、統計書、年鑑など（印刷体、CD-ROM版、Web版）を紹介する。

⑩インターネット上のサイト：関連するWebサイトのアドレス（URL）を記載する。そのサイトが存在することを確認する必要がある。

⑪その他：パンフレット、AV資料、政府刊行物、類縁機関などトピックに相応しいものを紹介する。

⑫最後に、わからないときは図書館員に相談するように記載する。

⑬図書館の電話番号、メールアドレスなど連絡先を記載する。

2.5.3　電子パスファインダー

図書館のホームページ上にパスファインダーを作成する館も出てきた。含まれる内容は紙媒体のものと同じであり、調査の出発点となる多様な情報の入手手段へと案内するものである。しかし、紙媒体のものと異なるいくつかの特性があるので、それをここにまとめる。

まず、電子パスファインダーは利用者が図書館外部からもアクセスできる利点がある。このことの効果は大きい。基本的にパスファインダーは自分の館の利用者への案内ではあるが、ネット上に公開されていることにより外部の人でも利用できる。他館の図書館員にとっては、自館の専門以外の情報を求められたときに、いくつかのよくできた電子パスファインダーを参照することにより助けられる。また、自館向けのパスファインダーを作成しようとするときの参考にもなる。こうやって、利用者の自立を支援する活動の輪が広がる。

また、紙媒体のものと異なり、電子パスファインダーは関連するインターネット上のサイトへ直接リンクづけができるので便利である。では、電子パスファインダーと通常の図書館ホームページ上のリンク集とはどう異なるのであろうか。パスファインダーとして作成されていることの特徴は、一つのトピックに関連する情報源が、ネット上のサイトだけでなく、さまざまなもの、すなわち、図書であるとか、雑誌記事であるとか、レファレンスブックであるとかが記載されていることである。

リンクづけについては、とかく多くのサイトへとリンクを張りたくなるが、初心者にはかえって使いにくい。紙媒体のものと同様に、簡潔に、よく吟味されたものに絞って作成するべきである。リンク先のサイトが存在しているかどうかの確認は、常に行わねばならない。

電子パスファインダーを用いる場合、利用者はそれを自分で印刷して使うこともよくある。手元に必要な情報を持っているのは便利だからである。したがって、電子パスファインダーを作成する場合には、印刷されることを想定して印刷しやすい形態にしておくことも親切である。リンク先のサイトのアドレス（URL）をきちんと記載しておくことが必要である。外部からまた利用したいと思ったときにアドレスがないと使えないからである。

（丸本郁子）

3章

グループ形式の指導

—オリエンテーション、図書館ツアー、学科関連指導、講習会、学科統合指導—

この章では、利用者に対し、集合形式で指導を行う方法について、ポイントをまとめていく。まず、特に「サービス案内」の方法として一般的な「図書館オリエンテーション」を3.1で、「図書館ツアー」を3.2で取り上げる。

次に、特に「情報探索法指導」の方法として一般的な「学科関連指導」について、3.3でまとめていく。ただし、学科関連指導は、情報探索法のみでなく、情報整理法、情報探索法をも指導内容としうるものであることは、本文でも触れられるとおりである。ある科目やあるテーマの学習・研究成果を、例えばレポートや論文などのかたちでまとめる場合には、情報を探すだけでなく、整理、評価、加工し、表現、伝達していく技術が不可欠だからである。つづく3.4では、図書館が独自に企画、運営する「講習会」について触れる。

さらに、情報探索法・整理法・表現法の指導を、カリキュラムのなかに組み込んだかたちで進める「学科統合指導」について、看護学の事例を通してまとめておく(3.5)。授業（科目）と図書館利用指導の目標が「統合」されて運営される学科統合指導は、現在のところ、実践例は多くないだけに、特に医学・薬学・看護学以外の領域においては、示唆に富むものといえよう。

OPACについては、どの図書館においても重要な指導テーマであるので、特に3.6において、論点を整理しておく。なお、最後に、指導のうえで演習問題を作成する際の留意点(3.7)、講義などでプレゼンテーションをする際の留意点(3.8)に触れておく。

3.1　オリエンテーション

図書館の施設とサービスを案内する手法として、新入学生を対象とする図書館オリエンテーションは最も効率的な手段として多くの図書館が行っている。ときにその有効性に対して疑問が持たれ、中止する例もあるが、その後の図書館利用がはかばかしくなかったり、初歩的な質問に悩まされ続けたり、という報告もあり、地味ではあるがその効果は再確認されている。

当然のことであるが、オリエンテーションは4月の入学時のみに行うものではない。オリエンテーションは、新入学生はもとより、新任教職員、非常勤教職員など、大学コミュニティに新しく加わった人すべてが図書館の効果的な利用者となるように、適宜、実施していくべきものである。したがって、教務部門、その他の関連部門と連絡を密にし、実施時期を定め、対象者に案内を出し、日常的に準備をして、要求があったときには、すぐに対応できるようにしたい。

留意したい点は、オリエンテーションを受ける利用者側の状況がどうであるか、ということである。多くの大学で行う新入生向け図書館オリエンテーションであるが、これが失敗するのは、まだ授業が始まらず、情報ニーズが明確でない学生に対して、図書館側が一方的に多量の情報を詰め込もうとし、かえって学生から反発を買うという結果になることである。オリエンテーションはサービス案内の第一歩であると認識し、細かな情報はホームページや利用案内リーフレットやパスファインダーに任せる。大事なことは、図書館の便利さ、気軽さ、快適さ、自由さと同時に、図書館員の専門性を印象づけ、図書館へ行こうという気持ちを持たせることである。反対に、研究者や留学生など専門的な情報や特別なニーズがある利用者に対しては、その人たちが必要とするツール類に絞って案内をすることはいうまでもない。

以下では、オリエンテーションについて、実施の手順、実施過程の評価、成果の評価、そしてプログラムのチェックポイントを述べる。

(1) 図書館オリエンテーション実施の手順

①教務部門・学生生活部門と協議し、オリエンテーション実施の時期、時間、形態、場所等を決める。
形態：全員一斉、クラス・ゼミ別、自由参加型、登録制など
時間：入学時オリエンテーションの一部、授業開始後、授業の一部など

②指導内容を決める。
自館の特徴、図書館員紹介、施設・設備案内、サービスの種類、OPAC利用法、レファレンスブック紹介、利用規定、マナー、行事案内など

③指導方法を決める。
レクチャー、館内ツアー、演習、ビデオ利用、コンピュータ利用など

④指導プログラムを作成する。
指導案作成、実施スケジュール作成

⑤配布資料・教材の準備をする。
図書館案内リーフレット、ビデオ、OHP、配布資料、図書館カード、提示資料サンプルなど

⑥指導人員・体制を整える。
図書館員（担当部署、他部署）、アルバイト、学生補助員、学内の他部署よりの協力者など

⑦指導マニュアルを作成する。
多人数がかかわるオリエンテーションで、一定の標準を保った指導を行うにはマニュアルは不可欠である。シナリオ化する必要もある。

⑧案内を出す。
新入生オリエンテーション配布資料の一部、ポスター、ビラ、図書館ホームページ、教員への案内など

⑨指導場所を設営する。

⑩オリエンテーション担当者の打ち合わせをする。
指導マニュアルの利用

⑪オリエンテーションを実施する。

⑫実施結果の評価をする。
参加者へのアンケート、指導時間内の観察、指導後の利用状況の観察、図書館員による相互評価、教職員による評価など

⑬実績を大学内に公表する。
⑭評価結果を次回のプログラム作成の参考とする。

(2) 図書館オリエンテーション実施過程の評価
①実施時期・時間配分は適切か。

●表3　オリエンテーション企画書の例

図書館オリエンテーション企画書

(1) 企画の名称	国際部受入留学生のための図書館オリエンテーション
(2) 対象	学部学生　　学部　　学科　　専攻 その他（留学生。来日日程順。5日6回12グループ。各10名）
(3) 目標	1）国際部図書室、日本語センター学生読書室、中央図書館の施設・サービス案内 2）図書室利用の動機づけ、ユーザーフレンドリネスの印象づけ
(4) 実施形態	a) 新入生オリエンテーション・プログラムの一部 b) 参加自由型イベント（定員あり　約120　人。　定員なし c) 申し込み制（申込方法　　d) その他（
(5) 実施期間	a) 通年：毎週　＿曜日　　随時受付　　その他 b) 期間限定：　8月下旬から　9月上旬まで　5　日間　12　コマ
(6) 所要時間	90分　　回
(7) 担当者	a) 責任者（部署）国際部図書室　　担当者（部署）国際部職員1名 アシスタント：中央図書館から応援　　人員　3名
(8) 方法・手段	a）口頭説明　b）館内ツアー　c）デモ　d）スライド e）OHP　f）OHC　g）ビデオ　h）パワーポイント I）コンピュータ　j）練習問題　k）自館の利用案内 l）現物資料　m）CD-ROM　n）その他（
(9) 実施場所	a）学内施設（ b）図書館内施設（国際部図書室）
(10) 広報手段	a）ポスター　b）掲示　c）ちらし　d）図書館刊行物への掲載 e）学内印刷物　f）図書館ホームページ　g）大学ホームページ h）関係者・関係部署への通知（文書、電話、郵便、電子メール） I）その他（各グループのオリエン日程案内に記載　　）
(11) 設備・機器	a）スクリーン　b）プロジェクター　c）ビデオ　d）OHP　e）OHC f）PAC端末　g）コンピュータ　h）その他
(12) 配布資料	a）自館の利用案内　b）図書館カード等　c) その他
(13) スタッフ資料	
(14) アンケート	直後　　年度末　　クラスで　　その他
(15) 評価方法	a) 参加者アンケート　b) 教員のコメント　c) 担当者の自己評価 d) 図書館員相互の観察　e) 統計　f) 反省会

②対象人数は適切か。
③対応人員は適切か。
④指導内容は適切か。
⑤教材・配布資料は適切か。
⑥案内の時期、方法は適切か。
⑦話し方、声などは適切であったか。
⑧学生が受け身でなく、参加する工夫があるか。
⑨ AV 機器等を活用しているか。
⑩参加できなかった学生へのフォローアップをしているか。
⑪パスファインダー 、サイン、ビデオ等のメディアを利用し、行った指導のフォローアップをしているか。

(3) 図書館オリエンテーション成果の評価
①図書館の便利さ、気軽さ、快適さ、自由さを印象づけたか。
②図書館へ行こうという気持ちを持たせたか。
③図書館員の専門性を印象づけたか。

(4) 図書館オリエンテーションプログラムのチェックポイント
①新任教職員へオリエンテーションをしているか。
②非常勤教職員へオリエンテーションをしているか。
③その他の多様な利用者へのオリエンテーションをしているか。
④利用に障害のある利用者へのプログラム、また配慮があるか。
⑤日本語が不自由な利用者へのプログラム、また配慮があるか。
⑥学外利用者へのプログラムがあるか。

（丸本郁子）

3.2　図書館ツアー

図書館（見学）ツアーは、これから初めて図書館を利用しようとする人たちに有効な方法である。ツアーの内容は、利用できるサービスの説明、館内サービスポイントの案内と説明、レファレンスブックの紹介、施設・設備の利用法、OPAC 検索実習などが主なものであろう。ここでは、特に新入生を対象にしたものを例に挙げ、簡単にポイントを記述する。

(1) ツアーマニュアル作成

年間計画に基づき、ツアーの内容と所要時間を決定後、説明内容を均質化し、また漏れがないようツアーマニュアルを作成する。複数グループを同時に案内する場合は、コースが重ならないよう調整して設定する。

(2) 配布資料作成

ツアーを行う前に、「利用案内（開館時間・貸出冊数・サービス内容など）」や「フロア案内図」などの配布資料で簡単な説明を行えるようにしておく。アンケート用紙も作成する。

(3) ツアー日程表作成

実施期間を決定後、申込み受付用の「日程表（時間割）」を作成する。特にクラス単位の場合など、重複して受けつけないためにも「日程表」が必要となる。また、受けつけの間違いを防ぐために、教務部などが作成するカリキュラム表で授業日時を確認することが望ましい。

(4) 担当者のための説明会とリハーサル（訓練）

ツアーの担当者（主管係・担当要員）を

決め、図書館の全職員の応援を得て行う場合は、主管係は説明会を開催する。全員が一定のレベルに立てるよう十分な訓練期間とリハーサルが必要である。

(5) 参加者の募集（受講対象別）

・クラス単位

全員参加を目標とし、必修科目の担当教員に文書（申込書添付）で協力を依頼する。図書館運営委員会・教授会を通しての協力依頼も可。

・個人・グループ単位

図書館ホームページ、図書館報、学内掲示板、学内放送、館内掲示、新入生オリエンテーション時などに広報する。特に、教員に参加を勧めてもらうことは、新入生の場合、有効な方法である。

(6) 実施にあたっての注意点

- ツアー実施期間中、主管係は全体を統率し、実施方法に不都合があるときは速やかに修正を加える。
- 1グループの人数は、最大でも15名までとする。
- 担当者は会場（図書館ホール等）に10分前に待機し、準備をする。
- 複数グループを案内する場合、担当者はツアーのコースを事前に決めておく。
- 会場への学生の入退室をスムーズに誘導する。
- ツアーの際は、参加者全員が説明場所に集まったのを確認後、説明を開始する。
- 館内では他の利用者の迷惑にならないよう私語は慎ませる。担当者も適切な音量での説明を心がける。
- アンケートを行う場合は、必ず学生に記述を促す言葉を添える。

(7) 実施後の担当者による反省会議

担当者による反省会議またはアンケートを実施し、出された意見を次回の改善点として活かす。

(8) 担当教員へのアンケート（クラス単位で実施した場合）

(9) 報告書の作成と公表

学生アンケートの集計結果や分析・評価を報告書にまとめ、大学事務局、図書館運営委員会、教授会、担当教員、所属長会、所属学部事務長に報告する。学生に対しても図書館報、ホームページ、年報、学生新聞などに、結果と意見・要望を取り入れた次回の改善点を報告する。

（赤瀬美穂）

3.3　学科関連指導

学科関連指導とは、ある学科目の学習・研究の過程において必要とされる情報の探索法・整理法・表現法を学ばせる指導方式を指す。通常、図書館側から教員に対して、担当教科目に関連・対応する資料に関する指導をする旨の案内を出し、教員から要請を受けて、図書館員がその授業時間の一部を使って指導を行う。現在、多くの大学図書館が実施している「ゼミガイダンス」等はこれに相当する。

学生にとって、この指導は、学習している事柄に直結しており、直面している宿題等の問題解決という強い動機づけがあるため、熱心に聞くので効果が高い。欠点としては、実施の有無が教員の意識に依存するため、情報探索法指導の重要性を認識しない教員のクラスの学生は、指導を受けられないことがある。一方、この学科関連指導の効果が教員に理解されるにつれ、順次、単発の学科関連指導に留まらず、これをカリキュラムの一環として取り込むかたちの学科統合指導へと発展する例もある。

学科関連指導で一番重要なことは、依頼された授業・ゼミの担当教員と十分に打ち合わせをすることである。そのうえで、当該クラスの学生が必要とする情報探索・整理・表現法のどこに焦点を絞って指導を行うべきかを決める。

調査研究の初心者、例えば学部の1、2年生であれば、たいていの場合、教員からレポート作成などの課題を出された時点で途方に暮れてしまう。どこから手をつけてよいかわからないからである。そのような学生には、ビデオ『レポート・論文のまとめ方（図書館の達人 第6巻）』『レポート・論文作成法（新・図書館の達人 第6巻）』（紀伊國屋書店）などを参考に、情報探索には基本的手順があることを伝え、その不安感を取り除くことが必要である。まず、調査手順全体の流れを掴ませ、そのうえで、いくつかに焦点を絞って、指導をすることになる。予めパスファインダーを準備しておくと、調査の過程と同時に、必要な資料やメディアのさまざまなタイプが存在することが伝えられる。

ここで留意したい点は、オリエンテーションの場合とも共通するが、詰め込み過ぎを避けることである。学科関連指導をする機会としては、ごく例外的には数回にわたって指導時間が与えられることもあるが、大方の場合、一回限りであることが多い。図書館員としては、あれも伝えたい、これも伝えたいという気持ちになるのは自然であるが、消化不良を引き起こしたり、難しいもの、めんどうくさいものという印象のみを与えてしまったり、という結果にもなる。パスファインダーや配布資料を効果的に用い、的を絞った指導を心がけたい。参加学生の数にもよるが、パワーポイントや現場でのツールのデモ、演習など、視覚や体験に基づく指導ができれば申し分がない。

指導効果を上げるためにさまざまなツールを用いるなど工夫はしなければならないが、同時に、集団を対象とした指導には限界があることも認識しておく。集団対象の指導で伝えられることはあくまで標準的手順である。個々の利用者の特別なニーズに対応はできない。しかし、基本的なことを集団対象で行っておくことにより、個人に特有なニーズが生じたときに、その手法やツールの存在を思い出し、図書館員に相談しに来るようになればよいのである。基本的なことをまず集団対象に伝えてあるので、個々の質問をされた場合に、図書館員も初歩的指導から一歩進んだ、より専門的指導に進められることとなる。学科関連指導の機会を通じ、図書館員が学生の前に立つことにより、図書館員が情報の専門家であるとの印象を与えることができたら、それで成功ともいえる。

二次資料・レファレンスツール類の使い方の指導をする場合に、とかく見過ごす点がある。アクセスポイントとなるキーワード類の見つけ方である。研究者であれば、自分の調査対象分野を把握しているから、指導の際に、当該ツールでは何をアクセスポイントにできるかを指摘するだけで十分であるが、調査の初心者、学生ではそうはいかない。教科書や基本的レファレンスブック類を用いると、当該分野に関する基礎知識が得られ、調査の手掛かりとなるキーワードが発見できるという段階から指導する必要がある。

最近の情報環境の変化は著しい。インタフェースが一元的になり、OPACもCD-ROMも、Web上の情報もすべて一つの画面上で見られるようになっている。学生に指導をする際には、自分が何を求めているかによって、一見同じように見える端末の画面であるが、出てくるものが異なることをきちんと認識させ、自覚的に使い分けていけるように指導していく必要がある。「何を探すときに何を用いるか」が身につくには時間がかかる。全体に指導をしたからといって安心せずに、個々の利用者が端末を操作しているときに近くに寄り、何を探すために何を用いているかをさりげなく注意し、アドバイスを与える必要がある。

メディアの持つ性格・特性も繰り返し指導しなければならない。図書、雑誌記事、学術論文、新聞記事、インターネット上のさまざまな情報源の使い分けである。

指導実施の際に、例題を挙げ、デモンストレーションをする場合は、くれぐれも直前にもう一度リハーサルをし、示したい結果が出ることを確認してから行うべきである。また、多数の学生が一度にネットワークにアクセスした場合にどうなるかも確認して指導に臨む必要がある。限られた貴重な指導時間である。予想できるトラブルは防ぐに越したことはない。

図書館員が指導をする際に教員が同席し、学生と一緒に受講することが望ましい。学生の受講態度も引き締まるし、指導後に教員から指導内容についてのフィードバックが受けられる。

以下では、指導実施の手順と実施過程評価のポイントを挙げておく。

(1) 学科関連指導実施の標準的な手順

①教務部門、カリキュラム委員会、また各教員と協議をし、学科に関連した利用教育を行う必要性の認識を得、指導実施の合意を得る。

②教員に対し、担当教科目に関連した利用教育を授業の一部として行う案内を出す。

③教員から指導依頼を受け、スケジュールの調整を行う。

④指導目標・内容・利用資料・実習課題等を教員と十分に協議する。

⑤学生の現時点の図書館・情報利用の習熟度を把握する。

⑥指導担当者を決める。

⑦指導案を作成する。

⑧教材、配布資料、指導場所、機器等の準備をする。

⑨指導を実施する。

⑩指導後に簡単なアンケートを行う。

⑪学生の図書館内での利用行動、学科目の理解度など、図書館としての気づきを教員にフィードバックする。

⑫指導時に作成した教材一式は、次回の資料として保存しておく。

⑬実施結果を評価し、その評価を次回の指導に反映する。

⑭実績を大学内に公表する。

(2) 学科関連指導実施過程の評価

①指導時期は適切か。

②時間配分は適切か。

③指導内容は適切か。

④教材・配布資料は適切か。

⑤話し方、声などは適切であったか。

⑥学生が受け身でなく、参加する工夫があるか。

⑦実習や練習問題が組み込まれているか。

⑧図書館員の専門性を印象づけたか。

⑨利用機器（AV機器等）は理解の助けと

なったか。
⑩指導目標は達成されたか。
⑪教員は一緒に参加したか。
⑫参加できなかった学生へのフォローアップをしているか。
⑬実施した指導のフォローアップを、パスファインダー、サイン、ビデオ等のメディアを利用した指導によって行っているか。

（丸本郁子）

3.4　講習会

学科関連指導や独立学科目などで情報探索法・整理法・表現法の指導を受ける機会のなかった利用者は常にいる。そうした利用者に対しては図書館主催の講習会やワークショップを企画する必要がある。また、図書館には日々、新しいメディア、機器、ソフト等が導入される。それらの利用指導プログラムを組むことは図書館の大切な仕事である。

現状でも十分忙しいのに、そのうえ新しい仕事はとても始められないと講習会開催に消極的になりがちな例もある。しかし、実施してみると、利用者からは喜ばれるし、利用されていなかった資料やツールが活用されることがわかり、それが図書館員の喜びにつながる。集団を対象に指導をするので、個人では遠慮して、またはプライドのため質問をすることができなかった利用者も安心して受講できるというメリットもある。グループ対象の指導を行うことで、基本事項の共通理解ができ、図書館員のレファレンスサービスの負担がかなり軽減されることにもなる。また、一度指導を行うことで、そのプログラムや作成資料が、次の指導の基となり、次回からの準備作業は随分軽くなる。

以下では、講習会実施の際の留意点をまとめておく。

(1) 講習会実施の留意点
①図書館主催講習会の年間スケジュールを作成する。
②目標の5領域に対応したさまざまなプログラムを準備する。
③各指導項目の習熟度別（初級、上級など）のプログラムを準備する。
④新しいメディア、機器、ソフト等が加わったときに講習会を開催する。
⑤教職員対象のプログラムを準備する。
⑥利用者が参加しやすいように、多様な時期、曜日、時間帯に実施する。
⑦実習や練習問題は参加者の興味を引くものとする。
⑧事前に利用機器の調整を十分にする。
⑨事前に指導担当者は人前で話す練習をする。
⑩配布資料は利用者にわかりやすいものとする。
⑪配布資料・教材はこまめに改訂する。
⑫日本語が母国語でない利用者のために配慮をする。

(2) 講習会開催の手順
①実施の時期、時間、形態、場所等を決める。
②指導内容を決める。
③指導方法を決める。
④指導案を作成する。
⑤配布資料・教材の準備をする。
⑥指導人員・体制を整える。
⑦指導マニュアル、シナリオを作成する。
⑧案内を出す。

●図5　教員からの指導依頼書の例（早稲田大学）

早稲田大学
理工学図書館

図書館講習会開催依頼書

（太枠内ご記入。選択肢に○。）

no.

申込日	2002　年　月　日

●申込者データ

フリガナ		所属	機電資建応物通経土応数物化情生複 械気源築化開信営木物理理学報命合 理工総研　材研　教育学部（数 生 地）　他（　　　）	B M D　　年 教 職 他（　）	研究室	教員名： 内線：
氏名						

連絡先	email: phone:	グループ名	

●希望条件

目的	□図書館オリエン □検索講習会 □他（　　　　　　　）		
対象者	□学部生（学年＝1　2　3　4）　□教員　□職員 □大学院生（M D学年＝　　　　）□他（　　）	人数	
時間	□30分 □60分 □90分 □120分 □他（　　　　　　　）		
日時	月　　日（　曜日）、　：　〜　：		

		備考
内容	□図書館概要説明（資料、利用方法） □館内ツアー＝ □引率ガイド付 □自由見学 □蔵書管理システム（WINE）操作実習（検索・貸出・延長・予約） □情報探索入門講習（書誌調査・所蔵調査） □データベース検索法講習＝ □概説 □特定DB＝[　　　　　　] □情報探索法講習＝ □概説 □特定分野＝[　　　　　　] □情報検索演習＝ □概説 □特定分野＝[　　　　　　]	

検討	＊会場＝□閲覧室 □レファレンス □サーバー室 □図会議室 □理工内会議室（　　　　） ＊必要機器＝□なし □OHP □OHC □PC □PowerPoint □他（　　　　　　　） ＊配布資料＝□利用ガイド □検索案内 □他（　　　　　　） ＊担当者＝

●処理進行欄

受付	相談	会場手配	機器手配	資料手配		確認	確認	終了

1ed=2002.4.16/100c

⑨指導場所を設営する。機器の調整をする。
⑩担当者の打ち合わせ、練習をする。
⑪講習会を実施する。
⑫実施結果の評価をする。
⑬実績を大学内に公表する。
⑭評価結果を次のプログラム作成の参考とする。

(3) 講習会実施過程の評価
①実施時期・時間配分は適切か。
②対象人数は適切か。
③対応人員は適切か。
④指導内容は適切か。
⑤教材・配布資料の量は適切か。
⑥案内の時期、方法は適切か。
⑦話し方、声などは適切であったか。
⑧受講者が受け身でなく、参加する工夫があるか。
⑨ AV 機器等を活用しているか。
⑩参加できなかった利用者へのフォローアップをしているか。
⑪実施した指導のフォローアップを、パスファインダー 、サイン、ビデオ等のメディアを利用して行っているか。

(4) 講習会成果の評価
①指導ツール・手法の便利さ、有用性を印象づけたか。
②用いてみようという気持ちを持たせたか。
③図書館員の専門性を印象づけたか。

（丸本郁子）

3.5　学科統合指導

情報探索法・整理法・表現法の指導を、大学全体のカリキュラムのなかに組み込み指導する方式を「学科統合指導」という。大学における情報リテラシー教育の最終目標のかたちである。その大学の目標とする人間育成のために、教員と図書館員が協力してプログラムの開発を行い、科目の設計、実行、評価を協力して行う。「学科関連指導」は、ある特定の科目への情報活用支援であるため、独立した単発の指導とならざるを得ず、一定の効果はあるが、トータルに自立した情報利用者の育成をするには限界がある。その意味で、今後、多くの大学において、学科統合指導の形態へ移行していくことが望まれる。日本の大学において学科統合指導の試みは、従来から医学、薬学、法律などの分野の学部においてなされているが、今回は主として看護学の分野を中心として実施されている事例を紹介する。

3.5.1　はじめに

医学・薬学・看護領域のように学問の進歩が早い分野では、常に文献検索を行い、新しい知識や技術を身につけていかなければならない。そのため、学校（大学）を卒業し、医師、薬剤師、看護職として勤務するようになっても、これらの職種においては生涯、文献検索をしていくことが、業務の一環また研究活動をしていくうえで必要になってくる。

医学系の図書館では、図書館員が文献検索のノウハウを利用者に教えることが古くから行われてきた。オリエンテーション枠の拡大や図書館独自の講習会というかたちで行うケースも多いが、正規のカリキュラムに組み込まれている例もある。

医学図書館の例も踏まえながら、看護図

書館における情報科学カリキュラムのなかでの、文献検索法指導の実際について述べる。

3.5.2　正規カリキュラムのなかでの文献検索法授業

3.5.2.1　看護教育のなかでの位置づけ

看護婦教育課程の平成2年度カリキュラム改正、および平成9年度の新カリキュラム改正において、基礎科目のなかに「情報科学」が組み込まれるようになり、専門科目の中にも看護研究のなかに「文献検索法」が組み込まれた（図6）。

授業は主に、以下の三つの場面で具体化される。

①各授業でのレポート作成・課題の提出
②臨床看護実習での情報収集
③看護研究の一環としての卒業論文作成

専任の図書館員がいない学校も多く、実際の指導を行っているのは教員であることが多い。しかし、図書館員のいる看護学校（大学）では、教員も専門家である図書館員に「文献検索法」の講義を任せるケースが増えてきている。

今回は主に、看護情報を入手、活用する力を学生に会得させることを目標に、図7のように位置づけされた学校（東京医科大学看護専門学校）の例を挙げて説明したい。

3.5.2.2　医学教育のなかでの位置づけ

医学教育のなかでは1～2年生の授業科目に「医療情報学」がある。そのなかで「文献検索法」が正規のカリキュラムに組み込まれている例も何件かある。例えば、慶應義塾大学医学部では「基礎医学特論－医学文献情報概説」のなかで、日本大学医学部では「情報科学－図書館情報検索実習」として、群馬大学医学部では「公衆衛生学情報処理講義」のなかでなされている。また、東京慈恵会医科大学では図書館は情報マネジメント教育の一部として、教育職の図書館員がこれにあたっている。

また、東京女子医科大学などでは、情報処理の基礎知識と、臨床・研究のために要求される技術を身につけることを目的として、「情報処理・医学統計入門」コースを、1年生を対象に、4月から11月まで、週1回のペースで行っている。

図書館員は講師としての参加ではないが、このカリキュラム全体に、レジュメの作成から事後指導まで関与している。なかでもデータベースのところでは、①情報蓄積の概念、②文献カード・リストからデータベース作成への発展、③情報の整理と検索、というふうに医学情報の処理法や情報の統合処理など、一連の学習や実務面に深く関与している。

一方、大学院では共通カリキュラムの必修事項のなかに、「情報検索」「医学情報コース」の科目がある。その名称は各大学でやや異なるが、図書館が関わり、文献検索法の指導を、実習を踏まえて行っている大学がある。筆者の知るかぎりでは、この大学院生への文献検索法指導のほうが、学部学生より図書館員の参入が多いようである。

しかし、最近の授業内容はとみに情報工学的な部分や、パソコン操作のノウハウを教える要素が強くなっており、医療情報学から文献検索法という視点が薄れてきているようである。

図書館員が情報科学の教員を兼ねている場合もあるが、通常は実際にパソコン操作を教えるときのアドバイザーやサポーターとして図書館員が参加する場合が多い。

3.5.3　文献検索法授業の実際

3.5.3.1　看護教育のなかでの授業の実際

図6で示した学校（東京医科大学看護専門学校）の例を用いて具体的に説明してみたい。

「情報科学」は1年後期に30時間（90分授業15コマ）の履修で、前半と後半に別れている。そのうち、前半の7コマを図書館員が担当している。

(1) 前半授業の内容

看護関係の情報を効果的に探すための知識習得を目的として、①文献検索への意義と理解（なぜ文献検索が必要か）、②文献情報を得るための二次資料利用方法、を中心とした授業である。1学年80名を2クラス（40名ずつ）に分けて、教室での講義と図書室での演習を行っている（表5）。

1) 図書の探し方

看護領域では、医学より図書の利用が多い。そのため、医学・看護分類の特徴や目録カードの読み方を教え、実際に図書を探す演習も行っている。

2) 冊子体二次資料の説明：『最新看護索引』『日本看護関係文献集』など

まず、主要な看護の冊子体二次資料の概論講義を、全員共通のキーワードで説明する。次に、2名に1冊ぐらいの割合で二次資料を渡し、各自が違ったキーワードを用いて自分のテーマの文献を検索してもらう。テーマに合った文献を見つけたら、その論文（一次資料）を実際に図書室で探してもらう。二次資料に書いてある書誌事項から、実際の雑誌論文を探す作業が、なかなか初心者には困難なようである。

また、自分が求めている情報を得るには、いろいろな情報検索手段や情報ツールを知って目的に適った正しい二次資料を選択できるように指導している。例えば、「痴呆老人のケア」に関する情報は『老人看護学文献集』がよい、などである。

3) CD-ROMやWebによる検索：『医学中央雑誌』『CINAHL』など

学生全員を一度にコンピュータ検索させることができないため、全体への説明と4～5名別のグループ演習の2段階に分けて実施している。全体の説明にはプレゼンテーションソフトウェアのパワーポイント（PowerPoint）を利用して検索の流れを把握できるように工夫している。説明でPowerPointを使うメリットは、①検索画面を見せながら説明するので、イメージを掴みやすい、②画面の貼りつけが可能なため、例えば「小児」「患児」「子供」など複数の同義語をその場で入力する手間がいらず、時間の節約になる、③配布資料や検索ガイドを簡単に作ることができる、などである。

なお、図書室には『医学中央雑誌』のパソコンの横にPowerPointから作成した検索ガイドを常備している。一度説明を受けた画面をみると思い出しやすいようである。

図書室での演習は、4～5名を1グループとしたデモンストレーションを行い、実際の『医学中央雑誌』などで検索をしながら説明している。このとき学生自身がパソコンで演習できる時間が少ないため、後日図書館員が個別に説明することが多い。

●図6　看護婦教育過程のなかでの文献検索法の位置づけ

a　基 礎 科 目 ── 情 報 科 学 ── 文献検索法

b　専門基礎科目

c　専 門 科 目 ── 基礎看護学 ── 看 護 研 究 ── 文献検索法

●図7　カリキュラムにおける情報活用力を得るための4段階のステップ

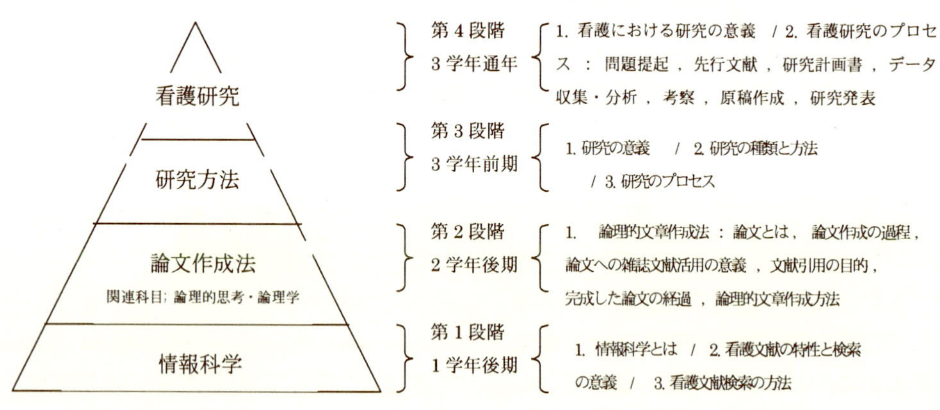

●表4　情報科学前半の文献検索法演習

回数	内容	具体的な課題
1	文献検索の必要性と意義	文献検索の意義と必要性(総論)
2	図書の検索法と演習	図書の探し方，分類の特徴，目録カードの読み方，図書を探す演習
3	雑誌の検索法と演習(1)	和雑誌論文の探し方，「最新看護索引」
4	雑誌の検索法と演習(2)	和雑誌論文の探し方，「医学中央雑誌」
5	複数主題からの検索法	和雑誌論文の探し方，「日本看護関係文献集」，情報科学前半部レポート課題出題
6	外国文献の検索法，文献整理法と引用・参考文献	外国雑誌論文の探し方，「CINAHL」「MEDLINE」，献の整理方法，参考文献記述法の説明，レポート課題の演習
7	学内図書館の利用法と学外資料の活用法	インターネット上の情報活用時の注意，医学部図書館(分館)見学・オリエンテーション

4) 引用・参考文献の書き方と文献整理法

看護文献に記載された参考文献の不明瞭さは、今なお多く指摘され、図書館員の悩みの種である。学生は参考文献の記載が、図書なのか雑誌論文なのか、見分けがつかない。

また、自分の探した文献の整理方法が適格でないため、論文やレポートを書く段階で、その文献の正確な記述ができない。使用した参考文献などはカードに正確な書誌事項を記入し、論文ごとにまとめて整理・保存しておくよう指導している。

また、CD-ROMやWebから検索した結果などはデータとして保存し、利用する方法も教えている。

授業では、「科学技術情報流通技術基準SIST-02：参照文献の書き方」をもとに、初心者用にパンフレットやテキストを作成し、指導している。

5) 文献検索の演習

図書や雑誌論文の、一通りの探し方を説明し演習した後で、課題を出してレポートを提出してもらっている。課題は1クラスのなかでは同じ課題が重ならないようにしているため、学生全員が違う課題に取り組むこととなる。

少なくとも2種類以上の二次資料を使って、文献検索をするように義務づけている。

(2) 後半授業の内容

後半の7コマはパソコンを使ってインターネットの演習中心の授業を行っている。医学部情報システム室の講師を依頼し、同じキャンパス内にある情報システム室のコンピュータルームで実施している。学生は入学時に東京医科大学のメールアドレスの交付を受け、出・欠席の確認もメールで行う。なお図書館員はサポーターとして加わるのみで実際の講義はしない（表5）。15コマ目は筆記試験である。

3.5.3.2　医学教育のなかでの授業の実際

医学部の授業に組み込まれている文献検索法に関しては、学部の例として慶應義塾大学の例を、そして大学院の例として東京慈恵会医科大学のレジュメを提示する（表6、7）。

3.5.4　文献検索法授業の効果

授業の効果を具体的な手法で評価していないので、はっきりした根拠のあるものではないが、以下のような点が利用教育の成果として感じられる。

①授業の最後に、学生に課題を出してその結果を報告してもらっている。高等学校を卒業して、まったく医学や看護学の知識がなかった学生が、例えば「糖尿病患者の食事療法」や「ストーマ装着患者のケア」という課題が与えられると、種々の二次資料を駆使して、平均して30〜40件ぐらいの文献を調べて報告してくる。

②看護研究に入ると、学生はWordを使って原稿をまとめたり、Excelを利用して統計を行ったり、グラフを作成したりしている。また、臨床実習中の教員とのやりとりにはメールも活躍している。

③紛失図書が著しく減少した。これは筆者らの推測であるが、文献の検索方法や使い方がわかるようになり、文献の必要性を各自が認識した結果、図書や雑誌が貴重なもの、あるいは公共のも

●表5　情報科学後半のコンピュータ演習

回数	内容	具体的な課題
1	インターネットの仕組み	インターネットの仕組(講義)。自由にブラウジング。
2	メールの設定方法	ネットスケープメールの設定方法指導。出席メールを送る。
3	Web検索演習　/ 国内の検索エンジンの使い方	○月△日祝日の×時までに東京から新神戸まで新幹線で行きます。何時何分のどの新幹線に乗れば良いですか？検索結果はメールで回答。
4	ホームページ検索演習	幼稚園に通っている姪の母親から「インフルエンザの予防接種って受けたほうがいいの？」と聞かれました。医療に携わる学生さんとみこんでの相談です。どのような情報を提供してあげたらよいでしょうか。回答はメールで送る。
5	掲示板の使い方	授業用に作られた掲示板を使って書きこみをしていく。送信と新規読み込みの作業。 メールパスワードの変更手順
6	ホームページ検索演習	検索エンジンを利用して看護関連のホームページを探し、そのサイトの紹介と、コメントをメールして下さい。
7	レポート提出	1. 看護関連の情報としてインターネット上で公開されることが望ましいと考えられるものを2つ、理由と共にあげて下さい。 2. 看護関連の情報としてインターネット上に公開するには問題があると思われるものを2つ、理由と共にあげて下さい。 提出はメールを利用してください。

●表6　慶應義塾大学医学メディアセンターの例
基礎医学特論「医学文献情報概説」

	［テーマ］	［おもな内容］
第1回	医学・医療情報の概説	医学・医療情報の特性、さまざまな情報媒体、情報発信
第2回	情報検索演習	論文作成のプロセス、データベースの携帯・種類 引用文献の書き方、 MEDLINE・医学中央雑誌CD-ROMの検索演習
第3回	情報組織化演習	Excellを使った情報処理
第4回	インターネットベーシックス	インターネット概説、サーフィン
第5回	医学情報をめぐるトレンド	インターネットを利用した情報検索、情報組織化のためのソフトウェア（EndNote)、HTML

（市古みどり:医学図書館　44(3)　308-311より）

●表7　東京慈恵会医科大学の例　平成9年度大学院共通カリキュラム
「医学情報コース」プログラム

第1日目	午前	インターネット入門
	午後	医用画像
第2日目	午前	インターネット実習
	午後	ＤＮＡデータベース
第3日目	午前	医学統計
	午後	ＳＡＳ実習
第4日目	午前	論文発表の理論と倫理、情報検索とデータベース
	午後	プレゼンテーション技法（1）
第5日目	午前	プレゼンテーション技法（2）
	午後	文献情報検索実習
第6日目	午前	医学論文の読み方
	午後	医学論文の書き方とUniform,Requirements

（裏田和夫:医学図書館　44(3)303-307より）

のであるという自覚ができる。その結果、紛失や盗難が減るのではないかと考えられる。なお、利用教育を経て、司書と利用者の信頼関係が築かれることも、図書の紛失を減少させる要因であると考えられる。

④図書の貸出冊数が、文献検索法の授業を行う以前の5～6年と比較して、年平均2～4倍伸びた。

⑤雑誌は帯出禁止なので貸出冊数は不明だが、卒業論文への雑誌論文引用数が5～6倍に伸びた。

⑥卒業論文への引用・参考文献数が63％アップした。また、その記載も正確になった。

⑦図書館へのアレルギーがなくなり、図書館員への質問の仕方を含めて、自分の求める図書や雑誌を的確に探せるようになった。

3.5.5　終わりに

図書館の利用教育を授業の一環として取り入れ、約10年が経過した。

看護図書館は1～2名の図書館員で運営しているところが大部分である。そのため、その図書館に勤務する図書館員が、質の高い利用教育ができる人材であるかどうかによって、教育の効果が左右されることは否定できない。

医療関係に職を持つ者は、文献を含む種々の情報キャッチが、今後ますます必要である。筆者が利用教育（授業）のとき、いつも念頭に置いていることは、以下のような点である。

①どんな環境（病院）にいっても通用する普遍性のある知識を学生に習得させたいということ、つまり生涯学習していくための、サーチ力の基礎固めを目的とする。

②文献・情報の質を判断する姿勢を持つこと、つまり文献や情報は客観的なものや正しいものばかりとは限らない。評価の定まらない説や論文もあるので、少ない限られた文献のみから判断するのではなく、情報を多く収集してそのなかから自分に必要でかつ正しいものを取捨選択するように指導する。

③情報の収集ばかりではなく、情報の発信ができる看護職の育成を目指す。

これからの看護職は（他の職種でも同様だが)、「看護研究の成果を看護実践に活かす」姿勢が重要になってくる。看護学生時代にカリキュラムのなかで、情報を入手、評価、活用する力、さらには情報の発信ができる看護職の育成が必要ではないだろうか。

日本では「情報＝コンピュータ」という認識が強いが、情報科学にはコンピュータサイエンス（主に情報処理技術や情報処理能力を扱う）だけではなくインフォメーションサイエンス（文献情報を含むいろいろな情報源への知識を扱う）の部分も含まれるはずである。この点においても、図書館員の参加できる部分は多いように思われる。

（和田佳代子・塩田純子）

3.6　OPAC検索指導

3.6.1　はじめに

3.6.1.1　OPACをめぐる近年の状況

大学図書館では、その所蔵情報をOPAC

で提供することは既に一般的なこととなっている。これによって、利用者の「目録を使って所蔵資料を探す」という探索行為が、従来のカード目録に比べ、より一般的なこととなった。また、OPACは、そのアクセスポイントの多様さから、それまで使われずにいた所蔵資料を発掘することに多大な益があることも、よく知られるようになってきた。

さらに、そのインタフェースも、これまでは各システム固有のものが多かったが、近年では、Webブラウザをベースにしたものに移行してきている。このことは、結果として、各大学図書館のOPAC間に存在する「検索画面の見た目」、および検索技術上の差異というものをある程度吸収することになり、利用者は日常利用しているものとは別の図書館システムで提供されているOPACにもそれほど違和感なく対応できるようになってきた。また、このWeb版OPACは、インターネット上への公開が極めて容易にできるため、インターネット接続したコンピュータさえあれば、来館することなくその図書館の所蔵資料を検索できるようになった。

3.6.1.2 「容易になった」情報検索の落とし穴

一方、利用者の広い意味での「情報検索」環境は、1990年代後半にインターネット、特にWWWが普及したことによって、それまでとは様相が一変した。とりわけYahoo!、goo、GoogleといったWWWのサーチエンジンが充実してくると、情報を探している人は「ともかく何かキーワードを入れれば情報を取得できる」という環境に置かれ、情報を取得するために特別な知識・技能はいらないかのような錯覚を持つ例が増えつつあるようである。例えば、学生が、レポートの課題に必要となる情報をそうした認識のもとにインターネットを使って収集し、それで十分のような考えにとらわれてしまうことを、私たちは日常的に目にするようになっていないだろうか。

しかし、大学図書館の利用教育においてはそうした認識について、きちんとした対応をすべきである。よく知られているように、サーチエンジンは、インターネット上に無秩序に存在している情報資源を、ある場合は階層型に整理をし、ある場合はロボットを使って収集することを基本としている。インターネット上の情報源を探索・収集するにあたって大変便利なツールであることはきちんと理解しなくてはならない。

しかし、それに対して、OPACの検索とは、ある一定のフォーマットのもとにデータが蓄積されたデータベース検索の一つのかたちであることが理解されなくてはならない。したがって、データベースの構造を理解すること、検索にあたって、その特性を理解した検索を行う、といったことの理解によって、よりよい検索結果を得ることができるようになる。一般のサーチエンジンによる検索とOPACの検索の違いはこの点にあることを理解しなくてはならない。

ここでは、上記のような認識のもと、大学および大学図書館がOPAC検索を指導するにあたって必要と考えられることを述べていく。なお、ここでいう「OPAC検索指導」には、個別の指導は含まず、規模の違いはあれ、大小の集団に対して行うことを前提とする。

3.6.2　OPAC 検索指導の形式

3.6.2.1　図書館独自か授業との接続か

OPAC 検索指導に限らず、図書館利用教育は、それが図書館独自のものとして実施される場合と、授業との密接な連絡を取ることによってより大きな効果が得られるものとに分けられる。

また、同じ事柄であっても、各大学における図書館利用教育の実施状況がより進んでいる場合とそうでない場合とでは、実施の仕方が異なってくる——図書館独自に行う（行わざるを得ない）段階から授業として実施する段階まで——ことも実際にはあることである。そして、その中間形態もある。

ここでのテーマであるOPAC検索指導は、OPAC の検索というのが図書館利用者、それが学生である場合には彼・彼女たちの学習活動に密接に結びついており、また、指導方法——集合的実習方式——を考えた場合も、授業との関係をより深く持つことによってより高い効果が得られるといえる。

以上を踏まえると、OPAC 検索指導の実施形態としては以下のパターンが考えられる。

①図書館が、独自に実施する。「OPAC 検索ガイダンス」といったものを適宜図書館で開催するようにするなど。

②利用者の図書館ガイダンスの一環として、授業を含めた学校行事に含めるかたちで実施する。例えば、新入生の図書館ガイダンスをクラス単位で実施する際、OPACについての説明、あるいは一歩進んで簡単な実習を行うなど。

③大学の授業のコマとして実施する。その場合の授業は、図書館の利用法を含めた情報リテラシーを身につける授業である場合から、コンピュータを利用する技能を身につける情報処理の授業の一コマである場合まで、さまざまに考えられる。

3.6.2.2　誰が担当するのか

3.6.2.1で述べた、さまざまな実施形態に合わせ、誰がOPAC 検索指導を実施するかを明確にする必要がある。一般に、図書館利用教育は、レファレンス係を中心に行う場合が多い。OPAC 検索指導を含めた図書館利用教育の負担がそれほど大きくない場合はそれでも対応できるかもしれない。しかし、レファレンス係は図書館利用教育のみを担当するわけではなく、レファレンスサービス、ILLといった業務を担当している場合が多い。そこに図書館利用教育を含めていくことについては慎重に行わなくてはならないであろう。

また、図書館利用教育をトータルにコントロールするため、図書館利用教育を専門に司る「図書館利用教育委員会」のようなチームを、図書館員を構成員として（場合によっては教員も含めて）設置することも考えられる。

さらに、授業のなかで検索指導を実施していく場合には、教員が行うのか、それとも図書館員が行うのか、といったことも考えなくてはならない。これは授業の単位認定との関係からも問題となる場合が現実に起こっている。

そうしたことを考えると、以下の形態が考えられる。

①図書館の日常の業務分担を前提に、レファレンス係が担当する（授業で実施する場合も含む）。

②レファレンス係、あるいは他の担当者（チーム）が企画立案を行い、実際の指導は他の職員に分担する（授業で実施する場合も含む）。
③教員が行う（特に授業内で実施する場合）。

また、検索指導は実習を伴うので、主に説明を行い、全体の流れをコントロールすることを担当する者と、参加者の演習部分をフォローするTA（ティーチングアシスタント）的な役割をする者が必要となる。

3.6.2.3　施設・設備等について

OPAC検索指導を行うにあたっては、以下のものが必要となる。

①図書館内・学内のコンピュータネットワーク
②検索指導を実施するスペース
③学内LANに接続したコンピュータ
④テキスト
⑤評価表

(1) 図書館内・学内のコンピュータネットワーク

多くの大学では、近年、情報関連施設・設備の充実が図られ、学内LAN、あるいは図書館内LANが整備されているところがほとんどであろう。実際、指導を行う場合はネットワークの容量が問題となるが、それについては後述する。

(2) 検索指導を実施するスペース

検索指導が授業で行われる場合には、ネットワークに接続したコンピュータを設置した「パソコン教室」のような場所が最もふさわしい。

一方、図書館で実施する場合、検索指導を実施するようなセミナールームがあるのが望ましい。それがない場合には、OPACを提供している利用者用パソコンを置いたスペースを一時的に検索指導用にすることが考えられる。

パソコン教室、図書館セミナールームであれば、指導する側のコンピュータの画面を投影するためのプロジェクター、スクリーンがあることが望ましい。

(3) 学内LANに接続したコンピュータ

(2)とも関係してくるが、パソコン教室が利用できれば、そこには当然ネットワーク、パソコンは用意されているであろう。

図書館で実施する場合には、利用者用のパソコンを指導時だけ転用することが必要となってくる。台数が十分にない場合には事務用パソコンを利用する、といったことも可能性としては考えられる。

(4) テキスト

検索指導実施にあたっては必須である。量的には一枚物から冊子形態のものまで、内容的には、マニュアル的なものから検索理論に触れたものまで、いろいろ考えられる。プロジェクターがなく、参加者が画面の遷移を見ることができない場合は、そのサンプル図をつけることも必要となるだろう。また、検索指導がふつう実習を含むものである以上、演習問題（場合によっては解答）が付されていることが必要となる。

(5) 評価表（アンケート）

これは、参加者にとって、その検索指導が有益なものであったかを評価してもらう、アンケート用紙のようなものである。これをフィードバックすることによって、不十分だった点、改善すべき点が明らかとなり、次回以降の内容の向上につなげていくことができる。

評価のための設問も、指導内容に則してなるべく具体的であることが望ましい。例えば、個々の実習問題のねらいが理解できたかを確認するような設問を設けることで、その点に関する理解度・到達度を把握できる。また、担当者の説明の仕方、声の大きさの適・不適といったことを聞くことで、職員側でできていること、足りないことを把握することができる。

3.6.3　指導の具体的諸相

この項では、OPAC 検索指導の具体的内容について述べる。

3.6.3.1　必要となる要素

この節の冒頭に述べたように、OPAC 検索とはデータベース検索の一つのかたちである。指導のなかではそのことを明確にする必要があるだろう。Web 版 OPAC のインタフェースには、検索語を入れる箇所が一つしか用意されておらず、そこにキーワードを入れれば何か出てくるようなものもあるが、そうした実際の検索方法とは別に、以下に挙げた要素は、ぜひ盛り込んでおくべきである。

・データベース、データベース検索とは何か
・そのなかでも、直接の対象となる文献情報データベースはどういった構成となっているか（標題、著者といった書誌要素）

また、個々の大学、図書館の条件といったことも場合によっては説明する必要がある。

・遡及作業はどのくらいまで進んでいるか（OPAC で検索可能な範囲の明示）
・どこまでの情報を確認できるか。所蔵資料の所在確認までか、あるいは検索結果からその一次情報に電子文献がある場合にはそこにリンクが張られているか

といったことがそれに該当する。それらを説明することによって、OPAC でできることとできないことが理解される。

3.6.3.2　指導の流れ

OPAC 検索指導は、通常、説明（上に挙げたような要素、および実際の検索方法）と参加者の実習がその内容となる。

①3.6.3.1 で触れた内容の説明
② OPAC の検索方法の説明、デモ
③演習
④解説、まとめ

「OPAC の検索方法の説明・デモ」と「演習」は、「キーワード一つの基本的検索→一覧表示→詳細画面の表示とその表示内容の理解」から、論理演算を使った検索、その OPAC 固有の機能（ブックマーク、横断検索など）を使ったものまで、段階を追って進めていくことが望ましい。

3.6.4　実施にあたって注意すべき点

注意すべき点、検討しておくべき点を準備段階から順を追って述べる。

3.6.4.1　準備段階

(1) インフラ

まず、インフラの面で事前に確認すべきは、OPACサーバとコンピュータネットワークがどれくらいの負荷に耐えられるか、ということである。1回の参加者の多寡にもよるが、パソコン教室を使う場合などは数十人の検索要求が、同時にコンピュータネットワークを通って検索サーバに届けられる（日常的にはOPAC検索について、これほどの負荷はかからない）。回線やサーバがそれに耐え切れず、検索がエラーとなってしまうことが考えられる。日常的に発生するものではないだけに難しいが、サーバの能力についてはメーカーに、コンピュータネットワークについては情報処理部門に事前に確認したほうがよい。

実際に検索指導を行っている際、万が一エラーが多発するようであれば、参加者のうち半数ずつに検索を実施させ、負荷を分散させるなどの工夫が考えられる。

(2) 内容

検索指導を行う条件（授業としてか、図書館内か、確保できる時間、説明と実習のウエイトなど）を考慮して、指導する内容と時間配分を検討する。参加者が指導内容を評価するための時間（アンケート回答の時間）を取ることを忘れないようにしたい。

指導内容については、一つのコマのなかに内容的、量的に無理な内容は盛り込まず、場合によっては複数の時間に分けて実施することなどを検討したほうがよい。内容の盛り込みすぎは、結果としてその実施した内容が焦点の絞れないものとなってしまいがちである。

検索の演習問題は、参加者の印象に強く残るような設問を設けることも工夫の一つである（こんな図書が図書館にあるのかと思わせるようなもの、意外な結果が出てくるような問題）。

実際の進行が予定より遅れた場合にカットすべき部分を予めはっきりさせておくと、実際にそうなったときに慌てることが少なくなる。

(3) 指導体制

図書館員が行うことを前提に述べる。そうすると、可能なかぎり多くの図書館員が関わるのが望ましいことはいうまでもない。3.6.2.2で述べたように、一コマの検索指導に対して、全体をコントロールする担当（通常1名）、アシスタント（規模による）を、職員集団のなかの特定の人間に負担がいかないように分担することが求められる。多くの職員がかかわることによって、職員の図書館利用教育に関する意識、技能の向上も期待できるようになるであろう。

(4) 関係者・部署との連絡

検索指導がたとえ図書館内で行われる場合であっても、全職員へのスケジュールの周知、関係部署（システム担当、利用者スペースを使う場合にはパブリックサービス担当部門など）との連絡を忘れないようにしたい。授業の一環として行う場合には、授業担当者（教員）との事前連絡（授業内での役割分担の確認、すべて図書館員に任せるのかどうか、など）は必須である。

3.6.4.2　実施段階

最も多く発生すると考えられる予想外の事態は、インフラ上の問題から発生するトラブルと、実習時の指導に思いのほか時間がかかることである。特に実習時の参加者のフォローに追われ、事前に用意した内容を消化できない場合がほとんどであることを念頭に置いたほうがよい。繰り返しになるが、最後に行うことになるアンケートのための時間は確保できるよう、時間配分には気をつけるべきである。

また、説明と実習のメリハリ（説明の時には説明を聞かせ、実習の時には実習をさせる）をつけ、参加者の集中を維持させることも大事なことである。

3.6.4.3　終了後

実施したアンケートに基づき、検索指導のねらいはどこまで達成されたか、担当職員は講師として十分なことができたかを確認する。

そして、その評価結果は、印刷物、図書館のホームページへの掲載といったかたちで公開することが大切である。特に教員集団に伝えることは広報的観点からも重要であるし、実施上のアドバイスを得ることが可能となるなど、副次的な効果も期待できる。

3.6.5　終わりに

この節では、学生に対するOPAC検索指導を念頭に置いて述べてきた。

図書館利用者としては、他に教員、職員、あるいは学外者、といった集団を想定できる。そうした人たちに対して、現実には教員を除くと、学生に対するのと同じように集団指導を行うことは難しい。事務職員に対しては検索指導の必要性を理解してもらうことも難しいかもしれない（自分たちには特に必要でない、と受け止められがち）。

教員に対しては、図書館側で任意の時間を検索指導の時間として設定し、実施するなどの方法が考えられる。また、個別の求めに応じて「出前指導」するなどの方法、広報も必要となるであろう。

（鈴木正紀）

3.7　演習問題

講習会、ワークショップ、学科関連指導などにおいて、ある技術を伝えるには、演習問題を与え、実習させることが少なくない。学習者の立場からいえば、ただ受け身で話を聞き、デモンストレーションやビデオを見るだけでは、たとえ居眠りをせずに聞いていたとしても、せいぜいそのようなツールが存在するとの印象が残る程度で、実際に使えるようにはならない。人間は聞いたことや見たことよりも、自分が能動的に行動したことのほうを覚えるといわれている。

インストラクターの立場からすると、課題を与えて実習させることにより、理解度のフィードバックを得ることができる。指導後のアンケートに「よくわかりました。ありがとうございました。」と書いてくれた学生がいたとしても安心はできない。その学生に簡単な理解度チェッククイズをしてみると、解答がまるで間違っていたということもよくある。また、実習中に学習者の問題解決行動パターンを観察することにより、彼らの情報活用能力をより的確に把握することができる。その意味で、時間的ゆとりがあれば、演習問題をさせることは、たいそう効果的な指導方法である。しかし、見当ちがいに作成された問題を与えても、ただ忙しく作業をさせるのみで効果は上がらず、利用者には「難しいもの」「面倒くさいこと」といった印象を与え、かえって逆効果となる。以下では、演習問題作成のポイントと実施上のヒントを述べる。

(1) 演習問題を与える目的

①利用者に「これは便利だ」「使ってみようと」いう気持ちを持たせる。

②利用者に「わかった」「簡単だ」「自分も使える」との自信を持たせる。

(2) 設問作成のポイント

①何を伝えたいのか、指導目標を明確にし、具体的で焦点を絞った設問を作る。

②利用者の情報ニーズに合致した設問にする。例えば、授業、宿題などに関連のあるテーマ、事柄を取り上げる。また、教員に協力してもらい設問を作成してもらう、またはヒントをもらう。

③ニュースやトレンドをうまく取り入れる。

④レファレンス質問や日常の利用者の行動の観察をもとにして、利用者の情報要求に応える設問にする。

⑤時間配分を考え、こなせる質と量にする。

⑥利用者の習熟度に合わせた設問にする。通常は、まず簡単な答えやすい設問とし、自信を持たせてから、次第に高度な技術を用いるものへと移行する。

⑦設問作成をした職員以外の人にプレテストとして解答してもらう。どのような問題が発生するかの予測をし、防ぐ。

⑧インターネット関連の設問作成の場合は、必ず実施直前にもう一度、利用サイトや求めている情報がネット上に存在するかを確認する。

(3) 解答の形式

①解答を選択肢から選ばせる方法：予め選択肢が示されているので、抵抗感が少ない。時間の節約になる。

②解答を記入させる方法：解答の記入場所（スペース）を明確に指示する。

③機器を用いて解答を処理する場合には、処理をしやすい形式にする。

(4) 実施上のヒント

①なぜその課題を行うのか、目的を事前に明確に説明しておくことで、学習の動機づけができ、取り組みの意欲を高めることができる。

②機器・ツール類の数が限られている場合、2人一組で、またはグループ単位で一つの課題を行わせてもよい。お互いに相談しあって作業をするのも、初めてのツールを用いる抵抗感を和らげる効果もある。

③複数クラス（グループ）に一つの実習を行うことがある。同じ設問を繰り返し用いねばならない場合もあるが、テストではないので、あまり神経質になる必要はない。ただし、可能なかぎり、出題内容を変えることが望ましいことはいうまでもない。

④時間配分を考えて、正解を実習時間内に示すと、学習者に満足感を与え、自信につながる。間違った解答には、原因を示しその対策法も与えられる。

⑤課題を出題しておいて解答を後日、提出させる方法もある。その場合は、結果を必ず学習者にフィードバックする。

⑥データベース利用の演習をする場合、ライセンス数の問題が生じる。無料で使えるデータベースや、アカデミックプライス等を設定して比較的安価で学習用に利用できるものを提供する業者も出てきた。常にアンテナを張り、どの

サイトを利用できるのかを調べておく。

（丸本郁子）

3.8　プレゼンテーション

授業での講義や演習・実習を行う際に重要なのは、「プレゼンテーション」という視点をきちんと確立することである。どんなに立派な教材と設備を用意してあっても、話し方や説明の仕方が受講者にとって魅力的でなかったら、台無しである。しかし、難しい理論の教科書を一から勉強しないといけないというものではない。ちょっとしたコツさえ理解しておけばよいのである。日本図書館協会図書館利用教育委員会は1999年に「情報検索指導サービスワークショップ」を開催し、好評を得た。その一コマとして「プレゼンテーション」についての講義を行った。ボブ・ボイランの著書から参考になるポイントをまとめてレポートしたものである。当日配布したレジュメを増補して以下に再録する。

3.8.1　九つのポイント

(1) プレゼンテーションの三つの変数：話し手、内容、聞き手

聴衆は自分に関心のあることにだけ耳を傾けるものである。リンカーンの言葉にこういうものがある。「人々に話し掛けようとするとき、彼らが何を聞きたがっているのかを考えるのに時間の3分の2を使い、残りの3分の1で私の話したいことを考える」。図書館のオリエンテーションでありがちなパターンが思い浮かぶはずである。制限事項や禁止事項、注意事項ばかりを延々と説明していないだろうか。利用者はあなたの図書館でどんなサービスが受けられるのか、どこがどう便利なのか、図書館員は親切で有能だろうか、というような情報を教えてほしいのである。あなたが利用者にいいたいことを第一に考えてはいけないという最初の原則に留意したいものである。

また、BGO（Blinding Glimpse of the Obvious）という言い方がある。わかりきっていたつもりのことなのに、目からウロコが落ちるような新発見というのがある。

利用者にとって、図書館のサービスのなかに新発見があるように説明をする工夫が必要である。

(2) 優れた話し手の三つの条件

優れた話し手には三つの条件がある。①焦点のはっきりした内容、②正しい内容（ご利益、事実、個人的経験）、③内容の実現に賭ける熱意、の三つである。オリエンテーションの時間をもらったから、毎年やることになっているから、ホントは利用者にあまり来てほしくないけど……というような姿勢では、話は相手に伝わらないのである。

(3) 記憶される情報

話はただダラダラと原稿を棒読みするようでは伝わらないし記憶されない。ある調査では、記憶に残るのは、①耳で聞いた情報のうち20%、②耳で聞き、目で見た情報のうち50%、③耳で聞き、目で見て、実行した情報のうち90%、という結果がある。スライドやビデオを見せながら口頭説明をし、さらに図書館の各種ツールに実際に触れてもらう、という工夫が必要である。

(4) ビジュアル用具の活用

最近は、パソコンのプレゼンテーション

ソフトも普及してきたので、これを活用している図書館が多い。しかし、ここにも守るべき原則がある。覚えた機能を使ってみたいという気持ちはわかるが、やたらに装飾しすぎると逆効果になる。スライドの作成の原則として、①一つのスライドにアイディアは一つだけ、②大きくはっきりキレのよい文字で、③黒文字のほかにカラーも有効、④スライドに外形枠をつける、などがある。

(5) 資料の配布

資料を最初に全部配布しておいたら話の先を読まれてしまう。最後にスライドと同じ内容のプリントを配布したら「メモが無駄だった」といわれてしまう。資料の配布には最適なタイミングというものがある。最初には項目とレジュメだけを配布しておいて、「スライド資料は最後に配布します」と最初に伝えておき、スライドや詳細な資料は最後に配布する、というのが基本である。

配布資料なしでは、聞き手がメモを取るのに忙しく下を向いたままになってしまう。逆に、詳細な資料を先に配布すると読むほうに没頭してしまい、講師とスライドを見て話を聞くことを忘れてしまう。

プロジェクターの輝度の関係で会場を暗くしてある場合には、配布資料の参照を指示しても読めないのだから、スライドだけで勝負するべきである。

ただ漫然と前年どおりに説明するだけでは、お互いに時間の不経済になるだけである。重要なことは、会場と機器と聴衆の状況をしっかり把握したうえで、聴衆の視線をコントロールし、最後まで注意を惹きつけ、話の目的をきっちりと達成することである。

(6) 正しい話し方

人は話を聞く前に、話し手の姿を見る。話だけで勝負しようという姿勢では失敗する。まずは服装を時と場合に応じて意識的に選ぶことが必要である。また、身振り手振りも疎かにできない。いわゆるボディランゲージが説得力を高める。旧来の図書館業務と比べて苦手な部分であるかもしれないが、これは場数を踏んで慣れるしかない。また、目の効果にも意識的な演出が要求される。視線は話し手の自信を表し、視線が合った聴衆には一対一のフィーリングが生まれ、興味や関心をかきたてることができる。ジェスチャー、声のバラエティなどの技法を自然に発揮すれば、効果はいっそう上がるはずである。

(7) あがらない秘訣

どんなに用意周到に準備したつもりでも、当日あがってしまうとどうしようもなくなる。これを防止するには、以下のような基本を押さえておくことが有効である。①「ポイントオブヴュー（視点・観点）」の確認、②リハーサル、③批評（評価表）、④イメージトレーニング、⑤適切な準備（チェックリスト、進行表など）。しかし、話の内容を箇条書きにメモしただけでは心配だからといって、一字一句までセリフとして書き下ろして練習するのは考えものである。小学校の学芸会の脚本棒読みのようになってしまい、聞く側が辛くなる危険が大きい。

(8) 質疑応答

説明の後には普通、質疑応答がある。当日の出たとこ勝負ではあまりにリスクが大きい。ここにも周到な準備が必要なのである。ポイントとしては、①聞き手を大切に、②ポイントオブヴューに結びつけて、③用意したビジュアルの活用、④ユーモアと陽気な雰囲気、⑤答えは簡潔に、⑥新たな議論を避ける、⑦要約で締める、などがある。

(9) 終わり方

質疑応答の後は終了である。ここでも何となく終了してはいけない。「終結の形態理論」というものがある。どんなに時間が押していても、どんなに短い時間であっても、とにかく今日の自分の話を要約することが必要である。聴衆はこれによって、話の要点を反復し、整理し、理解する。

さらに、最後にもう一つだけ重要なポイントがある。今日の話の後で、講師が聴衆に何をどうしてほしいのかを明確に提案するべきである。この一言で聞き手は「そうだ。さっそくこれこれをしよう」と心に決めて会場を後にする。聞き手の次の行動こそが講師の話の目的だったはずだからである。

3.8.2　経験値こそ財産

今まで何となく見よう見まねで人前で話をしていたのと比べれば、上記のような基本のポイントを理解するだけで技能は大幅に向上する。ただし、理解だけでは足りない。実際に試してみて、うまくいけば理解内容が確認でき、うまくいかなかったら技能不足がはっきりする。失敗してもいちいち落ち込んでしまう必要はない。失敗と反省のなかで、少しずつプレゼンテーションのコツを体得していけばよいのである。日頃、職場でのミーティングや学内の会議の場で発言するときにも、理解したポイントを意識的に応用してみることが上達への近道である。経験値こそがあなたの財産である。

（仁上幸治）

4章

視聴覚・電子メディアの活用

—ビデオ、ホームページ—

本章では、図書館利用教育における各種メディアを活用した方法・手段を取り上げる。まず、ビデオを作成する方法について、事例をもとにみていく（4.1）。次に、ホームページを作成する方法について、具体例を含め、まとめていく（4.2）。

4.1　ビデオ

4.1.1　はじめに

どこの大学でも4月というと新入生オリエンテーションや新規採用の教職員に対して行う図書館説明会が目白押しで、館内の通常業務もままならない状態であることは変わりない。図書館員が、教室やセミナー室に毎日出向いていく。このような説明場所で、図書館の概要や利用案内のパンフレットに加えて、自館制作のビデオが力強い味方となって、説明会に一味も二味も変化を加えてくれる。

初めて大学生になって新しい大学生活に胸踊らせている新入生や他大学から赴任した教員に行うオリエンテーションで使うビデオは、見るものにとって新鮮であってほしいものである。あたかも自分自身が図書館にいるような、映像に吸い込まれていくような、すぐにでも図書館に行って使ってみたいという気持ちになる内容が望まれる。では、そのようなビデオはどのようにしたら制作できるか。

ここでは筑波大学附属図書館で制作したビデオを例として、より利用しやすいビデオを制作するためのテクニックを紹介する。

4.1.2　筑波大学附属図書館での制作状況

筑波大学附属図書館では、これまで何回となく大小の改訂を重ね、最新作は平成10(1998)年制作のもので第6版となる。初版のものは一般見学者用と学生向けのオリエンテーション用の2種類を制作し用途別に利用していた。これらのビデオは平成6 (1994)年まで図書館員がシナリオ作成からビデオ撮影、編集、音入れまですべてを担当していたが、平成10年に制作したものからはシナリオのみを図書館が担当し、後の行程は学内施設の教育機器センターが制作を担当する方式に切り替えた。

附属図書館で制作したビデオは、新入生オリエンテーションでの利用が最も多く、次に学外からの来訪者への案内、ついで展示会などでの利用である。第3版までは、新入生オリエンテーション用と広報用とは別々に作成していたが、職員数の激減などにより改訂作業が困難となり、第5版からはこれらの両方に対応できるように一本化した。

4.1.3　図書館紹介ビデオの内容

大学図書館とは学生にとっていかに必要な場所であり、どのような役割を果たしており、どのように利用していくと学習がうまく進められるのか。大学図書館の位置づけをはじめにしっかり理解してもらうことが大切なことであり、これらを十分説明できる内容を構成することが重要である。現在利用しているビデオは、見学者に対しては概要を詳しく説明した内容として視聴でき、新入生に対してはオリエンテーションとして概要から資料探索までを知ることができる内容となっている。

また、留学生や海外からの見学者に対応するために、英語、中国語、韓国語に吹き替えもしている。

4.1.4　ビデオ制作の手順

(1) ワーキンググループの設置

管理部門、サービス部門、レファレンス部門などの各部署から代表者を選出する。この場合、技術的見地からビデオ制作などに興味のある者やデザイン的配慮ができる絵心のある者を入れておくことも作業をスムーズに進める要素となる。また、複数の館がある場合はそれぞれの館の代表者も必要である。さらに、後々も制作や改訂作業を続けるために若手の職員を入れて後継者を育てることも考えておきたいことである。

(2) 役割分担

シナリオ作成、撮影・編集、テロップ・字幕スーパー作成、ナレーション、効果音・BGMの選曲、日本語以外のビデオを制作する場合には翻訳担当、その他機材の手配など庶務的な作業を担当する者などを決めることにより、制作をスムーズに進めることができる。シナリオを作成する場合の人選も重要なことであり、図書館員だけの構成では、技術面での話が空想化する場合があるのでビデオ編集などに精通した者がいることが望ましい。

(3) シナリオの作成

機材や技術も初版を制作した昭和57(1982)年ごろと比較すると比べものにならないほど進歩しており、最近では放送局レベルの映像機器も身近となり、さらにデジタルムービーやコンピュータなどにより特殊効果の挿入や映像編集なども自由自在に利用できるようになっている。このようにハード面での改善が著しく進歩しているために、シナリオがしっかりできあがれば既に半分はできあがったといっても過言ではない。シナリオ作成上の注意点は後述する。

(4) 撮影、編集、音入れ

ビデオ撮影は必要以上に時間を要する作業であり、シナリオの順番どおりに撮影する必要はない。場所ごとにまとめて撮影し、どのテープのどの場所に収録してあるかチェックリストを作っておくと編集作業を効率よく進めることができる。また、撮影の途中で発見したシナリオにない内容でも撮影しておくと後で利用できることがあるので、シナリオだけに固執する必要はない。撮影期間も長期に及ぶと夏と冬の服装が混在してしまうので、撮影は数日から数週間で終了することが望ましい。音入れは、ナレーションとBGMに分けられるが、修正作業や部分改訂を考慮すると、別々の音声トラックを使うことを奨めたい。各工程の注意点は後述する。

4.1.5　シナリオの作成と注意点

(1) 利用目的と対象者を決める

制作するビデオは、オリエンテーション用と広報を兼ね備えるものにするのか、あるいは個々の内容で別々のものにするのかで内容が異なってくる。オリエンテーションの対象者は内部の者であり、広報用は外部の者に対して見せるという相反するものがある。理想的には用途別に制作することが望ましいが、先に述べたように改訂の頻度や業務量を勘案すると一本化することが現実的である。もちろん時間的余裕や職員の理解があれば個別に制作することを勧めたい。

(2) 何を重点的に扱うか、ポイントを明確にし、絵コンテを描く

どのような点をビデオ化するのか。はじめに考えられる事項をすべて列挙し、次にカテゴリー別にし、さらに重点事項のみに絞り、最終的に必要事項のみに集約することでポイントを明確にする。例えば、図書館の沿革、蔵書数、利用状況などの一般的概要はどの程度扱うか、図書や雑誌の貸出・返却、OPACの使用方法やCD-ROMの検索方法はどこまで詳細に説明するか、貴重図書やコレクションの紹介はどの程度にするか、などポイントごとに検討をしていく。この時点で内容を物語風にするのか、カメラワークだけで紹介していくのか、あるいはモデルによる紹介方法とするのかなどについても併せて考えていく。さらに、撮影できる映像の絵コンテを描くことでシナリオを具体化する。

(3) 変化する数値、移動の多い配架場所などを紹介する用語を使わない

状況に合わせた改訂を適宜行わない場合は、毎年変化する統計的な数値や配架場所やコンピュータの使用方法を説明するような画面や言葉を入れないようにする。これは、後で改訂する場合に映像インサートやアフレコにより内容の変更が容易にできるようにするためである。特に利用者数や雑誌の数、図書の貸出冊数、相互利用件数、レファレンスの件数、電子ジャーナルの導入数などは近年大きく変化しており注意を要するところである。また、配架場所が頻繁に変化するような雑誌やコレクションなどは、後々の改訂を十分考慮した編集をする。特に画面切り替えにおいて継続する画像（ワイプやディゾルブなどにより二つ以上の画像を使った切り替え方法）や複数の画面にかかって説明する言葉を使用しないことがインサート編集による改訂を容易するコツである。

(4) 放映時間は長くならないように決定する

紹介したい内容をあれもこれもと盛り込むと時間が長くなるため、思い切ってカットすることが重要である。図書館の概要や利用方法を紹介する内容は、単調になりがちであり、視聴者は初めて聞く用語もあり飽きてくることが多い。そのなかでテンポ

よく変化を加えても、集中して視聴できる時間は20分程度であろう。長くても30分を超えることは好ましくない。筑波大学附属図書館で制作したビデオもはじめは、内容を豊富に盛り込んだため50分近くになり、最後のほうになると学生は見疲れしていたようである。特に、見学者に見せる場合には短時間で図書館を紹介したいものである。

(5) 映像とナレーションの長さは不自然にならない程度にする

ナレーションがまだ終わっていないのに次の映像が出ていたり、ナレーションが短くて同じ映像が延々と流れていたりしないように両者をシナリオ作成の段階で調整しておく。文字を含んだ映像は、視聴者が文字をゆっくり2回読める程度時間をとる必要がある。早い場面切り替えは情報が読み取れないために不安感を与え、一方で長い静止画は飽きを生じさせてしまう。

(6) 図書館員のみが理解できる専門用語（業界用語）は極力避ける

ビデオの世界だけではなく業務においても常に心がけたいことであるが、図書館員が日常専門的に使っている用語を一般の者に対して使うことは避けたいものである。逐次刊行物、ブックディテクション、OPAC、NDCなどは理解しやすい用語で説明することが望まれる。

(7) 画面転換の特殊効果は多用しない

最近は映像が豊富なため、特にあっと思わせる映像転換にも動揺することは少ない。図書館が制作するビデオは、映像のでき栄えを競うものではないので、技法に凝ることなく視聴者が違和感なく気持ちの転換ができる技法を選ぶことを奨めたい。また、場面転換ごとに異なった技法を多用すると内容に集中できなくなるため、多くても2～3程度にとどめたい。

(8) できあがったシナリオのチェックは図書館以外の者にも依頼する

最終的にできあがったシナリオは、職員全員にチェックしてもらい、さらに可能であれば図書館以外の者にもチェックしてもらい、わからない用語や説明の過不足について修正することが望ましい。ここまでできれば半分以上完成したといえよう。

(9) 英語、中国語、韓国語などへの吹き替え

日本語以外の版については、大学の実状に合わせて検討すべきことである。留学生や海外からの見学者が多い図書館ではぜひ制作することを奨めたい。筑波大学附属図書館では、英語、中国語、韓国語に吹き替えをしており、日本語のシナリオを翻訳して留学生にナレーションを依頼している。

(10) モデルの登用を避け、通常の利用風景を用いる

図書館員がモデルとなり、同じ職員が利用者になったり図書館員の役を演じたりすることは、違和感を生じてしまうので極力避けたい。図書館員がモデルとなって収録する場合は、同じ職員が何度も登場しないように多人数で役割分担をして収録する。また、撮影場所周辺の利用者に断り、必要であれば利用者に出演を依頼し、通常の利用風景を撮影することでよりリアルな映像を収録することができる。

4.1.6　撮影・編集・音入れと注意点

(1) 撮影のテクニック

はじめに、使用するカメラや編集機器について、使用方法や特性などを理解する。カメラについてはレンズの撮影範囲や接写距離を把握し、ズームやパン（左右にカメラを振る）についてはモニター画面にて録画した映像を確認して感覚を掴む。特にスピードの速いパンや左から右あるいは右から左を頻繁に混在させると非常に見づらくなるので注意する。また、カメラの手振れが起きないように三脚やドリー、台車などを利用するのもよい方法である。実際の撮影においては、編集することを考えて前後を多少長めに撮影する。さらに、カットのつながりや映像のポイントを押さえて収録することも忘れてはならない。

照明も必要に応じて使わなければならない。しかし、強力なライトは貴重資料の撮影には不適切なので十分注意しなければならない。最近のCCDカメラは補助程度の照明で十分撮影できるので、照明ムラを防ぐためにも無理な照明はしないほうがよい。

また、撮影時には、派手な服装の人や縞模様の服装（モワレ現象を起こしてしまう）の人がいないか、背景に不用意な物や音がないか、椅子や書架が乱れていないか、逆光になっていないか、など細かな点にも注意をする。コンピュータのディスプレイに表示された文字や画像を撮影するときは、水平同期が取れないために画面がちらついて横線が動いていくので、できるだけディスプレイに近づいて文字をアップして撮影すると、この横線が目立たなくなる。

(2) 編集のテクニック

一般的な編集は、VTRを2台使用してアッセンブル（頭から順番につないでいく方式）編集かインサート（基本映像に重ねていく方式）編集のどちらかとなる。アッセンブル編集の最後の映像にインサートしていくと編集装置のモニターではつながっているように見えるが、一般のテレビやVTRでは見えないことがある。これは信号が途切れているためであり、行ってはいけない操作である。また、完成した部分の修正や映像の入れ替えを行うとき、インサートと間違ってアッセンブルで編集した場合は、その部分の映像の最後が後ろの映像とつながらず、それ以降の映像はすべて編集のやり直しとなるので注意が必要である。

編集作業を間違いなく進めるために、直ちにテープに編集しないで、一度どのように編集されるか納得のいくまでプレビューの操作をしてみる。字幕スーパーやテロップを挿入するタイミングを測るためにもプレビューの操作は必要である。

(3) テロップ、字幕スーパーの作成

テロップや字幕スーパーはコンピュータで作成し編集段階で挿入できるものと、白黒カメラで文字を撮影して特殊効果装置で色づけをして挿入するタイプがある。コンピュータ方式は、文字を順番に作成しファイルに保存しておくことにより時間と手間を省くことができるが、カメラで挿入する方式は、編集に合わせてその都度入れていくので予想以上に時間と手間を必要とする。画面に入れられる文字数は、文字の大きさとの関係で必然的に決まってしまう。エッジを付けたり、文字カラーやバックカラーを工夫したりすることで読みやすい文字を作る。また、文字カラーは多用しないで文字のバックカラーを変えることで変化を持たせたほうが落ち着きのある映像になる。

字幕スーパーは、部分改訂が予想される映像の場合には、二つ以上の映像にかからないように編集しておくと改訂が容易にできる。

(4) ナレーション、効果音・BGM

ナレーションを入れる方法は、編集された映像を見ながらシナリオを読んで入れていく方法と、音声テープにシナリオをカットごとに読んで録音し、後でビデオテープに音声を入れていく方法がある。ナレーターが時間的に拘束できない場合は後者となるが、一般的には前者のほうがよい。ただし、読み間違えや映像の速さに合わなかった場合はその都度やり直しとなる。効果音やBGMは、ナレーションを入れた後に適度な音量とタイミングを測って入れる。二か国語対応を考慮するとBGMとナレーションは別々の音声トラックを使うほうがよい。

(5) 編集や複製による画質劣化の防止

カメラで撮影したテープをマスターテープとすると編集したテープが2代目、利用に供するために複製したものが3代目となり、アナログタイプのものであると画質劣化が目立つようになってしまう。この画質劣化を防ぐためには、デジタルビデオや放送局・プロダクションレベルの機器を利用して撮影・編集することが望ましい。一方で、家庭用デジタルビデオやパソコンを使用してレベルの高い編集が可能となっているので利用を奨めたい。

(6) 市販ビデオやBGMの利用には著作権処理されたものを使用する

市販のビデオやCD-ROM、DVDなどの映像の一部を利用する場合には著作権の適切な処理をすることが必要である。BGMについても、市販されている音楽CDを無断で利用することは違法行為であり、JASRAC（日本音楽著作権協会）で認可されたものや著作権フリーのCDを利用することが望ましい。この音楽著作権については、1年、2年など期間限定で許可しているのものもあるので注意が必要である。

(7) プレビューと修正

完成したビデオは、ワーキンググループなど制作を担当した者だけでなく、他の職員やまったく図書館を知らない人に視聴してもらい率直な意見を述べてもらう。特に理解しにくい点や用語の使い方、画像のチェックや音声のチェック、見落としている点はないかなど最終の仕上げチェックは重要なことである。ここで、意見されたことは、再度検討し、画像や音声の入れ替えや追加、削除などが可能かどうかよりよいものに仕上げていく最終段階である。

4.1.7　おわりに

制作技術も時代とともに変遷し、今では高度な映像手法を身近に自由に使うことができるようになり、さまざまな映像を作り出すことが可能となった。自館で制作するビデオは、職員や利用できる機器により完成度が異なってくるが、はじめから完全なものを望まないで、改訂を重ねながらよりよいものに仕上げていくことを目指したい。今日、図書館を取り巻く環境も電子図書館システムの導入などにより紹介していく内容も急激に変化しており、改訂の期間も必然的に短くなってきている。

今後は電子図書館システムにこれらのビ

デオソフトを組み込み、VOD（ビデオ・オン・デマンド）として用いることにより、いつでも、どこでも、誰でもが、インターネットを通じて自由に視聴ができるようになるであろう。また、分野ごとの資料探索オリエンテーション対応のビデオ制作も望まれており、これらのビデオを電子図書館システムに組み込むことにより、検索途中のヘルプ機能として、あるいは自主学習のツールとして利用できるようになる。このように用途も多様化してきており、見学や利用教育の視聴に限ることなくさまざまな面から利用できるビデオの制作が望まれる。

（三浦正克）

4.2　ホームページ

World Wide Web（WWW）は世界的規模の電子図書館ともいわれている。人類の知的遺産を蓄積し、すべての人に無料で提供する図書館という機能を、電子情報としてWeb上で提供する勢いは目覚ましい。ここでは、個々の図書館がホームページで図書館サービスを展開するうえでの留意点について、主として利用教育（情報リテラシー教育）の観点から、以下の項目に絞って述べる。すなわち、

①図書館の印象づけや、施設・サービスの案内、あるいは情報探索・整理・表現法指導について、WWWの特性を活かすとどのようなことができるのか、

②Webサイトの構成・デザインを企画するための留意点は何か、

③Webサイトの維持管理のための留意点は何か、

である。

一方、インターネット上の情報利用や情報発信において、特に注意すべき次の2点を加える。すなわち、

④Web情報を批判的に読み取るうえでの観点・注意点、

⑤情報の倫理的・合法的利用法と、身を守るための注意点、

などについて、それぞれ解説する。

なお、以下では、インターネットやコンピュータ関連の用語が多く登場する。必要に応じて、関連の用語辞典等を参照しながら、読み進めていただきたい。

4.2.1　インターネット図書館サービス

インターネットでは、WWWや電子メール、電子掲示板、チャットと電子会議、ファイル転送、telnet、携帯電話サイトなど、さまざまな図書館サービスが展開できる。まず、これらの機能を利用した代表的なサービスを列記する。

4.2.1.1　WWWによる図書館サービス

WWWでは、HTMLやJava、JavaScript、VBScript、XHTML、XMLなどの言語を利用して、図書館のみならず個人レベルでテレビ局、ラジオ局、レコード会社、出版社にもなることができ、加えて、情報検索や問い合わせ、クイズ、ゲームなどの双方向のサービスも展開できる。

業務別では、「情報サービス」、「全文情報」、「オンライン図書館サービス」に大別され、「情報サービス」関連では、ニュースや情報の検索、案内類、レファレンス、利用教育などに分けられよう。

(1) ニュース・情報の検索

ニュースや情報の検索には、最新ニュースの検索や、確立した情報検索サービスであるNACSIS-IRやJOIS、First Searchなどの商用データベース検索のWeb版、NACSIS-Webcat、OCLCなどの共同目録検索、LC-MARCやWeb OPACなどの各国OPAC、東京大学情報基盤センターブックコンテンツなどの図書目次検索、各種オンラインジャーナル検索のみならず、検索エンジンのメタ検索や特定サイト内検索などが含まれる。

(2) 案内類

案内類には、図書館利用案内（地図、配置図、開館日・時間、利用手続き、貸出時間・条件・手続き、レファレンス案内、図書館間相互利用案内）、図書館概要（特長、沿革、サービス部署案内、各種統計、設備、図書館界展望等）、図書館報、図書館史などが含まれる。

(3) Webレファレンス

Web版レファレンスは、レファレンスデスクに寄せられる情報を備え、JavaScript等による自動回答や、インターネットメールによる回答なども行える。具体的には、文献の探し方、主題調査法、電子情報を含む書誌解題・書評などのレファレンスツールの解説、Web関連技術解説、解題つきリンク集、FAQ集などがある。

(4) 利用教育（図書館講座）

利用教育としては、レファレンスと厳密に区分できないが、新入生オリエンテーションのWeb版や、情報検索講習、図書館の機器利用講座、Webサイト作成講座、ITの講習、あるいは図書館情報学の解説、ネチケット・危機管理講習などが挙げられる。

(5) 全文情報

いわゆる「電子図書館」の代表とも称されるが、自館や自大学所蔵の古文書、貴重資料、郷土資料、自大学の研究成果、芸術作品、大学紀要などの全文情報、Gutenberg Projectや中国の「四庫全書」Web版などに代表される国レベルで後世へ残すべき知的遺産や、商用のオンラインジャーナル等が含まれる。

(6) オンラインサービス

Webでは、前述のレファレンス回答以外にも、貸出予約、図書購入リクエスト、研究個室予約、複写依頼、他機関資料取り寄せ等のオンラインサービスもJavaやJavaScript等で構築できる。

4.2.1.2　電子メール・チャットによる図書館サービス

電子メール関連では、電子メール、メーリングリスト、メールマガジン、チャット、などがあり、これらの窓口はWebサイトで広報する。

(1) 電子メール（E-mail）

Webサイトにレファレンス質問のアンケートフォームを設けたり、電子メールの案内を入れたりして、利用者が送信することで、Webマスターに電子メールが届く仕組みを作ることができる。

(2) メーリングリスト（ML）

メーリングリストでは、登録された図書館員や利用者間で、質問をすると、それに詳しい他のメンバーからの回答が全員に同報される。大学図書館関連では、東京工業大学図書館に「図書館関係メーリングリスト・ホームページ一覧」がある。

(3) メールマガジン

メールマガジンは登録者に定期的にメールで情報を届ける広報手段であり、図書館や学術情報機関では日本図書館協会の「JLA メールマガジン」、図書館流通センター（TRC）の「週刊新刊メール案内」などがある。

(4) チャットと電子会議

インターネットのブロードバンド化に伴い、インターネットラジオやテレビなどのインターネット放送に加え、利用教育分野で活用されるであろうインターネットサービスには、チャット（電子井戸端会議）とインターネットテレビ電話（電子会議）がある。一例として、チャットでは書籍デジタル化委員会や愛知県生涯学習センターのチャットルームなど、電子会議ではメディア教育開発センターのストリーミングビデオによるインターネット受講などを挙げることができる。

4.2.1.3　ファイル転送

ファイル転送（FTP）は、自作のプログラムファイルやWebコンテンツなどのファイルを、インターネットを通じて転送するサービスである。通常はファイルを圧縮して転送することで通信トラフィックを少なくし、転送後、解凍して利用できるようにする。「窓の杜」、「Vector」、「Yahoo! コンピュータ　フリーソフト＆シェアウェア」などはシェアウェア、フリーウェアのさまざまなWebアプリケーションソフトやコンテンツを揃え、ファイル転送で利用者へ転送する。

4.2.1.4　telnet

telnetは、遠隔地のコンピュータを、ネットワークを介して操作できるサービスやプロトコル（通信規約）のことで、Web版のOPACシステムを持たない大学図書館等では、まず、telnetでOPACを利用できるようにしているところが多い。

4.2.1.5　携帯電話サイト

iモードやEZ-Webなどの携帯電話によるWebサイトは、簡略版のCHTML（Compact Hyper Text Markup Language）を利用して、短いテキストを主とした情報を提供している。大学図書館では、iモードによるOPACや情報検索をサービスしているところがあるが、携帯電話の利便性を考えると、レファレンスの回答などにも向いており、携帯電話利用者の増加に伴い、サービスを開始する図書館が増えるであろう。

4.2.2　Webサイト作成方法

ここでは、利用教育の観点から、Webサイトの作成方法を詳説する。使用言語であるHTML（Hyper Text Markup Language）は、テキスト形式のデータに見出しや段落、リンクなどを＜ ＞に囲まれたタグで指定することで、インターネット上のさまざまなマシンのOS（Operating System）上でブラウザを通じて共通に見ることができるようにしたデータ記述言語である。

1989年にT. Berners Lee氏がHTML、URL、HTTPなどでWWWを開発した。1993年にMarc Andreesen氏等が図も表現できるブラウザ（Webサイト閲覧用ソフト）のMosaicを

NCSAから提供した。インターネットは学術機関だけのネットワークから一個人や民間企業も使えるようになり、また、Andreesen氏らはNetscape社を起業、ブラウザのNetscape Navigator（NN）を用い、HTMLの独自拡張で表現力を飛躍的に高めて以来、WWWは爆発的に普及した。

その後、Microsoft社のブラウザであるInternet Explorer（IE）と独自機能の拡張競争が行われた結果、WWWの標準化組織であるW3Cは1997年、視覚や聴覚に障害のある人へのアクセシビリティを考慮した規格としてHTML4.0を規定した。段落やリンク等の論理構造と、レイアウトやフォントや色などの見栄えを分け、HTMLは論理構造を記述し、見栄えはCascading Style Sheet（CSS=カスケード・スタイル・シート）と呼ばれる仕組みに分離している。

以下では、1999年にHTML 4.0をXML（eXtensible Markup Language）として利用できるようにしたxhtml 1.0を基本に説明する。XMLは文書の構造をアプリケーションで解決できるように1986年にISOで規定したSGML（Standard Generalized Markup Language）の機能をスリムにし、Web上で利用できるようにしたものである。レポートとかマニュアルとかの文書のタイプで異なるタグをカスタマイズすること（文書の型を定義すること、Document Type Definition=DTDという）で、各文書中の章や節、リンクなどの要素を階層化して管理できるようにしている。

xhtmlを利用することにしたのは、旧来のHTMLとの互換性を図りつつ、多言語対応のXMLも利用できるように考慮したためである。xhtmlへは次の方法で比較的容易に変換できる。

①文書の構造を記入すること。

②HTMLのタグを小文字で、かつ、必ず終了タグを入れること（例：<p>何か記入</p>）、また、HTMLで終了タグが不要だった
、<hr>などは
、<hr />と記入すること。

③レイアウトなどの見栄えはCSSを利用すること。

以下、Web文書作成の必要最低限の約束事を述べる。

4.2.2.1　Webコンテンツ設計

大学図書館が発信する「ニュース」「情報の検索」「案内類」「レファレンス」「利用教育」などのWebコンテンツは、テレビのように素早く表示し、かつ、視覚や聴覚に障害を持つ人にも対応し（アクセシビリティの確保）、さらに、検索エンジンで検索可能なように設計する必要がある。以下、設計に必要な基本的考え方を述べる。

(1) アクセシビリティ

人類の知的遺産を「すべての人に公平に」提供する図書館の使命を果たすために、アクセシビリティの視点は重要である。例えば、テレビでは手話・字幕つきが最もアクセシビリティを考慮しているといえ、Webでも音声合成ソフトやストリーミング技術で「手話・文字つきインターネット放送」を運営できる時代が来た。これらの技術が比較的最近になって実現したので、ほとんどの大学図書館のWebサイトはアクセシビリティに配慮しているとはいえない。そこで「文字つきテレビ放送型」Webサイトが必要となる。

可能なら「手話・文字つきテレビ放送」型のWebサイトが望ましい。これらのブロードバンドサイトを作成するには、JavaScriptとSMIL（Synchronized Multimedia Integration

Language＝同期マルチメディア統合言語）による配信、RealProductorによる配信、Shockwave Flashによる作成、Windows Media Encorderによる作成、QuickTimeによる配信、Castanetによる配信などがある。

ファイルとしては、テキスト以外に朗読された音声、静止画、アニメーション、ビデオのファイルが必要で、これらを前述の各システムで配信する。

一方、朗読まで余裕がない場合、テキストをスクリーンリーダーや点字ディスプレイで代読できるようなW3Cの「アクセシビリティガイドライン」に従ったサイトを作成する必要がある。

(2) どのプラットフォームでも利用できるための配慮

インターネット利用者の大多数はDOS/Vパソコンであり、ブラウザはIEであるが、もともとUnixワークステーションから発展したインターネット上には、Unix、MacOS、Windows、Linux、TronなどさまざまなOSがあり、ブラウザにもNN、IE以外に、Mozzila、Opera、テキスト主体のlynxなど、さまざまなものがある。少なくとも三大OS、二大ブラウザに完全対応することが望ましい。

(3) 利用対象者の決定

日本の大学の留学生は、中国人、韓国人、東南アジア人が多く、日本語サイト以外に、少なくとも英語サイト、できれば中国語や韓国語サイトを運営することが望ましい。

(4) サイト構成・メンテナンス

アクセシビリティ完全対応のサイト構成とテキスト中心のサイト構成は原理が異なる。前者はインターネットテレビのコンセプトで、後者はインターネット出版のコンセプトである。例えば、前者ではストリーミングする関係上からフレーム対応が、後者ではアクセシビリティの関係からフレーム非対応のサイト構成が主流となろう。また、Webサイトの引越しは日常茶飯事であり、これらのメンテナンスをも当初から考慮したサイト構成を念頭に置く必要がある。

(5) ファイルサイズの縮小化

音声、画像、動画ファイルはテキストに比べて大容量であり、また、高速通信のADSLやISDNの定額料金化により、ブロードバンドが身近になったとはいえ、それに伴い利用者やコンテンツが増加しており、インターネットの「渋滞」状況は変わらない。そこで、すべてのファイルサイズを縮小化する方向でコンテンツを作成することが必要である。

(6) 検索エンジン、サイト内検索の設定

図書館にある大量のデータを検索できるようなシステムが必要である。図書館で検索エンジンを導入するか、検索エンジンサイトが提供するバナー、もしくはサイト内検索システムを導入し、自サイトを検索できるようにすべきである。

4.2.2.2　インターネットテレビ型利用教育サイト作成の実際

図書館の利用教育を例に、アクセシビリティ完全対応のサイト作成に必要な最小限の注意事項を以下に述べる。

(1) フレームと階層構造

テレビのチャンネルにあたる「目次」は別フレームとして常に表示し、他のフレームに内容が放映される様式が一般的である。

チャンネル数は少ないほうが視覚障害の人に優しい。カーソル移動のショートカットキーはTabキーで、例えばメニューが6項目あると、最初のTabキーで「場所(アドレス)」へ、次のTabキーで第1番目のメニューへ移動し、Enterキーでリンク先へ移動する。移動を戻すには、Shiftキーと Tab キーを同時に使う。視覚障害の人には音声で基本的なショートカットキーを案内するのが好ましい。

また、フレーム非対応のページを用意し(W3Cアクセシビリティガイドラインに従う)、そこには、トップページ、目次ページ、次ページへのリンクをどのページにも必ず用意する必要がある。トップページはサイト表示と使い方をアナウンスし、ニュース、目次、「検索窓」、利用カウンター程度の少ない区分がよい。例えば、目次が「図書館案内」「資料の調べ方」「機器の使い方」「電子資料」「リクエスト」のような名前で五つに大別され、さらに例えば「図書館案内」に「図書館カレンダー」「図書館ツアー」「サービス一覧」「図書館概要」「図書館報」を入れたとしよう。

トップページは次のような構成となる。各行に記す「解説」は、HTML文法の意味を示し、必須とあるものは必ず記入するようにしたい。

(2) トップページの例

```
<?xml version="1.0" encoding=
"Shift_JIS" ?>
```

解説：この文書はxml1.0規格で、文字コードはunicode (UTF8 UTF16)、EUC、ISO2022-JP (JIS)、Shift_JISがあるが、Shift_JISを使っている、との意味。xmlで標準のunicode以外を使う場合は必須。xml文書でない場合はこのタグ自身不要である。

```
<!DOCTYPE html public "-//w3c//
dtd xhtml 1.0 frameset//jp">
```

解説：文書のタイプはHTMLでW3C規約のXHTMLバージョン1.0のフレームが利用できるframesetのDTDで、自然言語は日本語の意味。必須。DTDの種類には、frameset以外に、tranditional (旧来のhtmlも利用できる)、strict (厳格な) がある。

```
<html xmlns="http://www.w3.org/
1999/xhtml" xml:lang="ja" lang=
"ja">
```

解説：HTML宣言。この例はW3Cの1999年XHTML規約に従い、XML言語および自然言語は日本語、との意味。HTMLファイルはhead部とbody部に大きく分かれ、nest (入れ子) とし、タグは必ず `<html> <head> <title> </title> </head> <body> </body> </html>` のように記入する。

```
<head>
```

解説：head部の宣言の意味。head部には、このHTML文書の文字コード、自然言語、作者名や作成日、失効日、検索エンジン用のキーワード群などの宣言を行い、metaタグとmetaデータを入れ、titleタグやこの文書の表現スタイルであるCSSを記入する。

```
<meta http-equiv="Content-Type"
content="text/html; charset=
Shift_JIS">
```

解説：このコンテンツのHyper Text Transfer Protocol (HTTP) はtextやhtml形式で、文字セットはShift_JISである、との意味。必須。

```
<meta name="keywords" contents=
```

```
"library science, internet, ...">
```

解説：検索ロボットはこのページの`meta name="keywords"`でキーワードを探す。適切なキーワードを付与すべきである。ダブリンコア（Dublin Core）では、15のメタデータ（meta data）をWebサイト制作者への義務として提案している。すなわち、title、author、subject、description（内容説明）、publisher、contributor（寄与者）、date、type（カテゴリー）、format、identifier（URLやISBN）、source、language、relationなどである。少なくとも図書館のサイトでは、title、author、subject、description、date、type、identifier、languageなどは記載したい。デジタル放送や遺跡などのメタデータの案も報告されている。

```
<meta name="author" contents=
"author">
```

解説：前述のメタデータの制作者名。必須。

```
<meta name="type" contents="home
page">
```

解説：前述のメタデータのカテゴリー。home page、working paper、technical report、essay、novel、dictionaryなどがある。図書館から発信する場合は必須である。

```
<title>○○大学図書館＞トップページ
</title>
```

解説：この文書のタイトル。視覚障害の人のためのスクリーンリーダーはこのタイトルを読み、検索エンジンはサイト名として表示するため、必須。日本の視覚障害の人を目的としたサイトの場合、タイトルは音声処理の関係上、日本語が望ましい。

```
</head>
```

解説：head部の終了宣言。必須。

```
<frameset cols="15%,*">
```

解説：画面を分割するフレームの使用宣言、縦分割で、15％対85％の割合。フレームの大きさをピクセルで指定できるが、各種ブラウザのサイズを考え、比率の指定が好ましい。横分割のタグはrows。xhtmlのstrict、tranditional DTDでは、フレームは非推奨であり、フレームを分割しないで一つのファイルのなかに別フレームを作成できる`<iframe>`タグもあるが、古いブラウザでは表示できないので、環境が整うまでは使用しないほうがよい。

```
<frame src="index2.html" name=
"left">
<frame src="text.html" name=
"right">
</frameset>
```

解説：フレーム名leftに入るファイル名はindex2.htmlである、rightに入るファイル名はtext.htmlである、つまり、左フレームにはindex2.htmlを用意しなさい、との意味。

```
<noframes>
```

解説：`</noframes>`タグまでのデータをフレーム非対応のブラウザのために用意する。

```
<body>
<p></p>
<h1>○○大学図書館ご案内</h1>
<a href="guide/index.html">利用案
内</a><br />
<a href="reference/index.html">資
料の調べ方</a><br />
<a href="howtouse/index.html">機
```

```
器の使い方</a><br />
<a href="dl/index.html">全文情報</
a><br />
```

解説：「利用案内」をクリックすると、guideフォルダのindex.htmlファイルが表示される、との意味。リンクは特定ファイルの <a name="xxx"> と記入された特定部分へも指定でき、例えば <a href="guide/index.html#xxx"> と記入する。referenceやhowtouseなどのフォルダのindex.htmlファイルを指定しているのは、どのフォルダの構成も同じほうがメンテナンスしやすいことと、検索エンジンは、まずindex.htmlファイルを探すことによる。
 は改行せよ、との意味。

```
<hr />
```

解説：罫線を一本引きなさい、との意味。

```
</body>
```

解説：画面の終了、との意味。

```
</noframes>
```

解説：フレーム非対応部分のタグを閉じる、との意味。

```
</html>
```

解説：html文書の終了、との意味。

(3) フレームファイル：目次編

前述したindex.htmlではフレームを縦分割し、左フレームに目次（index2.html）、右フレームに目次の内容（text.html）を見えるように設定している。index2.htmlは自動的にアナウンスするindex3.htmlファイルをスムーズに読み込むための役割を果たすよう、仕組んでいる。以下、既に解説した部分を除き、index2.htmlを解説する。

```
<?xml version="1.0" encoding=
"Shift_JIS" ?>
<!DOCTYPE html public "-//w3c//
dtd xhtml 1.0 frameset//jp">
<html xmlns="http://www.w3.org/
1999/xhtml" xml:lang="ja" lang=
"ja">
<head>
<meta http-equiv="Content-Type"
content="text/html; charset=
Shift_JIS">
<meta name="keywords" contents=
"library science, internet, ...">
<meta name="author" contents=
"author">
<meta name="type" contents="home
page">
<meta http-equiv="refresh"
content="1; url=index3.html">
```

解説：このコンテンツは1回数える間に「index3.html」ページへ移動せよ、との意味。W3Cでは非推奨である。しかし、引っ越したWebサイトを新しいWebサイトへ自動転送する場合や、遅い回線を利用している利用者にWebページを素早く届けるための「先読み」機能として重要で、Webテレビでは必須である。JavaScriptを使う場合、起動に時間がかかるので、読者が他のファイルを見ている間にindex3.htmlを自動的に開き、説明のアナウンスが聞こえるように仕掛ける。

```
<title>○○大学図書館>目次2のページ
</title>
</head>
<body><p>
音声読み込み中</p>
</body>
```

```
</html>
```

(4) フレームファイル：目次編２（index3.html）

自動的にアナウンスするindex3.htmlファイルには音声ファイルを、text.htmlファイルには対応する動画ファイルを必要とする。音声ファイルをストリーミングする方法は前述したように、Real Productor、QuickTime、Flash、Windows Media Encorder、SMILなどの方法があり、ここではReal Productorを例にindex3.htmlでの表示方法を述べる。

```
<?xml version="1.0" encoding=
"Shift_JIS" ?>
<!DOCTYPE html public "-//w3c//
dtd xhtml 1.0 frameset//jp">
<head>
<meta http-equiv="Content-Type"
content="text/html; charset=
Shift_JIS">
<meta name="keywords" contents=
"library science, internet ...">
<meta name="author" contents=
"author">
<meta name="type" contents="home
page">
<link rel="stylesheet" type=
"text/css" href="style/small.
css">
```

解説：表示スタイルはstyleフォルダのsmall.cssファイルに従え、との意味。

```
<title>○○大学図書館＞目次２のページ
</title>
</head>
<body>
<embed src="index.ra" width=
"100" height="30" autostart=
"true">
```

解説：自動的にindex.ra（このページを説明するアナウンスを入れたReal Audioのファイル）をスタートしなさい、との意味。xhtmでは、objectタグを使うが、対応するブラウザが少ないので、現時点ではembedタグを使う。MP3の場合、embed src= "index.mp3" として指定する。Real Audio、MP3の作り方は後述する。

```
目次
</p>
<a href="guide/index.html"
target="right">利用案内</a><br />
<a href="reference/index.html"
target="right">資料の調べ方
</a><br />
<a href="howtouse/index.html"
target="right">機器の使い方
</a><br />
<a href="dl/index.html" target=
"right">全文情報</a><br />
<a href="reference/index.html"
target="right">調べ方は？</a>
<br />
<a href="http://123.456.789.12/
cgi-bin/namazu.cgi" target=
"right">サイト内検索</a><br />
```

解説:サイト内全文検索エンジンを作成し、そのサーバとリンクする。個人で作成できる全文検索システムで一般的なのは、Linuxサーバ上でNamazuを利用する方法である。Namazuで作成された索引ファイルにリンクする。Namazuの作成方法は馬場肇氏の『日本語全文検索システムの構築と活用』を参照されたい。

```
<a href="mailto:xxxx@xxxx-univ.
ac.jp">連絡先</a><br />
</body>
</html>
```

(5) フレームファイル：内容画面編（text.html）

右フレームに○○大学図書館の内容が表示される。ここでは、バナー、地図、最新ニュース、連絡先などを入れるとよい。

```
<?xml version="1.0" encoding=
"Shift_JIS" ?>
<!DOCTYPE html public "-//w3c//
dtd xhtml 1.0 frameset//jp">
<head>
<meta http-equiv="Content-Type"
content="text/html; charset=
Shift_JIS">
<meta name="keywords" contents=
"library science, internet ...">
<meta name="author" contents=
"author">
<meta name="type" contents="home
page">
<title>○○大学図書館>トップ右ページ
</title>
<link rel=stylesheet type="text/
css" href="style/silver-black-
140.css">
```

解説：スタイルシートを利用。この例（silver-black-140.css）では銀地に黒文字・140％拡大文字の意味を込めるなど、ファイル名をわかりやすくしている。

```
<body><p></p>
<h1><img src="img/library.gif"
alt="図書館の図" align="left"
width="90" height="30" class=
"type0">○○図書館</h1>
```

解説：大見出し（h1）の次に、図（imgフォルダのlibrary.gifファイル）を90×30ピクセルの大きさで、左詰めして表示しなさい、との意味。見出しは6段階ある。デフォルトのh1はデザイン的には大きすぎるが、最上位の階層の見出し、との意味があり、調整する場合はStyle Sheetで行う。スクリーンスピーチはaltのデータを読み上げるので、`alt=""` を必ず記入されたい。図のファイル形式は、標準画像圧縮方式のJPEG（拡張子jpg）、png、アニメーション可能のgif、高精細高速伝送のFlashpix（拡張子fpx）などがある。アニメーション解説文は、例えば「回転する地球から東京が見え、○○図書館がズームアップする図」などのようにわかりやすく記入されたい。図の作成方法は後述する。`align="left"` は、図を左にして文字を回り込め、との意味。strictDTDでは非推奨である。`ispace="999"` で図と次にくる文字との空白を指定できる。

```
<br clear="all" />
```

解説：回り込んだテキストを元に戻せ、との意味。前述したようにxhtmlは、終了タグ（例：<p> 何か書いた文 </p>）を必ず必要とし、終了タグがない場合、<p/>、
などのように記入する。

```
<p>
```

解説：段落の始まり。</p> までの間に文字が入る。視覚障害の人がわかりやすいように文章を記入し、また、スクロールしないように内容を絞らなければならない。内容が多い場合、次ページへ送る。

```
<hr />
```

```
<br />
```
ニュース `<br />`
`<ul>`10 月より 24 時間開館を実施します。
```
</ul>
```
解説：`<ul>` 10 月より～ `</ul>` は字下げし、内容を表示し、もとに戻せ、との意味。このようにしてニュース、地図、連絡先、検索窓などを記す。

```
</body>
</html>
```

(6) スタイルシート編

前述したようにHTML3.2以降、CSSを利用することとなり、ブラウザ側でも対応できるようになってきた。この例では、small.cssやblue-white-140.cssなどのファイル名でスタイルシートを記入している。以下、silver-black-140.cssで解説する。

`body { /*`銀地黒ねずみ文字`140%`の文字の大きさ　ドキュメント全体`*/`
解説：HTMLの本体を規定する。`{` は指定の始まり。`/*` はメモとして、銀地以下の文でわかるようにしている。

```
font-size:140%;
```
解説：フォントのサイズを140％と大きくしている。大きさはポイントで指定しないほうがよい。

```
background-color:#silver;
```
解説：地の色は銀。

```
color:#2f2f2f;
```
解説：フォントの色は黒ねずみ（RGB値2f2f2f）。

```
line-height:140%;
```
解説：行間は140％。日本語サイトが見づらい原因は、1バイト文字の行間に2バイト文字を入れており、行間が詰まりすぎているからである。これだけ指定していれば、特にデザインに凝らなければ他の要素は指定しなくても読みやすくなる。

```
margin-left:8%;
margin-right:8%;
```
解説：左右のマージンを8％開けて見やすくする。

```
}
```
解説：bodyのスタイルシートの終了。

```
img#right  {float:right}
img#left  {float:left}
```
解説：イメージの回り込みを指定する。

```
span  {font-size:2em}
```
解説：`<span>` `</span>` の入れ子の部分だけフォントサイズを2倍とする。このようにして、個別にスタイルを指定し、html文は文書の構造だけを指定する。

4.2.2.3　マルチメディアコンテンツの作成

利用教育の主役となるインタラクティブなマルチメディアコンテンツは、FlashやReal Mediaなどのプラグイン、JavaやJava Script、Dynamic HTML、SMILなどで動く。また、高精細な画像を高速に提示するFlash Pixも次世代画像フォーマットとして、あるいはレイアウト自在な電子文書はPDFとして流通している。マルチメディアオーサリングソフトのデファクトスタンダードであるFlashはすべてのOSで表示できる。しかし、2001年11月現在、Unixでは制作できない。1998年6月にW3Cは、障害を持つ人々へのアクセシビリティの提案から、すべてのOSを含めたどの環境でもマルチメディアを制作できるSMILを規定した。2001年11月現在、ブラウザでは、IE5.xは完全対応、NN6.xでも対応できるようになった。Flashはわかりやすいチューターアニメを Flash自身で行う素晴らしいソフトであるが、Unixユーザを考え、ここではSMILの作り方を主に概説する。

(1) SMIL

SMILは、W3Cが制定した動画、音声とテキストを同期させるXMLベースの言語である。HTMLファイルにSMILファイル（拡張子smi）をリンクする。SMILファイルにはテキスト、静止画、動画や音声のマルチメディアコンテンツのレイアウトや流れを記述する。動画のストリーミング再生はReal Player等で行う。以下、SMILファイルを例示する。

```
<smil>
```

解説：smilの開始。

```
<head>
<meta name="base" content=
"http://www.xxx-univ-lib.ac.jp/
smil/root.smi/">
<layout>
<root-layout background-color=
"#554455" width="600" height=
"400"/>
<region id="videoregion" top="1"
left="30"  width="500" height=
"300"/>
<region id="textregion" top=
"410" left="30" width="500"
height="100"/>
</layout>
```

解説：ページレイアウトを指定。背景は黒、画面の上40、左30ピクセルの位置から、180×180の枠内にビデオを、上300、左30の位置から240×100の枠内にテキストを入れるレイアウトとする、との意味。

```
</head>
<body>
<par>
    <img src="toppage.jpg"
    begin="0s" dur="8s"/>
    <video src="video1.rm"
    begin="8s" end="40.5s"/>
    <audio src="talk1.ra"
    begin="0s" clip-begin="5s"
    clip-end="20s"/>
    <img src="toppageend.jpg"
    begin="40.5s" dur="20s"/>
</par>
```

解説：<par> </par> 内の指定は、並行して行う、との意味。順次行う場合は、<seq> </seq> で指定する。

この例では、0秒目からtoppage.jpgの図を8秒目まで映し、8秒目からvideo1.rmビデオを40.5秒目まで映し、endpage.jpgの図を20秒間示し、音声talk1.raは0秒目から開始、5秒目から20秒目まで読め、との意味。そして、通信回線が28.8Kbpsのモデムか56Kbps以上のLAN環境かで、同期しなくなると困るので、次のコマンドを入れる。

```
<switch>
<par>
<!-- 28.8Kbpsモデムで再生するファイル-
```

```
->
<video src="288.rm" system-
bitrate="20000"/>
<!-- 56Kbpsモデム・ISDNで再生するファ
イル -->
<video src="56.rm" system-
bitrate="45000"/>
</par>
</switch>
```

4.2.2.4　静止画像の作成

静止画像はビットマップ形式（拡張子bmp）とベクタ形式に大別され、描画や、デジタル撮影、あるいはアナログフィルムをデジタル変換する、などの方法を採る。画像には、表4に示すようにさまざまなファイル形式がある。

Web用に減色する場合、フルカラーから256色や16色、2色などへデータ変換する方法を採る。また、データ圧縮にはW3C標準のJPEG方式、PNG方式があり、アニメーションとして保存できるGIF形式、高精細画像の転送方法の工夫ではFlashPixなどがある。

ベクタ形式では、電子図書館のデファクトスタンダードのPDF、アニメーションのデファクトスタンダードのFlashに加え、W3Cが2001年9月に勧告したSVGがある。

(1) ビットマップ形式画像

描画ソフトはGimpのようにWindows、MacOS、Unixなど、どのOSでも使えるソフトや、高機能の代表Adobe Photoshopからフリーウェアまでさまざまなソフトがあるが、基本的には以下の機能を満たしていればよい。①画像サイズの自由設定、②モノクロからフルカラーまで扱えること、③多様な描画ツール（ペン、筆、クレヨン、スプレー、ぼかし、消しゴム、バケツ、スポイト）、④透明度指定合成、⑤線描（直線、曲線、自由曲線、⑥面描（長方形、三角、立方体、自由多角形）、⑦範囲指定複写・削除、自由回転、反転、拡大縮小、⑧変形、合成（複数レイヤーによる合成を含む）、⑨ファイル管理（保存、編集、複写、ファイル変換、減色）、⑩チューター、ヘルプ、トラブルシューティング、など。

(2) ビットマップ形式：デジタル撮影、データ変換

デジタルカメラ、ビデオ、スキャナから静止画像を取り込む方法では、カメラの画素数、ズーム機能、ファイル保存形式が重要となる。

PCの17インチ画面は1152×864ピクセル（＝995×328画素）で、100万画素カメラで十分であるが、一般に写真印刷物は300ドット／インチ以上が必要とされ（300万画素のデジタルカメラだとA5サイズ相当）、CRTは72ドット／インチである。有効画素数が1000万以上あれば、35ミリ銀塩写真と同程度といわれ、デジタル保存を考えた場合、この数値を参考にする。

撮影は三脚を使用し、必ず手ぶれを防ぐ。部分図はズームアップし、いずれも焦点を合わせる。取り込んだデジタルデータはフォトレタッチソフトで、明暗、濃淡、シャープ、色調などを変更できるが、元画像の変更が不要となるように撮影する。

デジタルカメラのデータはTIFF、JPEG、BMPなどで保存されるが、国際標準方式（PNG、JPEGの可逆圧縮）やデファクトスタンダード（FlashPixなど）で保存する。配信する画像はJPEG、PNG、GIFなどで圧縮するか、変換ソフトを利用して減色やファ

イルサイズ縮小などを行う、あるいはFlash Pixで高精細画像電送を行う。

(3) 銀塩フィルム：デジタル変換

アナログカメラで撮影した35ミリ銀塩フィルムは2700dpi以上、できれば4000dpi以上のフィルムスキャナでデジタル変換するとよい。

(4) ベクタ形式画像の描画

ベクタ形式は画像サイズが小さく、拡大縮小してもジャギーがないのでWeb配信に向く。デファクトスタンダードは、Macromedia Flashで描画し、Shockwave Flashで配信する方法である。また、Adobe IllustratorやPowerPointなどのドローソフトで描いたベクタ形式画像をPDFで配信する方法もある。さらに、Unixユーザを含めたベクタ形式描画には、W3Cが勧告したSVGも今後の主流となろう。

描画方法も現在ではペイント系ソフトのように容易になり、(1)を参照されたい。また。SVGはXMLベースのオープンな環境で作成されるベクタ描画形式で、今後普及が予想される。Adobeのサイトにプラグインや作成方法があるので参照されたい。

(5) 画面キャプチャソフト

利用教育では、プレゼンテーションソフトに写真を貼りつけ、図表を描き、マニュアルの説明用に使用したい場合がある。その場合、画面キャプチャソフトを利用する。短形で画像範囲を指定し、キャプチャし、BMPファイルで保存する。保存したBMPファイルはJPEGやPNGに変換する。

4.2.2.5　動画の作成

動画にはさまざまな方式がある。Webベースでは、①静止画像をJavaやJavaScript、Dynamic HTMLで動かす方法、②GIFアニメーションで動かす方法、③Macromedia Flashでアニメーションを作成し、Shock wave Flashで表示する方法、④xmlベースのSMILで記述し、RealProductorで動画を作成、もしくはビデオを編集し、リアルプレイヤーで表示する方法、⑤xmlベースのSVGで記述し、Adobe SVGビューワで再生する方法、⑥VRMLの作成、などが挙げられる。

PCベースやイントラネットではWebベースより大きな画像を表現でき、主に以下の方式がある。①アニメーションオーサリングソフトで作成する（Macromedia Directorなど)。②プレゼンテーションソフトで作成する（Microsoft PowerPointなど)。③2Dアニメーションソフトで作成する（Anime Studio、ぱたぱたアニメツクール、RPGツクールなど)。④3Dアニメーションソフト(trueSpace、Rey Dream Studio、LightWave3D、DOGA-L1、L2、Blenderなど)。⑤ビデオ編集(Adobe Premiere、Ulead Video Studioなど)。

(1) Webベースベクタ形式動画の作成

Webベースベクタ形式動画のデファクトスタンダードであるMacromedia Flashを例に動画で必要な機能を紹介する。

Flashアニメーションの原理は次の通りである。すなわち、複数の静止画を時間軸に従って描いていく方法か、キーとなるフレームに描いた画像を次のキーとなるフレームへ移動、変形して、その間の複数フレームを自動作成する方法などで、まず連続画像を作成する。次に、それらの複数の連続画像を組み合わせ、ナレーションやBGM

●表8　画像ファイル形式

ファイル名	正式名称	拡張子	対応OS等	開発者等	URL	特徴	メディア区分	ファイル形式	Web対応
Real Text	Real Text	rt	Win/Mac/Unix/Linux	米Real Networks社	http://www.jp.real.com/	テキストデータをストリーミング配信するデータタイプ。XMLベースでアクセシビリティに配慮されたW3C推奨のSMILストリーミングに利用する。	テキスト	ビットマップ形式	Web
AI	Adobe Illustrator	ai	Mac/Win	米Adobe社	http://www.adobe.co.jp/products/illustrator/main.html	DTP用のページプリンタに文字、図形作成のためのページ記述言語(PostScript)によるベクター画像系のPC作業用ファイル形式。Illustrator 9.0からPDF形式で保存される。DTP用にはEPS形式で保存することで、他社のDTPソフトでも出力できる。	静止画	ベクタ画像系(ポストスクリプト、PDF形式。ビットマップも扱う)	
PDF	Adobe Portable Document Format	pdf	Win/Mac/Unix/Linux	米Adobe社	http://www.adobe.co.jp/products/acrobat/	BMP,GIF,JPEG,PCX,PNG,TIFF,テキストファイルをベクター画像、フォントはポストスクリプト形式に変換、拡大縮小してもジャギーのなくレイアウト自在の画像フォーマットで電子図書館の事実上の標準。	静止画	ベクタ画像形系(PDF形式、ビットマップ画像も扱う)	Web
BMP	BitMaP	bmp	Win	米Microsoft社	http://www.asia.microsoft.com/japan/	PC標準のビットマップ形式の画像ファイル。	静止画	ビットマップ形式	
GIF	CompuServe Graphics Interchange Format	gif	Win/Mac/Unix/Linux	米CompuServe社	http://www.jp.aol.com/index.shtml	米Unisis社の圧縮しても高解像度に戻れるLZW圧縮伸長方式を使い、1987年にパソコン通信の米CompuServe社が開発し、無料で公開した画像規格とそのソフト。256色だが、べた塗りに適し、透過GIF、アニメーションGIF、インターレスGIFなどを含めてWebで普及した。1993年、Unisis社はアルゴリズムの特許料支払いをCompuServe社に通告。その後、非営利のソフト開発者も特許料を支払うことになり、開発者達は無料のPNG形式を開発。	静止画	ビットマップ形式	Web
CGM	Computer Graphic Metafile	cgm	主にMS-DOS	ISO, ANSI	http://www.asia.microsoft.com/japan/	ISO/ANSIの定めた標準2次元ベクタ画像のメタファイル。	静止画	ベクタ画像形式	
DXF	Data eXchange Format	dxf	Win	米Autodesk社	http://www.autodesk.co.jp/index.html	CAD業界標準「AutoCAD」のベクタ画像ファイル形式	静止画	ベクタ画像形式	
EPSF	Encapsulated PostScript Format	eps/epsf	win/Mac/Linux	米Adobe社	http://www.adobe.co.jp/products/illustrator/main.html	DTPでは、ページプリンタに文字、図形作成のためのページ記述言語(PostScript)が利用される。それをカプセル化(Encapsulated)したEPS形式で保存することで正確に印刷しやすく、他社のDTPソフトでも出力できる。	静止画	ベクタ画像系(ポストスクリプト形式。ビットマップも扱う)	
Flash PiX	Flash PiX	fpx	Win/Mac/Linux	米Eastman・Kodac社、HP社、Microsoft社、LivePicture社	http://www.livepicture.co.jp/	フルカラー高解像度のデジタル画像をタイル上に分割し、高速にWebで配送できる業界標準となる記録方式。	静止画	ビットマップ形式	Web
JPEG	Joint Photographic Experts Group	jpg	Win/Mac/Unix/Linux	ISOとITU-Tの共同作業グループ：Joint Photographic Experts Group	http://www.jpeg.org/	Web標準のカラー静止画圧縮方式による画像ファイルでデジタルカメラにも利用されている。可逆圧縮(Lossless)と非可逆圧縮(Lossy)方式を持ち、一般にLossyをJPEGと言い、1/10から1/50に間引き圧縮されるが、圧縮し過ぎるとノイズが生じ、拡大すると目立つが、高圧縮率と国際標準でWebで標準的に利用されている。Lossless圧縮はGIF同様に画像の劣化はないが、数分の1程度の圧縮である。ぼやけ画像から徐々にクリアになるプログレッシブ方式がWebでは推奨される。、モーションJPEG(スライド動画JPEG)もある。	静止画	ビットマップ形式	Web
JPEG-2000	Joint Photographic Experts Group	jpg	Win/Mac/Unix/Linux	ISO共同作業グループ：Joint Photographic Experts Group、米Microsoft社、米Adobe Systems社,富士フイルム、キヤノンなど。	http://www.jpeg.org/	2000年12月にW3Cからドラフトされ、JPEGと異なった圧縮技術(Wavelet変換)であるが、圧縮しても同サイズであればノイズなく高解像度で保存される。2001年11月時点ではLuraTech (url: http://www.luratech.com/)、LizardTech (http://www.lizardtech.com/) のプラグインなどで利用できるが、普及は今後となる。	静止画	ビットマップ形式	Web
フォトCD	Photo Compact Disc		Win/Mac	和蘭フィリップ社、米Eastman Kodak社	http://www.kodak-diamic.co.jp/	540Mバイト記憶できるCDに5段階の画像ファイル(1画面最大2048×3072ピクセル)を記憶する。PCで利用するにはPICT,BMP,JPEGなどのファイル形式に変換される。	静止画	ビットマップ形式	
PICT	Pict	pict	Mac	米Apple社	http://www.apple.co.jp/index.html	Macintosh標準の画像フォーマット。DTPするにはepsfへ変換する。	静止画	ベクタ画像形式、ビットマップ形式	

PNG	Portable Network Graphics	png	Win/Mac/Unix/Linux	ThomasBoutell氏。W3C推奨	http://tech.millto.net/~pngnews/kndh/PngSpec1.2/PNGcontents.html	W3Cから1996年10月にドラフトが発表された(http://www.w3.org/TR/REC-png-multi)。邦訳仕様書はY-Koujin氏が作成し公開している(http://www01.u-page.so-net.ne.jp/xb3/y-koujin/png_fmt/jp/Tr/png.html)。対応ブラウザが徐々に増え、MacMosaic、xMosaic、IE4、NN4以上は利用できる。GIFより高圧縮率を誇り、最大280兆色(48bit)のTru Color対応。透明背景なら画像の重ね合わせや、ガンマ補正もできる。	静止画	ビットマップ形式	Web
SVG	Scalable Vector Graphics	svg	Win/Mac/Linux/Unix	W3C勧告。米Adobe社	http://www.w3.org/Graphics/SVG/Overview.htm8	W3Cが2001年9月に勧告し、xmlベースで作成された2次元ベクター画像記述言語とその形式。XML故にグラフィックの索引化、検索、Unicodeによる多言語利用、クライアント側での動的な変更が可能。2001年11月現在、Adobe社からWindows版のプラグインが無償配布。	静止画	ベクタ画像形式	Web
TIFF	Tagged Image File Format	tif, tiff	Win/Mac/Unix/Linux	米Aldus社(現Adobe社)、Microsoft社	http://www.msn.co.jp/home.htm	画像の属性(例えば、解像度や色数)をTAGで記述し、異なる複数のイメージを同時に格納できる高解像度の画像フォーマット。GIF同様、Unisisのライセンス問題があり、PNGへの変換を進めるサイトもある。	静止画	ビットマップ形式	
Windows メタファイル	Windows MetaFile	wmf	Win	米Microsoft社	http://www.microsoft.com/japan/windows/	Windows3.1, 95, 98, NT等々で共通して利用できる標準ベクター図形ファイル。	静止画	ベクタ画像形式	
MNG	Multi-image Network Graphics	mng	Win/Mac/Unix/Linux	ThomasBoutell氏。W3C推奨	http://www3.cds.ne.jp/~marimo/agree-png/	GIFの特許問題を解決するために規定され、W3Cが推奨したPNGの動画版。2001年11月現在、Mozilla M17が対応、Windows版のNN,IEに表示プラグインがあり、作成ツールも無償公開され利用できる。	動画	ビットマップ形式	Web
Real Pix	Real Pix	rp		米Real Networks社	http://www.smi.co.jp/web-cm/smil/	XMLベースでアクセシビリティに配慮されたW3C推奨のSMILストリーミングに利用できるファイル形式。任意の画像ファイルとそのレイアウトを指定するテキストファイルで構成される。フェードイン・アウト、ズーム等の効果を追加できる。	動画	ビットマップ形式	Web
AVI	Windows Audio Visual Interleaved	avi	Win	米Microsoft社		Windows用動画ファイル。高画質のBMPファイルを繋いだ構造	動画	ビットマップ形式	
AU	AUdio	au	Unix/Linux	米Sun Microsystems社	http://www.sun.co.jp/	Unix標準の音声ファイル形式	音声	汎用音声ファイル	Web
AIFF	Audio Interchange File Format	aif	Mac	米Apple社	http://www.apple.co.jp/index.html	MacOS標準の音声ファイル形式	音声	汎用音声ファイル	
MP3	MPEG(Motion Picture image cording Experts Group) 1 Audio Layer3	mp3	Win/Mac/Unix/Linux	ISO、米Xing Technologys社	http://japan.mp3.com/	ISO(国際標準化機構)のMPEGグループの開発した	音声	MPEG形式	Web
MIDI	Musical Instruments Digital Interface	mid	Win/Mac/Unix/Linux	独Oberheim社、日Rodand社、米Sequential Circuit社	http://www.roland.co.jp/	音楽電子事業協会(AMEI:Association of Musical Electronics Industry)と米MMA (MIDI Manufacturers Association)で策定している電子楽器間やコンピュータと相互利用できるインターフェイスの規格。音の幅が規定されているが音源フォーマットとしてGM(General MIDI)、Roland社が推進するGS(General とヤマハが推進するXGが	音声	汎用音声ファイル	Web
Flash	Macromedia Flash	fla	Win/Mac	米macromedia社	http://www.macromedia.com/jp/software/flash/	PCマルチメディアオーサリングソフトで取り込んだai, gif, jpg, mov, png,mp3,wavなどの図、テキスト、音声ファイルをWeb上で高速にストリーミングするためのWeb業界標準のファイル形式。Web用にはswf形式で保存する。	マルチメディア	ベクタ画像形式	
Real Video	Real Audio, Video	rm, ra	Win/Mac/Unix/Linux	米Real Networks社	http://www.jp.real.com/	ストリーミング配信に最適化されている音声、ビデオフォーマット。XMLベースでアクセシビリティに配慮されたW3C推奨のSMILストリーミングにも利用できる。	マルチメディア	マルチメディアストリーミング形式	Web
Real Flash	Real Flash	swf	Win/Mac/Linux/Unix	米Real Networks社	http://www.real.com/player/index.html?lang=jp	米Macromedia社のアニメーションFlashムービーの形式。アニメーショントラックにFlashムービー、サウンドトラックにRealAudioを使用する。	マルチメディア	ベクタ画像、ビットマップ形式	Web
Shockwave Flash	Shockwave Flash	swf	Win/Mac	米macromedia社	http://www.macromedia.com/jp/software/flash/	PCマルチメディアオーサリングソフトで取り込んだai, gif, jpg, mov, png,mp3,wavなどの図、テキスト、音声ファイルをPC上で高速にストリーミングするための業界標準のファイル形式。	マルチメディア	ベクタ画像、ビットマップ形式	Web
Windows Media Format	Windows Media Format	wma, wmv	Win/Mac	米Microsoft社	http://www.microsoft.com/japan/windows/windowsmedia/	ISOのMPEG-4のビデオコーディックに準拠、700Kbpsの広帯域、CD音質はMP3の半分のサイズ、など、Microsoft社が総力を結集したマルチメディアストリーミングフォーマット。	マルチメディア	マルチメディアストリーミング形式	Web

などの音声を組み込んで一つのアニメーションファイルとする。連続画像を描く場所をレイヤーといい、レイヤー内のフレームに描いた図は、さまざまなパーツをシンボルとして作成し、そのグループ化されたものを一つのシンボルとできる。シンボルは回転、変形、拡大縮小、透明化が可能で、徐々に画像を出すフェードイン、画像を消すフェードアウトなども可能である。

描画機能は直線、曲線、自由曲線、長方形、円、多角形、消しゴム、筆、エアブラシ、バケツなどを持ち、それぞれ透明度設定が可能である。操作方法はFlashのヘルプを参照されたい。このヘルプ自体が「利用教育」の模範となるほどである。文字はポストスクリプト形式、音声はWAV、MIDI、MP3などを挿入できる。

(2) ビデオ編集

デジタルビデオ処理は、①デジタルビデオ撮影、②DV取り込みソフトによる取り込み・保存、③ビデオ編集ソフトによる編集、保存、④Webサーバへのアップロードからなる。

ビデオ編集は、①取り込んだ映像のトリミング、②複数の作業場（レイヤー）にトリミングした複数の映像を、時間をずらして配置、③スーパーインポーズ、ワイプ、クロスディゾルブによる画面切り替えの編集など、④タイトルの作成、フェードインなどによる編集、貼りつけ、⑤音声の貼りつけ、などを行い、1本の作品とする。作品は、Real ProductorやQuick TimeやWindows Media Encorderで圧縮し、SMILやHTMLへ貼りつける。

4.2.2.6　音声処理

音声処理はBGM作成とアナウンス作成で方法が異なる。BGM作成はMIDI作曲ソフトで作曲し、mid形式でHTMLへ貼りつけるか、mp3形式へ変換して貼りつける、あるいはFlashアニメーションやビデオのBGMとして変換するか、Real AudioとしてSMILなどを利用する。アナウンス作成はマイクで録音し、録音ソフトでデジタル変換してwavファイルで保存後（AIF（Mac）、AU（Unix））、MP3形式へ変換する（これらの変換ソフトはフリーウェアや製品版を利用する）。以下、MIDI作曲処理について述べる。

MIDIの音声ファイルは統一規格で128音色のGM（General MIDI）、それを拡張したローランドのGS、ヤマハのXGが主に流通し、音源はハードディスク音源（ローランドのSCシリーズ、ヤマハのMUシリーズなど）やソフトウェア音源（VSC）やMIDPLUG for XG等）が流通している。MIDI作曲ソフト（シーケンサソフト）には、①文字や記号を入力して音楽ファイルにするMML形式、②MIDI楽器を接続したり、キーボードで音符やピアノロールを入力したりする本格的な作曲ソフト、③MIDIとマイク入力の合成を行うハードウェア（UA-100や、SW1000XGなど）、などがある。MIDIは現時点では肉声を扱えないので、①や②で作曲後、③で合成する方式が一般的である。主な製品版シーケンサソフトには、Cakewalk HomeStudio、SingerSong Writer、XGworks、Vision（Mac）、Performar（Mac）、LogicAudio Silver、Cubaseなどがある。

MMLでは、例えば音階を上昇させて「ドーレミファソラシ＞ドー」と入力するとMIDIファイルへ変換するので、ノートブックPCなどで曲想作りに利用でき、また、

BGM用に小さなファイルを作るにはMMLで十分である。ここでは、Cake walk Home Studioを例に、MIDI作曲方法を概観する。

(1) 設定

マニュアルに従ってPC、MIDI音源を正しく接続し、ソフトウェアのデバイスをインストールする。次にMIDIの入力ポート（例えばRoland Serial MIDI inport）、出力ポート（例えばRoland Serial MIDI Out A）、MIDI OUTのデバイスを設定する。

(2) 新規ファイル作成

音が鳴ることを確認してから、シーケンサソフトを立ち上げ、新規にファイルを作成する。タイトルや著作権表示を記入し、トラックに音色（例えばピアノ）を選定し、音の左右への広がり（panout）、ボリューム、鍵盤を押す強さ（ベロシティ）を指定し、音符入力できるようにする。

(3) 音符入力

音符入力には五線譜や、ピアノロールに打ち込む方法がある。まず、五線譜で音符や休符を入力する。ピアノロールの場合、音を確認しながら高低、長短をマウスで変化させる。次にテンポを調整し、また、音の強さをベロシティで変化させ、連続音量の変化をエフェクトコントローラで調整し、音の微妙な高さの調整をピッチベンドで指定する、などで編集する。別な音色のトラック（例えばバイオリン）にも同様に調整し、複数のトラック（標準で16トラック）を合成して一つのMIDIファイルとする。

(4) ファイル保存とWeb用への変換

作成されたMIDIは拡張子midで保存する。保存されたファイルはhtmlへ貼りつけ、BGMとして使用できるが、アナウンスと合成する場合、波形編集ソフトでAトラックにBGMを流し、Bトラックにマイクからアナウンスを録音し、合成する。合成されたPCM音声ファイル（WAV等）は、MP3変換ソフトを利用してhtmlへ貼りつけるか、Real ProductorでReal Audio形式へ変換し、貼りつけ（4.2.2.2 (4) 参照）、自動的にアナウンスするようにする。

(5) Real Audioへの変換と利用

作成されたWAVやAUファイルはReal Productorで、タイトルや出力ファイル名を指定しエンコードする（拡張子ra）。ストリーミングするためにはテキストエディタで「pnm://サーバのあるプロバイダのURI/自分のアカウント名/ファイル名.ra」だけを記入したメタファイルの拡張子をramとして作成し、htmlにはそのramファイルをリンクする。

(6) MP3への変換

MIDIからは専用ソフトを利用しない限り、前述したようにWAVやAIFFやAUファイルに一度変換し、そのファイルをMP3形式へのエンコーダで変換する。

以上で利用教育のために必要最小限のWebベースのhtmlや静止画、動画、音声ファイルを作成することができた。このファイル群をファイル転送（FTP）ソフトでWebサーバへ転送することで時間と空間を越えて「図書館利用教育」を展開することができる。

4.2.3　メンテナンス中心のWebサイト作成

一つのコンテンツでPCやUnixによるWeb

サイト、あるいは携帯電話サイト（使用言語はCHTML）、あるいは家電用など、さまざまなデバイスで利用できるようにするにはXMLが便利であるが、プログラミングを理解するのに本書の3倍以上のマニュアルが必要で、ここでは、理解しやすい表計算ソフトのデータベース機能を利用したメンテナンス中心のWebサイトづくりを概観する。

PC内のファイルにはソースとなるファイル、Webで利用できるファイル、さまざまなコンテンツをフォルダ別に分ける必要がある。その場合、例えば、それぞれのコンテンツごとのフォルダ以外に、拡張子ごとのフォルダを作成すると便利である。

また、引用したURIの引越しや、新規URIの追加、消滅したURIなど、あるいは用語集の追加など、必ずメンテナンスする必要がある。この場合、表計算ソフトを利用して、それぞれ一つのIDを与えてデータベース化し、そのファイルだけを表計算ソフトのふりがな関数やマクロを利用して五十音順や分野順にソートするなどのメンテナンスを行い、そのファイルをエディタでHTML化し、すべてのHTML文書に相対リンクを与えれば、メンテナンス作業は最小となる。データが増加し、表計算ソフトで利用できなくなった場合、ファイルを分割するか、そのままRDBファイルへ移行する。

また、画像ファイルについても、大まかな分類（例えば、Web関連、自然現象、人物、動物、植物、衣装、食物、建造物、道具など）を作成、音声ファイルについても、効果音、BGM、和風、クラシック……のように分類してデータベース化する。

いったん作成し、膨大になったHTMLファイル群の後からの修正は容易なことではないので、当初は大仰であるが、階層化と分類はメンテナンスを考えた場合、必ず行うべきである。

また、図書館においては、少なくとも、電話代やプロバイダ料金を支払ってサイトを訪れていただく利用者を落胆させないために、毎日更新する体制を作る必要があり、「自サイトのリンク先が工事中」を解消し、利用者中心にサイトを経営する必要がある。

4.2.4　利用教育上注意すべき事項

本稿執筆中、NimudaウィルスやW32/Alizウィルス等が猛威を振るい、多くの大学のサーバが感染した。以下、インターネット上のさまざまな情報を識別し、身を守る方法や発信する際注意すべき点を列記する。

(1) 著作権法の尊重

膨大な人類の知的遺産を「電子図書館」として再構築することが「人類の知る権利の保証機関」としての図書館の使命ともいえる。しかし、その推進にあたっては、人類の長い歴史から見ると「巨人の肩の上に開花した著作権」とはいえども、各著作者の正当な権利を侵害してはならない。著作権法を守りつつ、著作権法の目的にある「文化の発展のため」、電子図書館化を推進する必要がある。

(2) Web情報の確認

利用教育を展開するうえで、Web上のレファレンス情報についても、学術上の典拠を確認した後、引用する必要がある。

(3) 有害情報について

大学図書館においては、基本的に成人へのサービスであり、Web上の検閲は行わないが、差別、暴力、猥褻、誹謗中傷、商業利用、著作権法違反幇助などの反社会的行為に対して注意を促す、場合によっては禁止するなど、インターネット端末を公に設置している機関としての責任がある。

(4) ウィルスチェック

電子メール利用やサイトブラウズで感染するウィルスについて、館として常にチェックし、自らのサーバを守る必要がある。

(5) ネチケットの尊重

ネットワーク上の公共機関として、構成員や利用者に最低限必要なネチケットは利用教育上、行うべきである。

以上、ネットワーク上のさまざまな障害から身を守る方法を概観したが、われわれ図書館人はインターネット全体を「電子図書館」とすべく、有益情報をそれらの倍以上発信することで、文化の発展に尽くそうではないか。

（福田博同）

5章

図書館利用教育の実践事例

—情報探索法指導を中心に—

事例は、本書の各箇所に記載されている利用教育実施のための要素、すなわち理念、目標設定、実施体制の確立、準備、実施の手段・方法、評価をすべて統合して行った成果の報告といえる。事例に触れることにより、バラバラであった各要素が結び合わされ、活き活きとした利用教育のトータルなイメージが沸くであろう。

この章では、二つの図書館の事例を紹介している。一つは昭和女子大学で実施した情報検索指導の事例で、これは本書の「第Ⅴ部　ワークシート集」において紹介されている「図書館利用教育企画ワークシート」を埋めるかたちで書かれている。図書館利用教育委員会はグループ対象の指導を実施する際の、企画から評価までの過程をパターン化して、必要な要素を抜け落ちなく実施できるようにワークシートとしてまとめあげた。このワークシートに従って整理した場合の事例を見ていただきたい。実施後の感想も参考となると思う。

もう一つは京都大学工学部で実施した「工学文献をgetしよう」という企画の全過程の報告である。案内ポスター、広報ニュース、指導テキストのサンプル記事も収録されている。

5.1　事例1：昭和女子大学

5.1.1　ガイダンスの必要性

ランガナタンの「図書館学の五原則」の一つに「図書は利用するためのものである」とある。もちろん「保存」という大事な機能を持っているが、大学図書館は完全なる「利用」のための図書館である。そうであるならば、いかにして利用者にとって有効な図書館、使える図書館であり続けるか。そのポイントの一つとして利用教育が挙げられる。山がそこにあっても登るための方法も技術も道具もなければ前には進めない。学生時代の学習のためだけでなく、人生のいろいろな場面で役に立つ図書館の使い方を知るということは大変大切なことだと思う。準備の労力に対して効果が目に見えにくい地道な作業ではあるが、参加者が「これは便利、得した」と思えるような魅力ある利用教育を目指している。

5.1.2　教員サイドからの協力

(1) 英米文学科からの申し込み

文学部英米文学科から、図書館利用のガイダンス（文献の探し方）の申し込みがある。

実施は後期開始後、希望する教員のゼミ学生3年生が対象。文学・語学・コミュニケーションに分かれて計3回開催し、時間は授業1コマ分を当て90分間である。1997年度より毎年継続して申し込みがあり、学科単位のガイダンス受講として定着した感がある。対象が3年生なので、学生が文献検索ガイダンスを受けるのに効果的な時期だと思う。

(2) ゼミ単位での申し込み

ゼミ単位で教員からガイダンスの申し込みがある。

例えば、『科学技術文献速報（BUNSOKU）』や*MLA International Bibliography*のCD-ROMの使い方、文献の探し方全般などで、人数は5～10人程度である。コンスタントに申し込みがあり、毎年希望する教員もいる。具体的なテーマが設定されて検索のキーワードが学生に身近なため、受講者には有意義で効果的なガイダンスだと思う。

5.1.3　受講者（学生）の様子

(1) 個人申込によるガイダンス参加学生の場合

当然、自発的に申し込みをするのだから、自分流の図書館利用では十分でないと考えている向上心の多い学生が参加する。したがって、自分では使いこなせない機能や新しい情報を期待し、何かを得て帰ろうとしている。そのため、たとえ1人であっても60分あるいは90分のガイダンスは充実したものになり、かえって自分のゼミや卒論など焦点の絞った質問をしてくる。前もってわかっているときは資料をそれに合わせて準備する。

CD-ROM検索講習はほとんどがマンツーマンの状態でガイダンスを続けてきた。何年か経って気がついて「持続は力なり」を実感したことだが、CD-ROMを借りにきた学生のそばで、かつてマンツーマンで教えた学生が教えているという光景を微笑ましく見ている。

(2) 教員によるゼミ単位での（必修）参加学生の場合

教員の協力でテーマを絞ったガイダンス内容を企画するので、確実に現在の授業や教科に関連性のあるものになる。しかし、参加学生の受講の様子は対象人数によってかなり差がある。5～10人の場合は資料を回覧しながらも説明に注意を向け、必死にメモをとっている。(その間に教員が実際の授業で説明したことなどを追加コメントしてくれたりもする。)

対象が50人以上で一クラス単位というような場合は、説明者の目が届かない教室構造も手伝って、明らかに「真剣組」と「漠然組」に分かれる。後者では回ってくる資料をめくって見ているものの説明内容はまったく耳に入っていない状態になる。一斉に同じ理解でガイダンスを進めることができるよう毎回工夫をしているが、まったく無視状態の学生の内情は不明である。授業で図書館学を取っていて図書館員の説明など既に承知しているのかもしれない。それなら心配ないが、卒論時に慌てないよう願う。そうなったら、その時点で最大限の協力をするのも図書館員の役目である。

5.1.4　学生の感想と教員の反応

(1) 学生のアンケート結果

ガイダンスを受講したほとんどの学生は、どのガイダンスであっても「聞いてよかった」「役にたちそう」と答えてくれるが、一方でさまざまな希望も出てくる。平成9 (1997) 年度の前・後期に、文献検索ガイダンスを受講した学生にアンケートを実施した（アンケートの目的が、開催期間・時間の希望を知るためだったので、その後は実施していない)。そのときの感想・コメントで、「わかりやすかった」「よかった」などのプラス意見を除いたものを挙げる。

・一気に言われて頭に入りきらない部分もあった。
・回ってきた本を見ている間に説明が進んでしまったことが何回かあった。
・もう少し話すスピードをゆっくり。
・コンピュータ、CD-ROM、AV資料の使い方をどうすればよいのかわからなかった。
・操作が難しい。慣れるのに大変そう。
・細かい操作を紙に書いて配ってくれるとなお嬉しい。

(2) 教員のアンケート結果

平成 12 (2000) 年度末に教員対象の OPAC 講習会を開催した。こちらで予想していた以上に参加希望者が多く、全 21 回（各回 1 時間）はほとんど定員で一杯であった。教員対象のガイダンスは初めてだったのでアンケートを実施した。多くのコメントが寄せられたので、今後の参考となるものについて挙げる。

①内容に関すること
・本学以外の図書館の蔵書検索や検索サーバを紹介してほしい。
・まったくの初心者とそれ以外を区別して開催してほしい。
・これ以外の検索の講習会もやってほしい。
・もう少し時間をかけてほしい。

②配布資料に関すること
・担当者の指導マニュアルを配布してもらえばよりわかりやすいと思う。
・請求記号の表示パターン（配布資料）の説明は、内容を書き入れておいてほしい。
・後で見て検索できるような資料がよい。
・各部署に資料が 1 部ずつあると便利かもしれない。

③その他
・今後のアフターケアをお願いします。
・時間が経つと忘れるので、再度講習会を受けたい。

5.1.5　実施上のポイント

(1) 一つのガイダンスにあれこれ詰め込まないこと

図書館員としては、多くのことを伝えたいので一度にいろいろなことを説明したくなるが、「何か一つでも覚えていってもらえたらよし」というぐらいの気持ちで望んだほうがよい。書誌の説明はポイントを絞ったほうがよい。

(2) 後で思い出せるような資料を配布すること

コンピュータ操作が主体のガイダンスでは、メモをとることができないので、後でやってみようとしたときに忘れてしまっていることがある。簡単な操作手順書、あるいはガイダンスでやった通りの手順書などを作成するとよい。

●表9　図書館利用教育企画ワークシート記入例①（昭和女子大学）

図書館利用教育企画ワークシート

作成者：市川　美香　　　　作成日：2001年7月24日（月）

企画の名称	BUNSOKU(科学技術文献速報CD-ROM)検索講習会

A.概要				
(1)対象	学部学生 ① ② ③ ④			教員
	大学院生 M1 M2 D1 D2 D3			職員
	その他（　短大生1年、2年　短大専攻科　）			
(2)目標（具体的に）	BUNSOKUの使い方を習得する			
(3)目的（利用者教育ガイドラインとの関係）	領域（　）			
(4)日程（実施時間）	ガイダンス期間中の5日間（1回45分間）			
(5)実施形態	講義	デモ	演習	その他（　）
(6)告知の方法	図書館内と各学科掲示板にポスター掲示、各学科に文書で案内し、希望者を募る。			
(7)結果の報告	館員に参加人数を報告する。			
(8)担当者（アシスタント）	市川　美香、高橋　典子			
(9)実施施設	開架室情報検索コーナー			
(10)必要な設備	パソコン机、椅子			
(11)必要な機器	パソコン			
(12)配布資料（教材）	「BUNSOKU検索マニュアル（簡易なもの）」「JICST科学技術シソーラスについて」「検索結果表示（表示J）例」　・ゼミでの受講には「CD-ROM検索（BUNSOKU）：入力例と結果表示」を追加			
(13)スタッフ側資料	「BUNSOKU検索ガイダンス説者用マニュアル」			
(14)受講者の情報活用習熟度	特になし			
(15)受講者の予習・宿題	(予)特になし		(宿)特になし	
(16)アンケート	実施の有無	実施する	実施しない	
	目的			
(17)評価の指標	目標人数：20名（1回につき4名まで受講可能×5日間）			

B. 指導案:指導の展開				
時間配分	内容	資料等	機材	
1分	開始の挨拶。今から何をするかの説明。			
1分	BUNSOKUとは何かの説明。資料の確認。			
25分	BUNSOKU検索方法の説明と操作。	マニュアル、検索結果表示例		
(内5分)	JICST科学技術シソーラスの説明	JICST科学技術シソーラスについて		
7分	自由検索。質疑応答。			
1分	終了の挨拶。			
計45分				

C.指導案:例題・サンプル箇所				
種類	内容			
サンプル1(一般)				
キーワード検索	入力語:遺伝子			
単語間AND検索	入力語:キーワード欄に」遺伝子」と「データベース」			
項目間AND検索	入力語:キーワード欄に「遺伝子」、言語欄に「EN(英語)」			
シソーラス語検索	入力語:発酵乳			
サンプル2(ゼミ単位)				
キーワード検索	入力語:糖尿病			
標題検索	入力語:糖尿病			
シソーラス語検索	入力語:糖尿病			
単語間AND検索	入力語:キーワード欄に「糖尿病」と「食事」			
単語間OR検索	入力語:キーワード欄に「糖尿病」と「血糖値」			
資料名	入力語:栄養学雑誌			
項目間AND検索	入力語:キーワード欄に「糖尿病」、言語欄に「JA(日本語)」			
分類項目	入力語:L0702(予防医学・社会医学)			
サンプル3(ゼミ単位)				
キーワード検索	入力語:タンニン			
標題検索	入力語:タンニン			
シソーラス語検索	入力語:タンニン			
単語間AND検索	キーワード欄に「タンニン」と「緑茶」			
単語間OR検索	キーワード欄に「タンニン」と「カテキン」			
資料名	入力語:栄養学雑誌			
項目間AND検索	入力語:キーワード欄に「タンニン」、言語欄に「JA(日本語)」			
分類項目	入力語:L0306(ビタミン学)			

D.準備				
項目	説明	チェックポイント	担当者	期限等
教材の準備	配布資料作成	参加者が後で見てわかる内容にする。	市川	開始3日間前まで
施設の確保	なし			
設備の確保	なし			
広報の実施	ポスター作成	目を引く内容、わかりやすい内容にする。早めに掲示。	市川	新学期開始前
講師の確保	なし			
指導案作成	説明者用マニュアル	担当する者が説明しやすい内容にする。担当者の予習期間を考慮して早目に作成する。	市川	開始1週間前まで

E.実施				
項目	説明	チェックポイント	担当者	期限等
各担当確認	特になし			
誘導サイン	情報検索コーナー前に看板を置く。	ガイダンス時間中は館員が声を出す旨を断る内容。また、ガイダンス中周りにいる学生に何をしているかをアピールする役目も果たす。	市川	開催期間中
受付	レファレンスカウンター。参加者ノートに記入してもらう。予約も可。	予約受付時、人数オーバーにならにように注意する。（1回4名まで）	市川	
機材テスト	なし			
配布物確認		資料が複数あるので、抜けているものがないかを確認。	市川	開始前日まで
接待	なし			
謝礼と領収証	なし			
撤収	なし			

F.評価		
目標達成度評価	参加者数　計20名。 人数の上では当初の目的を達成している。	
プロセス評価	準備	説明者用マニュアルを前年度に1度作成しており、その見直しをしていったので作成に時間は取られなかった。配布資料については、過去に臨時で行なった講習会で使用したものを見直しして必要箇所を加えたが、土台ができていたために時間はそれほどかからなかった。ゼミで申込みのあったものについては、事前に教員からキーワードを指示してもらったので作成しやすかった。
	実施	早目に準備をしたので、ｽﾑｰｽﾞに実施できたと思う。参加者のパソコン習熟度の違いによって対応の仕方が若干変わることもあったが、基本的な流れは崩さずに説明できたと思う。

G.今後の課題
BUNSOKU検索講習会はこれまで教員からの申し出で随時行なっていた。その影響もあってか本講習会においても、個人の参加より教員からの申し出によるゼミ単位の受講が中心となった。1，2年生では利用頻度が少ないと思うので、対象を大学院生、学部3，4年生、短大2年生以上に絞り、ゼミ単位での申込みを中心にした方がより多くの参加者が見込めると思う。また、教員を通じて学生に広報してもらう方が一層効果的と思われる。今後は個人単位ではなくグループ単位での受講を前提とし、該当学科・該当科目の教員へ積極的にPRしていくことが課題といえる。また、パソコン台数の都合で参加人数を1回につき4名までと限定してきたが、今後はゼミ単位での受講を考慮して1回の参加人数を増やせるようにパソコンその他の設備環境も整えていく必要がある。

●表10　図書館利用教育企画ワークシート記入例②(昭和女子大学)

図書館利用教育企画ワークシート

作成者:　高橋　典子　　　　　　　　　　　　　　　　　　　　作成日:2001年　7 月　24日(月)

企画の名称	2001年度英米文学科図書館利用ガイダンス(案)

A.概要				
(1)対象	学部学生　1 (2)(3) 4			教員
	大学院生(M1) M2　D1　D2　D3			職員
	その他(　　　　　　)			
(2)目標(具体的に)	卒業論文・修士論文作成に向けて、資料収集の方法及び図書館の効率的な使い方を学ぶ			
(3)目的(利用者教育ガイドラインとの関係)				
(4)日程(実施時間)	ゼミ単位　授業の1講時(90分)			
(5)実施形態	(講義)	(デモ)	演習	その他(　　　　)
(6)告知の方法	教科担任から学生に伝達			
(7)結果の報告	図書館ホームページに掲載し、他学科にもゼミ単位のガイダンスを呼びかける。			
(8)担当者(アシスタント)	高橋　典子　、市川　美香			
(9)実施施設	英米文学科教室　・　図書館情報検索コーナー			
(10)必要な設備	机・椅子・パソコン机　スクリーン			
(11)必要な機器	パソコン　プロジェクター			
(12)配布資料(教材)	「図書館利用ガイダンス」「英米文学科関係探索ツール」「雑誌記事索引CD-ROM検索」「J-BISCの使い方」「MLA　CD-ROMの使い方」 →(　すべて図書館作成のもの)			
(13)スタッフ側資料	上記に加え各CD-ROMの説明者用マニュアル			
(14)受講者の情報活用習熟度	特になし			
(15)受講者の予習・宿題	(予)特になし		(宿)特になし	
(16)アンケート	実施の有無	(実施する)		実施しない
	目的	既知知識の重複をさけ、より高度な図書館活用法を習熟させる。		
(17)評価の指標	目標人数:20名～30名のゼミ単位(ゼミ履修生100%)で数回実施。 アンケートにより、今まで図書館利用の経験の有無にかかわらず、満足のできる新しい情報が得られたかどうかを知り、次回の検討とする。			

B. 指導案:指導の展開				
時間配分	内容	資料等	機材	
1分	開始の挨拶。今から何をするかの説明			
	資料の確認			
5分	資料の収集に取りかかる前準備について	図書館利用ガイダンス(図書館作成)		
5分	ブラウジング効果とNDCの説明	〃		
25分	テーマにそった文献の探し方	〃		
	図書資料を探す(日本件名図書目録・J-BISC)	〃		
	雑誌記事を探す(雑誌記事索引・NDL CD-ROM・英語年鑑・ABELL・MLA CD-ROM)	〃		
	新聞記事を探す(DNA・日経テレコム)	〃		
5分	本学図書館の蔵書検索について	〃		
10分	相互協力について	〃		
	1. 本学にない資料の所蔵機関調査(Web-cat)	〃		
	2. 他機関利用について(紹介状発行)	〃		
	3. 文献複写依頼について	〃		
33分	デモ		プロジェクター	
	説明中に出てきた代表的なものについて検索方法についてのデモ	「雑誌記事索引の検索」「J-BISCの使い方」「MLA CD-ROMの使い方」		
5分	質疑応答			
1分	終了の挨拶			
計90分				

C.指導案:例題・サンプル箇所	
ここでは、操作方法を説明するのではない。探索ツールとしてのデモなので、実際に図書館に来館した際に抵抗なくやってみようと興味をわかせられる題材をえらぶ。	
種類	内容
雑誌記事索引	
キーワード検索	入力語:「イギリス文学」
単語間AND検索	入力語:「イギリス文学」 AND 「女」
キーワード検索	入力語:「談話分析」で「Discourse Analysis」 もヒットする
J-BISC	
キーワード検索	入力語:「エイゴガク」で「英語学概論」も「英語学習」もヒットする
本学OPAC	
キーワード検索	入力語:「TESOL Quarterly」で本学所蔵巻を確認する。
キーワード検索	入力語:「幻想文学大事典」→R事・辞典や叢書類の請求記号表示パターンを説明する。
Web-cat	
キーワード検索	入力語:「TESOL Quarterly」の本学で所蔵していない巻の所蔵機関を調べる。
キーワード検索	入力語:「シャーウッド アンダーソン」で本学教員の翻訳図書の有無と本学所蔵又は他の所蔵機関を確認する。
MLA CD-ROM	
キーワード検索	入力語:「Second Language」→このCD－ROMでは複合語として認識される。
単語間AND検索	入力語:「Second AND Language」上記検索との違いを説明。
Limit機能	Language項目とPY＝Publication Year項目で「English」「1995」を選び検索する。

D.準備				
項目	説明	チェックポイント	担当者	期限等
教材の準備	配布資料作成	参加者が後で見てわかる内容にする。	高橋	実施3日前まで
施設の確保	なし			
設備の確保	なし			
広報の実施	なし			
講師の確保	なし			
指導案作成	説明者用マニュアル	担当するものが説明しやすい内容にする。担当者の予習機関を考慮して早めに作成する。	高橋	開始1週間前まで

E.実施				
項目	説明	チェックポイント	担当者	期限等
各担当確認	特になし			
誘導サイン	英米文学科で準備			ゼミ当日
受付	なし			
機材テスト	プロジェクターの試写			前日まで
配布物確認	印刷を英米文学科の助手に手伝ってもらう場合もある。	資料が複数あるので、抜けているものもがないかどうかを確認。	高橋	前日まで
接待	なし			
謝礼と領収証	なし			
撤収	なし			

F.評価		
目標達成度評価	参加者数：ゼミ履修生全員（昨年度200名）　出席を取るので、ほぼ100%の達成。	
プロセス評価	準備	過去数年にわたり、印刷物のみによる講義や、OHPを使っての説明などいろいろ工夫をして、飽きないわかり易い内容を検討してきた。今回からは大型のプロジェクターを使い検索に重点を置いた内容を考えてきたい。検索デモのキーワードは、過去に検索例でプリント提示したものにした。
	実施	平成13年度後期ゼミにて実施予定。

G.今後の課題
「学生便覧」等を参考にしてゼミの内容（Literature/Language/Communication）に合わせた講義を心がけていきたいが、もちろん学生個々にはテーマが違う為、実際に文献の収集時には応用が必要。学年としては否応無しに卒論或いは修論時期に入る事もあり、他の学年よりは図書館ガイダンスの心構えができていると思う。但し、今までに図書館を利用した事のない学生と、1年次から利用している学生との中間点を取った内容は難しい。どうしても既知のものは退屈になり、興味を持続させるのは難しい。その中でいかに『使える図書館』として活用してもらえるガイダンスとするかは今後も継続して検討課題である。具体的にはキーワード選択に担当教員から示唆をもらうなどの協力を依頼し、教員の授業内容に近いテーマを選ぶ事も必要と思われる。また、パソコン環境の設定を変更し、検索に重点を置いて実際図書館利用の際に即効性のある内容にしていく事も今後の課題の一つといえる。

(3) 自分が参加する立場で考えること

「こんなことはわかるだろう」と考えるのは図書館員だからである。特に、図書館用語にはわかりにくいものが多く、用語の説明からしなければいけない場合もある。また、わかりやすい言葉に置き換えて説明する必要も出てくる。自分が図書館員ではなく、一利用者として参加する気持ちになって準備することが大切である。

(高橋典子・市川美香)

5.2　事例2：京都大学工学部等文献収集講座「工学情報を get しよう」

5.2.1　はじめに

工学部等図書系職員で構成する図書事務連絡会議は、「工学部等文献収集講座－工学情報をgetしよう」を企画し、平成11 (1999) 年10月5日と12日午後、説明内容は両日とも同一で、この講座を開催した。筆者は、かねてから専門に特化した文献収集を目的とした利用教育の必要性を感じていた。平成11年1月に工学部等へ異動したことをきっかけに、文献収集の講座を提案し実現したものである。企画から、資料作成、講師担当まで、図書系職員が中心になって進めたこのような取り組みは、工学部等では初めてであったが、結果は概ね好評で図書系職員の存在感を示した事業であった。

平成11年度を中心に、実施の過程と結果、感想を報告する。実施に躊躇しておられる図書館があれば、実施へのはずみになればと思っている。なお、「工学部等」とは、改組の関係で工学部以外の関連する研究科を含んでいることを表している。

5.2.2　実施までの経過

(1) 背景

京都大学工学部の歴史は、明治30年 (1867年) 6月、帝国大学が創設されたことに始まる。それぞれの時代の学問的・社会的要請に応えるように拡充整備され、京都大学で最大の学部に発展した。工学部は学生数において全学の約3分の1を占める。学部図書室はなく図書館の機能は、学科単位に存在する図書室にある。工学部等内には学科図書室が12あって1人から4人の図書系職員がいる。月に一度、図書事務連絡会議を持ち、全学の図書系会議の報告や話し合いをしている。図書館利用のオリエンテーションは、4月に各学科図書室単位で開催されている。主として利用の手続きや施設利用の説明が中心であるが、なかには情報検索や文献の入手方法について、*UnCover*やBritish Libraryが提供している*inside web*等を説明している図書室もある。しかし、工学部全体で文献の利用など収集法は取り上げられていなかった。

一方、筆者が附属図書館参考調査掛に在任中、館内でワーキンググループを組織して、平成8、9年度に「論文・レポートのための文献収集講座」を開催した。この講座の対象は学部学生で、レポート・論文を作成するときに、図書館を使って自分の調べたいテーマに関する資料をどのように探したらよいのか、京大にない場合はどのように入手したらよいのかについて説明した。附属図書館の取り組みは全学が対象になる。専門領域に及ぶものは、それぞれの事情や利用の実態に沿って各学部で企画・実行しなければならない。附属図書館が中心になって実施している全学共通科目「情報探索入門」の演習補助者に、工学部から2人参加している。この2人を中心にワーキンググループを組織し、文献収集の講座をやってみたい、工学情報に限って取り上げてみたいと思った。そして、利用者には「今図書館では何がどこまでできるのか、どこまで利用者の要望に応えることができるのか」を知っていただき、お知らせできる絶好の機会になると思った。

(2) 実施の提案

筆者は、平成11(1999)年3月の工学部等図書事務連絡会議で具体的提案をした。

1) 基本方針

①工学部等図書系職員全員が、何らかのかたちで参加する。

②利用者には、どんな人が図書室で働いているのか知っていただく。

③職員全員がマイクを持って、人前で話すことを経験する。

教官が図書館利用のオリエンテーションを実施している図書室があるため、そのうちに図書系職員が直接説明できるようにしたい。

2) 内容

名称は「工学部等文献収集講座－工学情報をgetしよう」とした。提案した内容は、次のとおりである。

①挨拶　附属図書館評議員・工学研究科図書委員長　5分

図書委員長に挨拶をお願いする。

②工学部等の図書館事情　10分

工学部等図書室の全体の説明を、工学部の勤務が長い人にお願いする。

③図書・雑誌を探す　20分

カード目録、OPAC（京大、NACSIS-Webcat)、BLやLCのOPACを使って探す。図書と雑誌を参考文献として掲載するときの記述の違いと、特に雑誌は略記法に注意する必要があること等を説明。

④電子ジャーナルの利用　15分

電子ジャーナルが増えている。どの雑誌が電子ジャーナルで利用できるのか、どこにアクセスすればよいのか等、利用の方法を説明。そして、現在京都大学でどの程度利用できるのかをお知らせする。

⑤雑誌論文を探す　20分

大型計算機センターと学術情報センター（現、国立情報学研究所）の利用と申請手続き（applyコマンド）を説明後、データベースの利用について説明。オンライン系のデータベースとして*INSPEC*、*Compendex Plus*、*UnCover*、*inside web*、*SwetScan*を、CD-ROM等パッケージ系として『雑誌記事索引』を紹介。

⑥*Chemical Abstracts*を使いこなす（化学系の教官にお願いをする）　30分

冊子、オンライン、ネットワークで提供されているCA on CDも説明していただく。*Chemical Abstracts*は、化学とその隣接分野の文献情報を広範囲に収録した世界最大の二次資料で、誌名から判断して化学関係者だけととられるので、化学以外も大いに利用できるデータベースであることを強調していただく。図書室職員も聴講したいとの希望が多い。

⑦学位論文を探す　10分

国内で出された学位論文、外国で出された学位論文を入手したい場合どうするのか、有用なツールである*Dissertation Abstracts* (CD-ROM)の使い方等を説明。

⑧レポートを探す　10分

米国国立研究所や米国政府の援助を受けてなされた研究は、たいていレポートのかたちで研究成果の報告が出る。それらを入手したいときは、どうしたらよいか。国立国会図書館は、レポートも結構収集している。そのための有用なツールである『海外科学技術文献資料目録』(国立国会図書館) や*Government Reports Announcements* 等について説明。

⑨特許資料を探す　10分

日本の特許、外国の特許が国内のどこにあるのか、検索や入手の方法について説明。

⑩新聞記事を探す　10分

古い記事、新しい記事の探し方を説明。「戦後50年朝日新聞記事見出しデータベース」は、ネットワークで研究室の端末から利用できる。見出しから検索した結果を、縮刷版、CD-ROMを使い分けて新聞記事全文を探し当てる。このような過程を説明。

⑪CD-ROMサーバで提供されている資料の紹介と使い方　15分

附属図書館にサーバがあって、ネットワークで提供しているデータベースの紹介と使い方の説明。次のようなデータベースを利用することができる。

- Biological Abstract：生物学関係分野の文献データベース
- GeoRef：米国地質学研究所が編集している地質学・地球物理学関係のデータベース
- MEDLINE：医学文献データベース
- PsycLit：心理学、行動科学分野の文献情報
- Zoological Record：動物学関係のデータベース
- 戦後50年朝日新聞記事見出しデータベース：朝日新聞縮刷版1945年上半期号から1995年12月号までの巻頭記事索引を検索できる。
- 広辞苑：印刷体『広辞苑 第4版』のCD-ROM版
- Oxford English Dictionary, 2nd ed.：1150年以来使われたことのある英語を、網羅的に収録しようという意図のもとに編集されている。言葉の時代的変遷を明らかにしている歴史的辞書で、通称OEDと呼ばれている。

⑫インターネット情報の活用　15分

インターネットの情報探索で、その中心は電子図書館になる。各機関で提供している電子図書館の活用と、サーチエンジンを使って目指す情報を「getする」方法を説明。

⑬講演：イギリスの図書館サービス　15分

京都大学後援会という組織があって、短期留学（半月の予定）の制度がある。この制度を利用してイギリスの図書館見学をしてきた人に、利用者が関心ありそうな図書館サービスに限って報告をしていただく。

⑭講演：私の文献収集法　工学研究科図書委員長（分子工学）　20分

図書委員長に、ご自分の文献収集法について講演してもらう。まもなく定年退職を迎えられるが、この先生はベテランの代表として、もう一人若手から助教授クラスをお願いしたいと思っていたが、時間の関係で諦めた。含蓄のあるお話をお聞きできると思っている。

⑮終わりに　事務部長あるいは総務課長　5分

事務部の責任者に、最後の挨拶を依頼する。

これで、合計210分つまり所要時間は3時間30分になる。

3) 日程

当初は6月頃を提案した。附属図書館で開催した文献収集講座は9月末から10月初めだったが、このときのアンケートでは、もっと早くやってほしいとの意見が多かった。しかし、4月から5月にかけては統計等いろいろな調書の提出、新年度の図書委員会の準備、図書館利用のオリエンテーションの実施等があって結構忙しく、また合意を得るのに時間がかかってしまった。結局前期試験終了直後、10月初めになった。開催日は、開催場所にしている講義室の空き具合に合わせて決めなければならず、平成11(1999)年度は10月5日と12日に決めた。

同じことを何回開催するのか議論した。一生懸命準備して1回限りでは惜しいし、参加者も1回限りでは都合がつかなかったら参加できない。しかし、回数を重ねると日常業務を抱えているので、そう収集講座のために図書室を離れることもできない。附属図書館では5回連続で実施したが、工学部では2回にした。目標は3回であったが、3週3回は長くなってしまうので2回にした。

4) 会場

インターネットが使えて、端末の画面をスクリーンに写し出せる設備を持った講義室を探した。そのように設備が整ったところは結構詰まっていて、午後1時から5時頃までずっと使える部屋はそんなにない。結局、火曜日の午後なら1か所使える講義室があって、そこに決めた。その後新築された校舎が使えるようになったので、この苦労ははじめて取り組んだ平成11年度だけで終わった。

5) 所要時間

当初、1回につき半日から1日を想定した。集中講義をイメージしていたからである。今回の企画の所要時間は3時間30分で、休憩時間を入れるとちょうど午後1時から5時になる。休憩時間は、調整時間にも使えるように設定した。プログラムには各演目の始まりと終わりの時間を明示し、聞きたい演目の時間に来ていただけるようにした。附属図書館では1回につき45分間だったので、飽きないような工夫を考えなければならない。

(3) 疑問・不安への対応

基本方針と内容を提案したところ、いろいろな意見が出た。

1) 「掛長主導はいや」と言う意見に対しては

物事の解決を図るには、上司の力を借りなければならないことが多く、一人では限界があること、掛長がどうの自分たちがどうのではなくて、柔軟に対応する必要があることを説明。そして、学術情報を取り巻く環境が大きく変化している今こそ、図書館側から積極的に利用者に働きかけていく意義や、そうしなければならない状況を説明した。

2) 「総花的」という意見に対しては

提案は、「図書・雑誌を探す」「雑誌論文を探す」「その他の資料を探す」にまとめることができる。そうすると一部の人でやってしまうことになる。基本方針として、みんなでやりたいこと、利用者にはどんな人が図書室で働いているのかを知っていただきたいこと、全員に人前でマイクをもって話すことを経験していただきたいことがある。まとめてしまうとそのことができなくなる。みんなが参加できるようにするために「その他の資料を探す」を具体的に分けた。それが総花的だとみえるのではないか。また、分けることによって参加者も具体的な中身を知ることができ、参加するかどうかの判断がしやすい、と説明した。

3)「忙しい」という意見に対しては

移転や統合を抱えている図書室があるので、大いに考慮する必要がある。考慮すると一部の人でやってしまうことにもなり、かえって批判が出てくる。いったいどうしたらよいのか。提案する方にも遠慮がある。忙しいことも大きな問題であるが、賛成しかねる一因が資料を作り、人前に立って話すことができるのか、不安に思っていることであるとわかった。

しかし、「提案の趣旨には賛成だ」との意見もあって、「一度やってみましょう」ということになった。

5.2.3　具体化への準備

(1) 企画メンバーの選出

図書事務連絡会議で検討した結果、この提案を実現していくのに企画メンバーとして３人を決めた。もちろん筆者も企画メンバーに入った。企画メンバーが案を作成し、連絡会議に提案をし、了解を得るかたちで順次進めていった。

(2) 分担

各項目を2人一組で準備し進める。1人は説明する、もう1人は端末等機器を操作することを想定した。また2人一組としたのは、人事異動等で1人が欠けたとしても、残った1人が継承していけるように、今後の継続性を考慮したからである。プログラムを提示し、希望する項目に手を揚げてもらった。決まらない項目は筆者からお願いをした。

(3) 資料の準備

「文献の探し方」の企画やそのための資料は、インターネット上で公開されているものが結構ある。それらや全学共通科目「情報探索入門」の講義録『大学生と「情報の活用」』、図書館関係資料等を参考に担当者は準備した。

配布する資料は、複写するときに便利なようにA4に統一し、それぞれの資料の先頭だけは形式を統一した。中身は手書きでもよいことにした。

5.2.4　ニュース誌の発行

(1) 発行の目的

開催前に教官・学生に周知するために、工学部等文献収集講座ニュース誌を発行する。興味を引くために、記事・読み物とする。予め学生からの質問や希望する講義内容などの意見を掘り起こし、当日に反映させる。終了後に、当日出された質問の回答など、アフターケアをしておくことによって次回への足がかりとする。編集・印刷者は、文献収集講座企画メンバーにする。

(2) 内容等

月１回程度発行する。大きさはA4とし、掲示用に片面印刷とする。視覚効果を重視するために、左半分は文献収集講座の広報・

ニュース、右半分は目をとめてもらえる記事・読み物とする。記事は、役に立つホームページの紹介、文献の探し方の実例、レファレンスブック・データベースの使い方の実例、実際の講義内容の事前ダイジェスト、教官の文献収集法の紹介、既に来た質問への回答等を掲載する。

(3) 配布・公開

メールボックスに投函する。図書室に置いて利用者にとってもらう。質問に来た人に手渡す。図書委員にはメールで届ける。ホームページでニュース誌と同内容をそのままWeb上で公開する。メールによる質問・希望を受けつける。

5.2.5　当日までの準備

(1) 広報活動

ニュースを発行し、その都度各図書室で配布する分をコピーして届け、図書委員にはメールを使った。また、事務部にもその都度、供閲した。ポスターは、上手な人がいるのでお願いをした。Microsoft 社のPublisher98を使用し、カラープリンタでA4に出力し、カラーコピー機でA3に拡大して掲示。9月（開催1か月前）になってポスターを準備した。案内がどの程度周知されているのかわからなかったので、開催日近くに講義室でチラシを配布した。チラシはニュースを使った。試験終了直後の講義室にいって誰もいないことがあったので、講義前にいった。当日は食堂前でもチラシを配った。アンケートの結果、これは効果があることがわかった。また、立て看板を用意し、工学部関係者が出入りしそうな門に配置した。

(2) 当日の配布資料作成と説明原稿の点検

間違った理解をしていないか、発表者からチェックしてほしいと希望があった分だけ、配布資料と説明文を数人で点検しておく。配布資料は、参加人数が予想できなかったので、相当多くの部数を用意した。

(3) 会場の点検

情報コンセント、コンセントの位置を確認しておく。当日までに会場と使用機器の動作確認をしておく。

(4) 予行演習

当日を想定して実際に行う。このとき、当日の分担の関係で聴けない人には聴いてもらう。声の大きさ、速さ、機器の操作の確認等チェックする。当日あがったり、慌てたりしないためにも、予行演習は大事である。

(5) 当日の分担の決定

司会進行、受付・資料配布、会場係は、主として発表しない人にお願いをした。

5.2.6　当日の様子

平成11(1999)年度の参加者は、1回目、2回目とも100人余りで延べ250人くらいだった。学部生、院生の参加がほとんどだが、図書委員をはじめ教官の参加もあり、始めから終わりまで聴いていただいた。参加者数は予想外に多く、予め用意した資料が足りなくなり、慌てて用意する場面もあった。プログラム前半は時間通り進行し、予定通り休憩時間をとった。後半は各演目が予定時間をオーバーした。インターネットが使える環境にあったが、このようなときに限ってネットワークでトラブルが生じることが多いので、オンラインではなく、予め発表内容や端末の画面をディスクに記録し、それを使った。予行演習をしておいたおかげでトラブルはなく終了した。

5.2.7　終了後の作業と評価

(1) 冊子の作成

当日の配布資料は、106ページになった。表紙だけ色紙を使い、ホッチキスでとめたものであった。この資料は好評で、アンケートには図書室に常備してほしいとの意見があった。参加者だけ手にするのはもったいないと、図書委員長や上司の助言があって、発表原稿を加筆し冊子を作ることになった。

3月末納品、4月初め配布を目標にすると、多少の遅れが生じるとして、冊子の原稿締切は11月末にしておかなければならない。ほとんどの人は加筆したが、忙しくできなかった人のものは、当日配布した資料のままで掲載した。後になってどのような内容で実施されたか参考にすることができるからである。5回発行したニュースも収録した。原稿は、そのまま写真製版して印刷してもらえるように準備した。

4月に4回生、修士課程1年生、博士課程1年生と各研究室に配布するために3,000部作成を目標にした。経費確保のために担当掛に折衝しなければならない。この取り組みを図書委員長と事務部に報告をしていたこと、ニュース等を供閲していたことでいろいろな面でサポートしていただいた。冊子は146ページになった。翌年度も冊子を作成することができ、学部の経費に印刷費として計上されるようになった。図書系職員だけではなく、教官と事務部とのコミュニケーションの大切さを痛感した。

(2) アンケートの結果

アンケートの回答は、100人余りであった。集計や意見からみると、参加者の反応は概ね好評で、熱心に聴いていただいた。

1) 集計

①「開催時期」の設問では、「秋」51人、「春」49人（うち春秋両方が16人）となっている。ほぼ半々である。

②「開催時間」は、「午後がよい」がほとんどで、「夕方」は7人であった。今回は、途中15分の休憩をとったが午後1時から5時までだったので、「その半分位がよい」18人、「現状通りがよい」15人であった。両者でそう開きはないとみることができる。

③「開催形式」は、「長い、短く、限定して、分けて」16人、「工学部内の分野別の収集講座がほしい」5人、「4回生で卒論などちょうど必要なところだった」4人、「机の上でオンラインでいろいろな情報が手に入るのがよい」2人、「各トピックが短くて飽きなくてよい」2人、「広い範囲の内容が聴けてよい」3人となっている。目立って退席する人がなかったのでよしと思っていたが、長いということを16人が答えているのは、「開催時間」でその半分くらいがよいと答えた18人とほぼ一致する。

④「開催回数」は、「1回から3回」がほとんどであった。

2) 主な意見

①配布資料について、「充実している」2人、「資料だけでよい」2人、「テキストをWeb上にまとめて公開してほしい」2人、「資料を図書室に常備してほしい」、「図書館用語の解説を資料のどこかに入れてほしい」などであった。割り当て

●図8　「工学部文献収集講座ニュース」（京都大学）

工学部等文献収集講座　ニュース　*no.4*

工学部等文献収集講座企画メンバー講座ニュース編集班　編　2000.10.01 発行

工学部等文献収集講座「工学情報を get しよう」、いよいよ開催です！！

日時：10 月 4 日（水）、6 日（金）午後 2 時 45 分より　　会場はここ

場所：工学部物理系校舎　315 号室

★図書室職員が、実践的な工学情報の探し方をご紹介します。

★足立紀尚先生（土木工学専攻）の講演「私の情報収集法」（4 日）、
和田健司先生（物質エネルギー化学専攻）の講義「Chemical Abstracts を使いこなす」
（6 日）があります。

★参加・途中入退室自由！　事前申し込み不要！　お気軽にご参加ください。

プログラム

［10 月 4 日（水）］

1.NACSIS-IR,NACSIS-ELS を利用する　広範囲の分野のデータベースを提供する NACSIS-IR、電子図書館 NACSIS-ELS の利用方法。

2.INSPEC を利用する　理工系の代表的な文献二次資料データベース、INSPEC の利用方法をご説明します。

3.規格を探す　JIS、ISO 等の規格資料の入手方法をご紹介します。

4.会議録を探す　貴重な情報が載っているのに、どうやったら入手できるのかわからない会議録。その入手方法をご説明します。

5.私の情報収集法　先生方はどのようにして情報収集してらっしゃるのでしょうか？土木工学専攻の足立紀尚先生に、ご自身の情報収集法を講演していただきます。

［10 月 6 日（金）］

1.規格を探す　4 日と同じ内容です。

2.会議録を探す　4 日と同じ内容です。

3.Chemical Abstracts を使いこなす　物質エネルギー化学専攻の和田健司先生に、化学系および隣接分野の文献情報を収録した世界最大の 2 次資料「Chemical Abstracts」の使い方についてご説明いただきます。

このニュースはホームページ（http://www.lib.i.kyoto-u.ac.jp/get/get.htm）でも公開しています。

工学部等文献収集講座　ニュース　*no.5*

工学部等文献収集講座企画メンバー講座ニュース編集班　編　2000.10.25 発行

工学部等文献収集講座が 10 月 4 日（水）、6 日（金）に行われました。

ご参加ありがとうございました！！

いただいたアンケートより～ご意見・ご感想～

<開催時期について>★10 月……14　★春・秋……8　★春……7　★いつでも……4

<開催時間について>★午後……20　★今のまま……9　★夕方……5　★午前……3

<開催回数・日数について>★2 回……22　★1 回　★3 回……各 6　★1,2 回　★3,4 回……各 5　★1 日……3　★4 回‥2

<コメントの抜粋……冊子について>★去年よりも充実している　★資料だけでも役に立ちそう

<発表について>★もう少しゆっくり話してほしかった　★冊子に具体例を示して、冊子と並行しながら行ってほしかった　★多少の予備知識が必要
★話す内容とテキストが対応していない部分があった　★昨年よりまとまっていてわかりやすかった　★具体例が含まれていてよかった
★VTR で各系図書室で見られるようにしてほしい　★会議録の探し方については参考になった　★今後役に立つと思う

<内容について>★論文検索･雑誌検索について具体的問題解決についても知りたかった　★会議録の検索は大変参考になった　★規格が必要なのか？
★CA 以外の二次文献の情報を知ることができてよかった　★テキストをよく読めばわかる内容　★簡単には文献収集できないと感じた
★課金法について詳しく知りたい　★化学系なので興味がわかなかった

<開催形式について>★実際にパソコンを使用した演習形式にしてほしい　★全体のガイダンスが必要なのでは　★今後もしてほしい　★90 分以内に収めてほしい
★日付･時間を早めに設定してほしい　★文献収集にかぎらず他のことでこうした講座があってよい　★今回の資料はオンラインで公開しないのか？

<次回取り上げてほしい内容>★学位論文等の探しにくいものの検索方法　★電子ジャーナルの利用方法　★19 世紀、20 世紀初頭に書かれた論文の検索
★INSPEC でもれてしまう論文の見つけ方　★生物系、農業系のデータベース　★医薬系　★中国の文献の検索方法
★NACSIS、INSPEC および会議録については毎回取りあげるほうが望ましい　★特許情報　★WEB of SCIENCE の使い方

いただいたアンケートより～質問～

Q：CA on CD が Macintosh で使えるようにならないか?

A：現在、原則として使えます。ただし、機種･環境によって使えないこともありますので、所属図書室へお問い合わせください。

多くのご意見、ありがとうございました！
次回の文献収集講座の参考にさせていただきます。
「get 2001」にご期待ください！

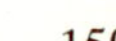

●図9　「interview文献収集生活拝見」（京都大学）

interview 文献収集生活拝見

電気系図書室
天野　絵里子[1]

工学部等文献収集講座も今年で二回を数え、図書室の使い方、文献収集の方法、情報検索のコツ、いろいろなことを図書室職員から紹介してきました。しかし、大学で実際に研究生活を送っている人々――つまり皆さんと同じ、大学院生や研究者は日頃どのように研究に必要な情報・資料を入手し、整理しているのでしょうか。

そんな「文献収集生活」を垣間見るため、三人の方々に集まっていただき、図書室のスタッフがインタビューしてみることにしました。

某月某日、とある研究室にて、コンピュータを傍に・・・

――――皆さん、本日はお忙しいところお集まりいただいてどうもありがとうございます。それぞれの研究で必要な文献・情報収集のために、普段おこなっていることをなんでも教えてください。まずは、自己紹介からお願いします。

私は工学研究科電気工学専攻の**教官**です。

ぼくは先生のところの研究室に所属している、M1です。

ぼくは、半導体の研究をやっています。**研究員**です。よろしくお願いします。

――――皆さん電気系図書室をよく利用してくださってる方ばかりです。☺
さて、さっそく本題に入って質問なんですが、まず、**自分の研究にはどんな文献資料が必要なのか・・・**、どんな文献があるのか、中でもどの論文や本が役に立ちそうか、どうやって調べ始めるんですか？

そうですね。まずは**すでに持っている論文とか本の参考文献**を見ます。あと、**図書室で、その分野の本が置いてあるあたりで目で見て探したり・・・**
新しいことを調べ始めるときには、とっかかりとしてSwetScan[2]を使ったりもします。"UPFC"とか、研究テーマをキーワードにして検索して、何か役に立ちそうな論文はないかな・・と。

ぼくの研究室ではその SwetScan の **SDI 機能**[3]を使っている人が多いですね。ときどき自分で検索するんだったら、SDI に登録した方が楽なんじゃないかな。

SDI って、何ですか？

――――キーワードや雑誌のタイトルと自分のメールアドレスを登録しておくと、一週間か一ヶ月ごとにヒットした最新の論文情報が E メールで届くサービスで、院生だからくんも利用できますよ。

あ、そうなんですか？またこんど登録してみます。

[1] 2001年3月まで京都大学工学部電気系図書室。2001年4月より京都大学附属図書館情報管理課システム管理掛。E-mail: amano@kulib.kyoto-u.ac.jp

[2] オランダのスエッツ社が提供する世界の主要な学術雑誌の目次情報データベース。京都大学電子図書館を通じてサービスされている。

[3] Selective Dissemination of Information の略。院生、教職員が利用できる。

ぼく自身がよく検索に使っているのは INSPEC[1]、inside[2]、CurrentContents[3]・・・、それから日本語論文もやっぱり必要だから、NACSIS-IR[4]も。

いろいろ使ってますね。
私の研究分野では、論文リストなんかが Web 上に公開されていて[5]、検索もできます。その中から興味のあるものを抜き出したりしますね。

――――情報収集の範囲の広さは研究分野によってかなり違うようですね。それから情報探索のためのツールもだいぶ違うんですね。でも**ほとんどオンラインで利用できる**ものばかりになってきましたね。

とにかく最初はオンラインで検索しますよね。amazon.com の検索も利用しますよ。それで out of print（絶版）だったらかなしいですが・・

――――最近日本版[6]のサイトがオープンしましたね。

OPAC だと、入力したキーワードが本のタイトルに入っていないとヒットしないという場合もありますから、**内容まである程度検索できる一般のオンライン書店サイト**は使えると思います

――――**ジャンル別に分類されている**ので、図書館で目で見て本を探すのと同じことが自分の机でできるという長所もありますね。最近気がついたんですけど☺

欲を言えば、日本の本は目次内容まで検索できたらいいなと。編著ものだと実際には何人もの執筆者が中身を書いていますよね。でも編著者ではない**執筆者の名前を入れてもその本はヒットしないことがある・・・**。

――――そうですねぇ。最近、東大が Web に公開している BOOK CONTENTS[7]だと和書の目次情報まである程度検索できますが、また試してみてください。

さて、どの文献が必要かわかったら、いよいよ**文献の get** です。まずは OPAC[8]ですか？

OPAC、それから Webcat[9]。

[1] IEE(英国電気学会)の提供する、理工系英文文献データベース。大型計算機センターを通じて利用できる。

[2] British Library が提供する DB で、工学部、工学研究科、情報学研究科、エネルギー科学研究科で使える。くわしくは、http://kuee2.kuee.kyoto-u.ac.jp/library/inside/index.html

[3] 週単位で最新の学術論文を検索することができる。冊子体のほか、ディスケット版がいくつかの専攻で購入されている。

[4] 国立情報学研究所が提供するデータベースサービス。有料で利用申請を必要とするが、SCI、雑誌記事索引など、役に立つデータベースを多数利用できる。

[5] たとえば「Chaos」について―― http://www.chaos.umd.edu/chaos.html

[6] http://www.amazon.co.jp/

[7] http://contents.lib.u-tokyo.ac.jp/contents/top.html　東京大学提供。

[8] Online Public Access Catalog の略。コンピュータで検索できる図書館の目録。京大では主に 1986 年以降の本が入力されている。

[9] 日本全国の大学等で所蔵されている本のデータを、インターネット上で検索することができるデータベース。国立情報学研究所が運営している。

OPAC でその資料がどの図書室にあるか確認して、論文だったらコピーしに行きます。新しい論文は**電子ジャーナル**[1]があるので、研究室で端末にダウンロードします。
でもぼくの探すような本は古くて OPAC では出ないときもあるので、**カード目録**[2]も見ますね。

————電子ジャーナルは、皆さん、もうよく利用しているんですか？

はい。図書室が閉まってからでもダウンロードできるし、電気系図書室にない雑誌だと他へ行くのが面倒な時もあるし・・　新しい論文はほとんど pdf **形式**[3]で取ってきますね。きれいな図や写真がほしいときは、Post Script **形式**。

研究分野に関係のあるジャーナルは毎号、内容をチェックしているんですよ。それもジャーナルのホームページから見れるので、役に立ちそうなものがあったらすぐにその場で電子ジャーナルを手に入れます。自分のホームページにジャーナルの**リンク集**も作ってしまっているんですよ。

電子ジャーナルだったら OJPS[4]っていう AIP[5]のサイトをよく利用します。検索も、SPIN というシステムでできますし、ある論文が他の AIP のジャーナルの論文を引用してあっても、リンクでたどってすぐにその論文にアクセスできるから、便利です。ぼくの研究室の人は、みんな使ってるんじゃないかな。OJPS が無かったら困ります。☺
ただ、ぼくの場合、**１９世紀の論文**や、**中国語の論文**をあたらなければいけないときもあって・・

————え？そんな時はどうするんですか？

かなり古い論文でも図書室にあったり、**学外、国外から取り寄せ**たりしますよね。それでいつも電気系図書室で頼んでいるんですが・・・、知り合いのいる大学に欲しい論文の載っている雑誌があったら、コピーして送ってもらう場合もありますし、その逆もあります。
中国語の論文だって、漢字と図を見て、なんとか内容を把握する・・

私たちの分野では、ドイツ語、ロシア語文献が多い。**著者に直接メールを書いて**論文を送ってもらうこともありますよ。

————雑誌論文や本のほかに、よく使う特定の**参考図書**[6]や**学術資料**があったら教えてください

附属図書館の 1 階に Landolt-Börnstein[7]というデータブックがあるんですよ。研究に欠かせないところはコピーして、部屋にいつも置いています。

[1] インターネットを通じて、自分のコンピュータ端末上で、論文を読んだり、ダウンロードして印刷したりできる雑誌が増えている。図書館で冊子体(現物の雑誌)を買っていれば見ることのできる電子ジャーナルが多い。

[2] 古い本のデータはまだ「OPAC」で検索できるように入力されていないことがあるので、「カード目録」も検索しなければならない。

[3]「電子ジャーナル」は、txt 形式･HTML 形式のファイルのほか、「PDF」形式のファイルで公開されていることが多い。このファイルを読むためには、Adobe 社のソフト「Acrobat Reader」を使う必要があり、このソフトは、フリーウェアで、Adobe 社のホームページから無料でダウンロードできる。

[4] OJPS: Online Journal Publishing Service　American Institute of Physices とその提携学会の電子ジャーナルポータルサイト。http://ojps.aip.org/

[5] AIP: American Institute of Physics　http://www.aip.org/

[6] "参考書" ではない。図書館にある本のうち、辞書･事典･ハンドブック･データ集などのように、引くための図書･調べるための図書を、特に「参考図書」と呼ぶ。

[7] 物理、化学、工学分野の文献に報告されたデータを集録したもの。
似た名前で"Beilstein"というハンドブックもあるが、こちらは有機化合物のデータを集録。

授業の**教科書は買う**ことが多いです。線も引けますし[1]・・

プレプリント[2]かな。いろんな研究所が**アーカイブ**を作って、インターネットを通じて積極的に公開しているので、場所がわかれば手に入れるのは簡単です。物理、数学関係なら基礎研の e-Print Archive[3]、それから超伝導関係なら High-Tc Update[4]というサイトが有名です。

それから**プロシーディング**[5]。NACSIS-ELS[6]を使って国内のものは手に入るんですけど、一般的にいって、会議録は探しにくいですね。プロシーディングで研究の概要を発表したら、成果をあとでジャーナルの論文として発表するのが普通なんです。でも、より重要なデータがプロシーディングのほうに載ってたりするので、そんなときに見つからないと、困ります。

————図書室でも会議録がどこにあるか、探し当てるのは難しいんですよ。OPAC で見つからなくても、持っていそうな先生にじかに聞いてみたりとか・・・いろいろ手を尽くします。

ところで、文献資料もたくさん手元にあると、**整理するのが大変**になってきますよね。それぞれの**書誌事項**[7]は実際自分の論文に引用するとき必要ですし・・・。　どうやって整理しているんですか？

電子ジャーナルは、サーバに**ディレクトリを作って主題別にわけて**ほうり込んでます。

私は電子ジャーナルでも、ちゃんと読む論文は**紙にプリントアウト**して、いろいろ書き込んでから自分なりに分類して保存しますね。でも重要な文献のことは、**頭に記憶**して整理しているもんですよ。自分が書いた論文の引用文献の書誌事項で**サイテーションリストを作っておく**と、エディターの検索機能でけっこう有効な利用ができます。

CurrentContents から取り込んだ書誌事項は EndNote[8]というアプリケーションにおとして簡単に管理できます。
ある友人は、電子ジャーナルとか、必要な資料を全部ノートパソコンの中に入れ込んでおいて、研究会のときなんかに皆が知らない論文に言及する場合、ぱっと実物を画面に呼び出すなんてことをしているんですよ。

————それでは他に、インターネットを通じて探したり手に入れたりする特定の情報があったら教えてほしいんですけど。

[1] **図書室の本には書き込みをしてはいけません！**

[2] 研究が一応完成した段階で、研究者仲間に批評を仰ぐために配布する原稿。Web 上で提供されているもの以外は一般的に入手が難しい。

[3] ロス･アラモス研究所 e-Print Archive: http://arxiv.org/
京大基礎物理学研究所の運営する http://xxx.yukawa.kyoto-u.ac.jp/ ミラーサイト。

[4] http://www.iitap.iastate.edu/htcu/htcu.html

[5] Proceeding(s) = 会議録。

[6] 国立情報学研究所が提供する電子図書館サービス。日本の学協会が発行する学術雑誌や論文を、電子ジャーナルとして利用することができる。

[7] 著者、タイトル、発行年、出版社、引用部分のページ数など、文献資料のメタ情報。雑誌論文の場合は加えて Vol.、No. など、論文提出先によって引用文献の書誌事項の表記のしかたが異なるので投稿規定などに準ずること。最低限他人がその同じ文献を探しあてることができるように正確に書くよう留意しなければならないが、そのためには文献を手に入れた時点で書誌事項をきちんと整理しておくことが必要。

[8] http://www.endnote.com/ENhome.htm　書誌事項整理アプリケーション。

私は学会誌の編集委員をしているので、投稿されてきた論文の著者がどんな研究をしている人かとか、その論文に適した査読者を探したりしなければいけないんです。学会が独自にその特定分野の人物情報をデータベース化して、Web 上で、編集委員にだけ利用できるようにしている場合もあります
また、ある特定分野の研究者をリストアップしている Web Page もありますよ。

――――あの、そういった人物情報を調べるためだったら、使いようによっては Science Citation Index[1]が有効なんじゃないですか？来年から Web 版が使えるようになるんですよ[2]。

使いたいんですが、冊子を見るのが大変だったからなぁ・・。Web 版はトライアルで何度か使いましたが、利用価値が高いと思います。

日本の研究者だったら**研究活動支援ディレクトリ**[3]で検索します。

――――他に、インターネットを通じて入手する一次情報にはどんなものがありますか？

ぼくは**実験装置に使う製品**について、企業のサイトから調べたりしますね。

「半導体が人体に及ぼす害」というような、専門外のことを調べるときはまず Web をあたってみますね。
ところで、あの・・ある論文に**アメリカの特許**が引用されていて、探しているんですが、これもインターネットで探せませんか？

――――日本のだったら**特許電子図書館**[4]がありますが、アメリカの特許の網羅的な検索ができるのは・・・USPTO Web Patent Databases[5]ですね。

[となりのコンピュータで検索してみる。]

あ、これです、これです。フルテキストイメージまで見ることができるんですね。

――――よく使う**サーチエンジン**は何ですか？

Yahoo とか、goo とか・・・[6]

たとえば "EDS" とか、「何の略なんだろう？」と思ったら　goo で検索して、適当にページを見てみると意味がわかったりします。

――――☺サーチエンジンのおもしろい使い方ですね。専用の**略語検索サイト**[7]もあるんですよ。

他にはオフラインのものも含めて、どんな情報を活用していますか？

---

[1] SCI と略す。附属図書館 1 F にある。ある研究者の論文が誰のどの論文に引用されているかなど膨大な量のデータを収録したもので、総じてどの人がその分野を研究しているのか、評価はどうか、ジャーナルの Impact Factor など有用な情報を読み取ることもできる。

[2] SCI の Web 版、Web of Science は 2001 年 3 月から附属図書館を通じて提供されている。

[3] http://dirr.nii.ac.jp/　国立情報学研究所提供。研究機関・課題情報、研究者情報、研究資源情報が検索できる。

[4] http://www.ipdl.jpo.go.jp/　番号がわかれば米国特許も検索可。

[5] http://www.uspto.gov/patft/index.html

[6] 他に、最近日本語でサービスを開始した Google など。http://www.google.com/intl/ja/

[7] acronymfinder: http://www.acronymfinder.com/

あとは・・・、学会の**研究会のスケジュール**もチェックしておかないと。学会のホームページとか、学会誌の会告欄とかをときどき見ます。

どの研究会に参加するか、会場で選んだりして。☺

半導体研究者の**メーリング・リスト**があって、ぼくも参加しているんですが、そこで交わされる情報も有用ですね。

――――では、そろそろインタビューを終わりにさせていただきたいと思います。長い時間、ありがとうございました。
皆さん、インターネットを通じて多くの情報を get しておられるようだったので、最後にお礼も兼ねて、Web 上の情報源を分野ごとに交通整理して検索や、ブラウジングできるようにした、Subject Gateway というサービスを二つ紹介しますね。
工学分野ではやはり Edinburgh Engineering Virtual Library: EEVL[1]でしょう。イギリスの複数大学が中心となって構築しているサイトです。
日本では、東大の**インターネット学術情報インデックス**[2]でしょうか。

ありがとうございました。こんど使ってみます。

――――ではまた、**図書室でお会いしましょう！**

---

[1] 2001 年夏より EEVL: the guide to engineering, mathematics and computing information on the internet と改名。http://www.eevl.ac.uk/

[2] http://resource.lib.u-tokyo.ac.jp/iri/url_search.cgi　現在試行提供中。

参考文献　上田修一ほか．理工学文献の特色と利用法．東京．勁草書房．1987．(図書館・情報学シリーズ 8)

**この記事は、実際行われたインタビューを再構成したフィクションです。
インタビューにご協力いただきました皆さん、本当にありがとうございました。
**脚注の一部に江上敏哲氏(京都大学情報管理課目録掛)による用語解説を引用させていただきました。

時間が10分にもかかわらず、20分間の資料や説明を用意した人もあり、資料は充実したよいものであった。

②他に、「発表は原稿を読み上げるだけである」6人、「もっと具体的な検索例を挙げてほしい」5人、「実例があったのでわかりやすかった」2人、「一般論すぎる」、「OPACやインターネットは理系なら誰でもできる」、「もっと実用的な項目がほしい」、「具体的な論文をさがしていたのでわかりやすかった」、「役に立った」であった。原稿を読み上げるだけ、と厳しい意見をいただいた。主催者側からみれば、100人余りの人前で初めてマイクを持って話すのだから、よくやったと思っていても、参加者の感じ方は違う。気にせずに次回からも挑戦していきたい。ただ、内容や持ち方をさらに検討しなければならない。回を重ねることによって、よりよいものを作っていけると思う。

(3) 感想

3月に提案してから決定まで、月1回の会議が3回かかった。遅くても7月には分担を決めて準備をしていかなければならない。いったん「やる」と決めるや、職員は本当に頑張った。ポスターの上手な人、原稿を上手に書く人、コンピュータに強い人、説明が上手な人等、多才な人が多いのに感心した。図書系職員だけの発表ではなく、図書委員長に挨拶とご自身の文献収集法の紹介、専門的な知識が必要とされている*Chemical Abstracts*の紹介には、関係分野の若手の教官に説明をお願いした。また、事務部のトップに最後の挨拶をお願いした。各階層を巻き込んで進めたことは、図書館に対する理解を得られたと思っている。この取り組みは、『京大広報』(京都大学の広報紙）と『静脩』(京都大学附属図書館報）に紹介された。

翌年は平成12(2000)年10月4日と6日に開催し、前年度にアンケートでいただいた意見を参考に、所要時間を半分にして、前年度時間の関係で取り組めなかった内容を新たに取り上げた。平成13年度も開催に向けて準備されていると聞く。

忙しかった、負担だったと思っている人があったが、やってよかった。企画メンバーだった由本慶子氏（基礎物理学研究所図書室）と江上敏哲氏（元物理工学系図書室、現附属図書館電子情報掛）に感謝したい。今では工学部等図書系職員の間で、文献収集講座のことを「get（ゲット）」と呼んでいる。

（慈道佐代子）

第V部

ワークシート集

−そのまま使える実用書式−

図書館利用教育を実施するにあたって、共通に使えるワークシートがあると便利である。利用頻度が高いと思われる自己診断用チェックシート、企画用ワークシート、実施準備用チェックシート、評価用チェックシートの代表例を用意した。

自己診断用チェックシートは、自館の図書館利用教育の現状分析を行い、その改善や、新しい企画を行うときに利用していただきたい。

企画用ワークシートは2種類ある。図書館オリエンテーション企画シートは、オリエンテーションを企画する際に、図書館利用教育企画ワークシートは、学科関連指導や、図書館主催の講習会、ワークショップ等の各種イベントの企画をする際に利用していただきたい。

実施準備用チェックシートは、各種イベントの準備作業を滞りなく行うためのチェックリストである。

評価用チェックシートは2種類ある。一つは、上記のイベント実施後にその実施過程（プロセス）を評価するものであり、もう一つは、それらイベントの達成度を評価するものである。

取扱い説明

各ワークシートは、そのまま（拡大）コピー、印刷して使うことができるようになっている。自館の実状に合わない部分はアレンジしてオリジナル版を作成してほしい。

「ワークシート」は必要事項を記入する。「チェックシート」は、既に実施している箇所の□にチェックマークをつける。自館に該当しない部分は□にNAなどと記入する。未実施の項目をどのようにするかについて自館内で話し合うきっかけとしてほしい。

ワークシート一覧

1　自己診断用チェックシート

1. 大学理解度チェックシート ……………………………………………… 158
図書館利用教育実施の基礎となる大学理解度をチェックするときに使う。
2. ニーズ分析チェックシート 1 ……………………………………………… 159
図書館利用教育実施の基礎となるニーズ分析をするときに使う。
3. ニーズ分析チェックシート 2 ……………………………………………… 160
図書館利用教育実施の基礎となるニーズ分析をするときに使う。
4. 図書館体制チェックシート ……………………………………………… 161
自館の図書館利用教育全般を把握し、新たに企画をするときに使う。
5. 印象づけチェックシート ……………………………………………… 162
印象づけの現状を把握し、新たに企画するときに使う。
6. サービス案内チェックシート ……………………………………………… 164
サービス案内の現状を把握し、新たに企画するときに使う。
7. オリエンテーション・チェックシート ……………………………………… 167
オリエンテーションの現状を知り、新たに企画するときに使う。
8. 学科関連指導チェックシート－現状分析用－ ……………………………… 168
学科関連指導を企画し、実施を呼び掛け、調整するときに使う。
9. 講習会チェックシート－現状分析用－ ……………………………………… 169
図書館主催の講習会の現状を知り、新たに企画するときに使う。
10. 情報整理法指導チェックシート－現状分析用－ …………………………… 170
情報整理法指導の現状を知り、新たに企画をするときに使う。
11. 情報表現法指導チェックシート－現状分析用－ …………………………… 171
情報表現法指導の現状を知り、新たに企画をするときに使う。

2　企画用ワークシート

1. 図書館オリエンテーション企画ワークシート ……………………………… 172
図書館オリエンテーションを企画するときに使う。
2. 図書館利用教育企画ワークシート ………………………………………… 175
講習会、ワークショップ、学科関連指導の企画をするときに使う。

3　実施準備用チェックシート

1. 新入生オリエンテーション・チェックシート－実施手順用－ ……………… 178

オリエンテーション実施の各手順を確認するときに使う。
2. 情報探索法指導・チェックシート－実施手順用－ ……………………………… 179
情報探索法指導を企画し、実施するときに使う。

4　評価用チェックシート

1. 新入生オリエンテーション・チェックシート－評価用－ ……………………… 180
実施後、その企画、実施過程、達成度を評価するときに使う。
2. 講習会チェックシート－実施過程評価用－ …………………………………… 181
図書館主催講習会の実施後にその実施過程を評価するときに使う。
3. 講習会チェックシート－プレゼンテーション評価用－ ……………………… 182
担当者のプレゼンテーションを評価するときに使う。
4. 講習会チェックシート－達成度評価用－ ……………………………………… 184
図書館主催講習会の実施後にその達成度を評価するときに使う。
5. 学科関連指導チェックシート－実施過程評価用－ …………………………… 185
学科関連指導実施後にその実施過程を評価するときに使う。
6. 学科関連指導チェックシート－達成度評価用－ ……………………………… 186
学科関連指導実施後にその達成度を評価するときに使う。
7. 情報探索法指導チェックシート－評価用－ …………………………………… 187
情報探索法指導を実施後に評価するときに使う。

大学理解度チェックシート

記入日　　　年　月　日

記入者名＿＿＿＿＿＿＿＿＿＿＿

大学の使命・目的を理解し、大学が育成しようとする人間像を知るために

□ 1)　大学要覧の使命・目標の記述を読んでいるか

□ 2)　入学式・卒業式等で学長・総長等の話を聞いているか

□ 3)　学内刊行物で語られる大学の理想・ビジョンを読んでいるか

大学の組織、カリキュラム、また諸活動を知るために

□ 4)　学部・学科構成・附属研究所等の構成と規模を把握しているか

□ 5)　大学の意思決定の仕組みを把握しているか

□ 6)　キーパーソンを知っているか

□ 7)　事務局部門の組織・構成を把握しているか

□ 8)　事務局部門の事務分掌規定を読んでいるか

□ 9)　各学部・学科のカリキュラムを把握しているか

□10)　学生要覧、授業要覧などを読んでいるか

□11)　各教科目・ゼミのシラバスを読んでいるか

□12)　各教科目・教員の授業方法を把握しているか

□13)　レポート、発表、試験、資格試験、実習の時期を把握しているか

□14)　教員・研究者の研究テーマを把握しているか

□15)　大学内で実施されている研究プロジェクトを把握しているか

□16)　大学内で実施される学会・研究会を把握しているか

□17)　大学のエクステンション・プログラムを把握しているか

□18)　カリキュラムの中の利用教育を知っているか

独立学科目となっているものは

学科統合指導を行っている教科目は

学科関連指導を行っている教科目は

ニーズ分析チェックシート１

記入日　　　　年　月　日

記入者名＿＿＿＿＿＿＿＿＿＿＿

利用者をセグメント化し、各セグメントの情報ニーズを明確にする。

□ 1)　教員・研究者の各セグメントの情報ニーズを把握しているか

□ 2)　学生の各セグメントの情報ニーズを把握しているか

□ 3)　多様な利用者をセグメント化し、その情報ニーズを把握しているか

□ 4)　理事者（理事、学長など）の情報ニーズを把握しているか

□ 5)　職員・スタッフ（部署別、担当業務別、専門分野別、勤務態勢別、性別）の情報ニーズを把握しているか

□ 6)　卒業生（進路別）の情報ニーズを把握しているか

□ 7)　外国人（言語別、日本語の習熟度別）の情報ニーズを把握しているか

□ 8)　外部利用者（地域住民、公開講座受講者、家族、提携校関係者）の情報ニーズを把握しているか

□ 9)　利用に障害を持つ人（障害別、障害度別、高齢者、病気を持つ人など）の情報ニーズを把握しているか

□10)　見学者・訪問者の情報ニーズを把握しているか

□11)　各セグメントの習熟度別のニーズを把握しているか

セグメント化とは

利用者は以下の例に見られるような様々な属性を持っている。セグメント化とは、これら複数の属性の組み合わせによる、キメ細かな「細分化」である。

教員・研究者の場合：専門分野別、研究テーマ別、担当教科目別、使用言語別、世代別、キャンパス別、勤務態勢別（常勤、非常勤、新任）など

学生の場合：新入生、編入生、聴講生、外国人学生、利用に障害を持つ学生、帰国学生、社会人学生、再履修生、通学生、下宿生、寮生、内部進学生、交換留学生、入学時期別、学年度別、専攻別、キャンパス別、クラス別、性別、図書館利用の習熟度別など

ニーズ分析チェックシート2

記入日　　　年　月　日

記入者名＿＿＿＿＿＿＿＿＿＿

学生のニーズを把握するために

□ 1)　各セグメントの情報要求の時期を知っているか
　　（レポート、発表、宿題、試験、資格認定試験、実習など）

□ 2)　学生会の組織、行事、活動を知っているか

□ 3)　クラブ・同好会の活動を知っているか

□ 4)　学外関連団体の活動を知っているか

□ 5)　若者の新しい興味・嗜好の状況を知っているか

□ 6)　入学前の利用教育の状況を知っているか

□ 7)　卒業後の進路を知っているか

ニーズの把握をするために

□ 1)　学内の資料・出版物中のデータを分析しているか

□ 2)　学生へのアンケート調査を行っているか

□ 3)　教職員へのアンケート調査をしているか

□ 4)　図書館に対する利用者の意見を聞く仕組みがあるか
　　（□投書箱、□メール、□ホームページの意見欄、□その他）

□ 5)　図書館利用統計の分析をしているか

□ 6)　利用者の図書館内外の利用行動の観察と分析をしているか

□ 7)　レファレンス質問の分析をしているか

□ 8)　資料・機器・各種サービスの利用状況の分析をしているか

□ 9)　教職員、理事者との話し合いをしているか

□10)　学生との話し合いをしているか

□11)　多様な利用者との話し合いをしているか

□12)　マスコミ等の情報源を調べ、社会、教育界の動きを把握しているか

□13)　地域の社会・経済・文化・歴史的状況の把握をしているか

図書館体制チェックシート

記入日　　　　年　月　日

記入者名＿＿＿＿＿＿＿＿＿＿

□ 1）図書館内に利用教育を行う合意はあるか

□ 2）図書館長は利用教育を推進しているか

□ 3）図書館運営委員会は利用教育を推進しているか

□ 4）利用教育の立案・運営・実施の担当者は明確か

□ 5）利用教育の目標・目的は明文化されているか

□ 6）利用教育の年間計画はあるか

□ 7）「目標」5 領域の各項目が実施されているか

□ 8）利用者の各セグメントに指導が行われているか

□ 9）学科関連指導の指導案を作成しているか

□10）指導案の記録はあるか

□11）「方法」5 領域それぞれの実施マニュアルがあるか

□12）指導に必要な機器があるか

□13）指導スペース・場所は確保されているか

□14）直接・間接に関わる経費は確保されているか

□15）各指導実施後に評価を行っているか

□16）効果を学内にフィードバックしているか

□17）教務・学生・関連部門との協力関係ができているか

□18）学科関連指導を行えるように教員に働きかけているか

□19）学生に図書館利用を薦めるように教員に働きかけているか

□20）図書館員の行う指導内容や方法へアドバイスをしてくれる教員はいるか

□21）日常的に教員と良いコミュニケーションを図っているか。

□22）図書館員の専門分野・語学能力・メデイアリテラシーを活用しているか

□23）学内、館内で利用教育関連の研修を行っているか

□24）学外の利用教育関連の研修へ参加しているか

□25）図書館員の研修マニュアルがあるか

印象づけチェックシート

記入日　　　年　月　日

記入者名＿＿＿＿＿＿＿＿＿＿

ポスター・チラシ・ステッカー用

□ 1)　JLA、ALA ポスター、栞等の共同利用ツールを活用しているか

□ 2)　自館製のポスター類は、学生世代の感性に適合しているか

□ 3)　掲示場所、配付場所は最大の効果を上げているか

パンフレット・リーフレット・栞用

□ 4)　総合案内、中央館・分館案内、館内案内というレベル区分があるか

□ 5)　開館日程・時間、利用規則、所蔵資料の特徴、施設・設備利用案内等が記載されているか

□ 6)　図書館の便利さ、気軽さ、快適さ、自由さ、を印象づけているか

サイン計画（学外から、学内で）用

□ 7)　キャンパスマップの中に図書館の位置が「図書館」と記載されているか

□ 8)　サイン計画以前に図書館がキャンパスの動線の中心に位置しているか

□ 9)　図書館へのアクセスは容易か

□10)　図書館への誘導サインは初来館者に対して十分に機能しているか

学内広報紙誌・学生クラブ機関誌・地域広報紙等用

□11)　図書館が露出する機会をできるだけ多くするよう積極的に取り組んでいるか

□12)　図書館の記事を掲載してくれる媒体に継続的なチャンネルを維持しているか

パブリシティ用

□13)　図書館の話題を継続的にマスコミに提供しているか

□14)　話題づくりに意識的に取り組んでいるか

地域・他機関からの訪問者・見学者用

□15)　来訪者用に特別な配付資料を用意しているか

□16)　来訪者用の図書館紹介ビデオを制作しているか

□17)　来訪者の感想・意見を吸い上げるアンケートを実施しているか

□18)　来訪者をフォローするプログラムを持っているか

学内・地域ネットワークへの情報公開用

□19)　所蔵情報・新着情報・貴重資料情報を流しているか

□20)　理解・共感を得るために、運営上の問題点などにつき率直に情報公開して対話の姿勢を印象づけているか

講演会・講習会・展示会用

□21)　所蔵資料を紹介するイベントを実施しているか

□22)　所蔵資料の検索についての講習会を実施しているか

□23)　所蔵資料とは直接関連しない情報リテラシー教育の講演会・講習会を実施しているか

大学ガイダンスでの図書館紹介用

□24)　大学生活の中での図書館の有用性が強調されているか

□25)　生涯学習の観点から情報リテラシーの重要性が強調されているか

□26)　授業と自習と図書館の「三位一体」学習システムについて説明されているか

教員による図書館への言及用

□27)　シラバスにおける教科書、指定図書、推薦図書の区別が説明されているか

□28)　図書館の研究支援、学習支援、生活支援の３つの機能について意識的に説明されているか

□29)　教員自身の図書館体験の個別性と普遍性が区別されて説明されているか

□30)　教員自身の情報リテラシーレベルに制約されない図書館の一般的な有用性が印象づけられているか

諸会議・会合での図書館への言及用

□31)　学部・学科・コース、大学院・研究所の新設・統廃合など計画の際に、設置される図書館の計画が基本構想・基本計画の中にきちんと検討されているか

□32)　カリキュラム改革の計画の際に、情報リテラシー教育とその支援サービスのあり方、図書館の役割が検討されているか

□33)　親機関の年次報告・年次計画の中に、図書館の統計図表と問題点・改善案が記載されているか

□34)　大学教育の中での情報リテラシー教育の意味が理念と目標のレベルで議論されているか

サービス案内チェックシート

記入日　　　年　月　日

記入者名＿＿＿＿＿＿＿＿＿＿

1. 自館の特徴

☐ 1）広報媒体の中に、一般的な図書館の意義や有用性だけでなく、自分の図書館の個性が明確に表明されているか

☐ 2）図書館員が自館の特徴をよく理解し、日常業務の中で広報活動や窓口応対として具体的に展開しているか

☐ 3）大学の公式文書の中に、また大学構成員の図書館認識の中に、その特徴がはっきりと反映しているか

☐ 4）ライブラリーアイデンティティ（LI）という概念に基づくマーク、シンボル、ロゴタイプなどの視覚的要素を確立しているか

☐ 5）LI がビジュアルアイデンティティとして、サイン、広報媒体、帳票、などに統合的に表現されているか

2. 施設・設備の配置

☐ 1）初めての来館者にとって、図書館の外観、入口、内部の雰囲気がフレンドリーな印象を与えるものになっているか

☐ 2）施設・設備そのものが理解しやすく、使いやすい配置になっているか

☐ 3）施設・設備を理解してもらうための、総合案内板、パンフレット、リーフレット、パソコンなどが多種多様に用意されているか

☐ 4）案内誘導機能は外国人利用者にも配慮されているか

☐ 5）在学生だけでなく、エクステンション事業関連などの外部利用者にも配慮されているか

☐ 6）高齢者、障害者にも配慮されているか。

☐ 7）緊急避難ルートの案内があるか。

3. 検索ツールの配置と利用法

☐ 1）目録、索引、書誌などの図書資料と OPAC、CD-ROM の存在が一目で理解できる配置になっているか

☐ 2）収録範囲（主題、受入年、刊行年など）が説明サインとパンフレット等に明記されているか

□ 3)　利用法が初心者にも理解しやすく説明されているか
□ 4)　利用法が上級者にも活用できるよう説明されているか

4. 参考図書・ツールの存在と利用法

□ 1)　参考図書・ツールの総体としてのコーナーが明確に意識できるよう配慮されているか
□ 2)　その有用性を印象づけるサインや広報媒体を用意しているか
□ 3)　その利用法がサインや広報媒体、ツール等でわかりやすく説明してあるか

5. 利用規程

□ 1)　利用者本位に策定されているか
□ 2)　入口付近の目立つ場所に掲示してあるか
□ 3)　理解しやすい用語で記述されているか

6. サービスの種類

□ 1)　受けられるサービスの一覧が案内誘導機能に掲示されているか
□ 2)　受けられるサービスの一覧が総合案内リーフレットに記載されているか
□ 3)　受けられるサービスの個々について案内リーフレットが配付されているか
□ 4)　貸出中の資料について予約できることが案内されているか
□ 5)　所蔵されていない資料についてリクエストできることが案内されているか
□ 6)　資料のコピーの取り寄せができることが案内されているか
□ 7)　原資料の他館からの借用取り寄せができることが案内されているか
□ 8)　コピーサービスの操作法がわかりやすい説明掲示があるか
□ 9)　コピーサービスに伴う著作権の説明掲示があるか

7. 対象別サービスの存在

□ 1)　高齢者、障害者が特に受けられるサービスが総合案内に明記されているか
□ 2)　高齢者サービス、障害者サービスの案内が対象者にわかりやすく記載されているか

8. 図書館員による専門的なサービスが受けられること

□ 1)　レファレンスサービスの説明が掲示されているか
□ 2)　レフェラルサービスの説明が掲示されているか
□ 3)　専門的な研究調査サービスの説明が掲示されているか
□ 4)　レポート作成支援の説明が掲示されているか

□ 5)　外国人のための英語等による応対ができることが原語で掲示されているか

9. 図書館員による親切、丁寧な案内、援助、協力を受けられること

□ 1)　適度にフランクな雰囲気を意識的に演出しているか

□ 2)　個人的な質問に対しても適切な支援サービスを受けられることを案内しているか

10. 利用マナー

□ 1)　騒音・飲食・喫煙について適切な教育的指導の掲示があるか

□ 2)　座席や機器の占有について適切な教育的指導の掲示があるか

□ 3)　コピー機の使い方について適切な教育的指導の掲示があるか

□ 4)　端末機の利用の際の情報倫理やネチケット等について適切な教育的指導の掲示があるか

□ 5)　プライバシー保護の規定について明記してあるか

11. 行事の案内

□ 1)　図書館行事（講演会、講習会、展示会、上映会、等）の専用掲示板があるか

□ 2)　大学行事・地域行事・学外行事についての掲示板があるか

オリエンテーション・チェックシート
－現状分析用－

記入日　　　年　月　日

記入者名＿＿＿＿＿＿＿＿＿＿

□ 1)　新入学生へのオリエンテーションは各入学時期に合わせて行っているか

□ 2)　新任教職員へオリエンテーションをしているか

□ 3)　非常勤教職員へオリエンテーションをしているか

□ 4)　利用に障害のある人へのプログラム、また配慮があるか

□ 5)　日本語が不自由な利用者へのプログラム、また配慮があるか

□ 6)　学外利用者へのプログラムがあるか

□ 7)　その他の多様な利用者へのオリエンテーションをしているか

学科関連指導チェックシート
－現状分析用－

記入日　　　年　月　日

記入者名＿＿＿＿＿＿＿＿＿＿＿

□ 1)　教務部門に学科関連指導を行う必要性を説明し、図書館は指導を行う態勢があることを伝えているか

□ 2)　カリキュラム委員会等に学科関連指導を行う必要性を説明し、図書館は指導を行う態勢があることを伝えているか

□ 3)　図書館長や図書館運営委員の教員に、他の教員へ図書館は学科関連指導を行う態勢があることを伝えてもらっているか

□ 4)　教員に対し、適切な時期（学期始め等）に、担当科目に関連した指導を授業の一部として行う案内を出しているか

□ 5)　新任教員に対し、図書館が担当科目に関連した利用教育を授業の一部として行う案内を出しているか

□ 6)　非常勤教員に対し、図書館が担当科目に関連した利用教育を授業の一部として行う案内を出しているか

□ 7)　外国からの教員に対し、図書館が担当科目に関連した利用教育を授業の一部として行う案内を出しているか

□ 8)　教員への案内状はわかりやすいか

□ 9)　指導依頼の受けつけ方法は、簡単で、多様な手段（依頼用紙、電話メール、口頭など）を講じているか

□10)　スケジュール表を準備し、教員からの依頼を受けたときに適切な調整を行っているか

講習会チェックシート
－現状分析用－

記入日　　　　年　月　日

記入者名＿＿＿＿＿＿＿＿＿＿＿＿

□ 1）　図書館主催講習会の年間スケジュールがあるか

□ 2）　目標５領域に対応したさまざまなプログラムが準備されているか

□ 3）　習熟度別（初級、中級、上級など）プログラムがあるか

□ 4）　新しいメディア、機器等が加わった時に講習会を開いているか

□ 5）　インターネット利用の講習会を開いているか

□ 6）　教職員対象のプログラムがあるか

□ 7）　多様な利用者へのプログラムがあるか

　　□　＿＿＿＿＿＿＿＿＿＿＿＿対象のプログラムがあるか

　　□　＿＿＿＿＿＿＿＿＿＿＿＿対象のプログラムがあるか

　　□　＿＿＿＿＿＿＿＿＿＿＿＿対象のプログラムがあるか

　　□　＿＿＿＿＿＿＿＿＿＿＿＿対象のプログラムがあるか

　　□　＿＿＿＿＿＿＿＿＿＿＿＿対象のプログラムがあるか

□ 8）　参加しやすいように、多様な時期、曜日、時間帯に実施しているか

情報整理法指導チェックシート
－現状分析用－

チェック実施日　　　年　　月　日
記入者氏名＿＿＿＿＿＿＿＿＿＿

□ 1）　レファレンスデスクで、情報の整理・分析の必要性について指導しているか
□ 2）　情報整理法のワークショップや講習会を開催しているか
□ 3）　情報整理の方法についてビデオ教材を用意し上映会を開催しているか
□ 4）　学科関連指導の中で情報整理法の指導を行っているか
□ 5）　学科統合指導の中で情報整理法の指導を行っているか
□ 6）　独立学科目で情報整理法の指導を行っているか
□ 7）　チュートリアルでの指導を行っているか
□ 8）　学生のための情報整理法独習用ツールを用意、提供しているか
□ 9）　ワークブックを用意、作成、提供しているか
□10）　テキストブックを用意、作成、提供しているか
□11）　パスファインダーを作成、提供しているか
□12）　情報整理コーナーの機器・資料の使い方のリーフレットを用意・提供しているか
□13）　情報整理コーナーの機器・資料の使い方サインを工夫しているか
□14）　電子掲示板システムを利用して、情報整理法の意義等を利用者に伝えているか
□15）　図書館のホームページ上に情報整理法のコーナーを設けているか
□16）　学内広報誌上で情報整理法の意義に言及しているか
□17）　その他、校内や地域のメディアを利用して情報整理法の必要性を利用者に訴えているか
□18）　情報整理・加工コーナーを館内に設置しているか
□19）　情報整理法に関する展示会を実施しているか

情報表現法指導チェックシート
－現状分析用－

チェック実施日　　　年　　月　日
記入者氏名＿＿＿＿＿＿＿＿＿＿

□ 1)　レファレンスデスクで、情報の表現法についての問い合わせに対応できるか
□ 2)　情報表現法のワークショップや講習会を開催しているか
□ 3)　情報表現方法についてビデオ教材を用意し上映会を開催しているか
□ 4)　学科関連指導の中で情報表現法の指導を行っているか
□ 5)　学科統合指導の中で情報表現法の指導を行っているか
□ 6)　独立学科目で情報表現法の指導を行っているか
□ 7)　チュートリアルでの指導を行っているか
□ 8)　学生のための情報表現法独習用ツールを用意、提供しているか
□ 9)　ワークブックを用意、作成、提供しているか
□10)　テキストブックを用意、作成、提供しているか
□11)　パスファインダーを作成、提供しているか
□12)　情報表現コーナーの機器・資料の使い方のリーフレットを用意・提供しているか
□13)　情報表現コーナーの機器・資料の使い方サインを工夫しているか
□14)　電子掲示板システムを利用して、情報表現法の意義等を利用者に伝えているか
□15)　図書館のホームページ上に情報表現法のコーナーを設けているか
□16)　学内広報誌上で情報表現法の意義に言及しているか
□17)　その他、学内や地域を利用して情報表現法の必要性を利用者に訴えているか
□18)　情報生産・発信コーナーを館内に設置しているか
□19)　学生の情報発信のためにホームページを用意しているか
□20)　学生が展示会、発表会に利用できる場所を用意し、提供しているか
□21)　学生の発行物、作品を収集、保存し、利用者に提供しているか
□22)　学生のための展示、掲示コーナーを用意し、提供しているか

図書館オリエンテーション企画ワークシート

(1)企画の名称	
(2)対象	学部学生　学部　学科　専攻 大学院生　学部　学科　専攻 教員　職員　その他
(3)目標	
(4)内容	a)自館の特徴 b)図書館員紹介 c)施設・設備案内 d)サービスの種類 e)OPAC 利用法 f)参考図書紹介 g)利用規程 a) h)マナー i)行事案内 j)図書館ホームページ紹介 k)その他
(5)実施形態	a) 新入生オリエンテーション・プログラムの一部 b)授業科目の一部 c)参加自由型イベント(定員あり____人。 定員なし d)申し込み制(申込方法 e)その他(
(6)実施期間	a)通年:毎週 __曜日　随時受付　その他 b)期間限定:_____から_____まで ____日間_____コマ
(7)所要時間	分　回
(8)担当	a) 責任者(部署) b) 担当者(部署)アシスタント　人員____名 c) 図書館長あいさつ 有 無
(9)方法・手段	a)口頭説明 b)館内ツアー c)デモ d)スライド e)OHP f)OHC g)ビデオ h)パワーポイント i)コンピュータ j)練習問題 k)自館の利用案内 l)現物資料 m)CD-ROM n)その他(
(9)実施場所	a)図書館内施設(b)大学内他施設(
(10)広報手段	a)ポスター b)掲示 c)ちらし d)図書館刊行物への掲載 e)学内印刷物 f)図書館ホームページ g)大学ホームページ h)関係者・関係部署への通知(文書、電話、郵便、電子メール) I)その他(　)
(11)設備・機器	a)スクリーン b)プロジェクター c)ビデオ d)OHP e)OHC f)OPAC 端末 g)コンピュータ h)その他
(12)配布資料	a)自館の利用案内 b)図書館カード等 c)その他
(13)スタッフ資料	a)配布資料サンプル
(14)アンケート	実施する　実施しない
(15)評価方法	a)参加者アンケート b)教員等のコメント c)担当者の自己評価 d)図書館員相互の観察 e)統計 f)反省会

(1/3)

プログラム：指導・案内の展開			
時間配分	内容・方法・場所	資料・機材	担当

事前準備			
項目	留意点	担当者	期限等
関連部署と連絡調整			
担当者確保			
マニュアル作成			
施設の確保			
機器の確保			
配布資料の準備			
広報の実施			
誘導サイン作成			
臨時担当者の養成			
シミュレーション			

（2／3）

実施当日		
項目	留意点	担当者
担当確認		
施設の設営		
サインの設置		
機材テスト		
配布物確認		
受付		
アンケート		
撤収		

評価	
目標達成度評価	
プロセス評価	準備
	実施
評価の報告	a) 報告書(提出先) b)

今後の課題

（3／3）

図書館利用教育企画ワークシート

作成者:　　　　　　　　　　　　作成日:　　　年　　月　　日(　　)

企画の名称	

A. 概要						
(1)対象	学部学生 1 2 3 4				教職員	
	大学院生 M1 M2 D1 D2 D3				その他(	
(2)目標(具体的に)						
(3)日程(実施時間)						
(4)実施形態	講義	デモ	演習	ツアー	その他	
(5)告知の方法						
(6)担当者 (アシスタント)						
(7)実施施設						
(8)必要な設備						
(9)必要な機器						
(10)配布資料(教材)						
(11)スタッフ側資料						
(12)受講者の 情報活用習熟度						
(13)受講者の予習・宿題	(予)					
(14)結果の報告						
(15)アンケート	実施の有無	実施する			実施しない	
(16)評価の指標						

(1／3)

B. 指導案：指導の展開

時間配分	内容	資料等	機材	

C. 指導案：例題・サンプル箇所

（2／3）

D. 準備				
項目	説明	ﾁｪｯｸﾎﾟｲﾝﾄ	担当者	期限等
教材の準備				
施設の確保				
設備の確保				
広報の実施				
講師の確保				
指導案作成				

E. 実施				
項目	説明	ﾁｪｯｸﾎﾟｲﾝﾄ	担当者	備考
各担当確認				
誘導サイン				
受付				
機材テスト				
配付物確認				
接待				
謝礼と領収証				
撤収				

F. 評価		
目標達成度評価		
プロセス評価	準備	
	実施	

G. 今後の課題

（3／3）

新入生オリエンテーション・チェックシート
－実施手順用－

記入日　　　年　月　日

記入者名＿＿＿＿＿＿＿＿＿＿

□ 1）　教務・学生指導部門と協議し、時期、時間、形態、場所を決めたか（全員一斉、クラス・ゼミ別、自由参加型、登録制、入学時オリエンテーションの一部として、授業開始後等）

□ 2）　指導内容を決めたか（自館の特徴、図書館員紹介、施設・設備案内、サービスの種類、OPAC 利用法、参考図書紹介、利用規程、マナー、行事案内など）

□ 3）　指導方法を決めたか（レクチャー、ツアー、演習、ビデオ、パワーポイントなど）

□ 4）　指導プログラム（指導案、スケジュール）を作成したか

□ 5）　配布資料・教材の準備をしたか（図書館案内リーフレット、ビデオ、OHP、配布資料、図書館カード、提示資料サンプルなど）

□ 6）　指導人員・体制を整えたか（図書館員、アルバイト、学生補助員、他の部署よりの協力者等）

□ 7）　指導マニュアルを作成したか

□ 8）　案内を出したか

□ 9）　指導場所の設営をしたか

□10）　オリエンテーション担当者の打ち合わせをしたか

情報探索法指導チェックシート
－実施手順用－

チェック実施日　　年　　月　日
記入者氏名＿＿＿＿＿＿＿＿＿＿

事前

□ 1) 情報探索法指導を行うことを教員、学生、館員、大学構成員など関係者に告知しているか
□ 2) 実施日程・期間・時間・場所などは確定しているか
□ 3) 実施担当者の予定表などは確定しているか
□ 4) 申し込み受け付け方法は確定しているか
□ 5) 使用する教材・機材・配布資料は決定しているか
□ 6) 使用するレファレンスツールは決定されているか
□ 7) 申し入れ条件により迅速に対応できる幾つかの指導パターンを用意しているか
□ 8) 指導マニュアルは整備されているか
□ 9) 担当者スケジュールは決まっているか
□10) 申し込みカレンダーまたは一覧ノートは用意されているか
□11) 申し込み責任者との連絡はできているか
□12) 機器操作法はマスターしているか
□13) リハーサルは終えているか

当日

□14) 会場への誘導サイン・案内掲示はできているか
□15) 複数カウンターに周知されているか
□16) 実施会場内に教材・機材・配布資料の準備はできているか
□17) 使用するレファレンスツールは準備されているか
□18) 使用する機器は正常に作動するか
□19) 使用するビデオテープは正常に写るか
□20) 演習用 PC の台数は確保されているか
□21) 演習用 PC が特定時間の間、一般利用ができないことが周知されているか
□22) アクシデントに備え、予備員が配置に付いているか

新入生オリエンテーション・チェックシート
－評価用－

記入日　　　年　月　日

記入者名＿＿＿＿＿＿＿＿＿＿＿

実施日時（期間）＿＿＿＿＿＿＿＿＿＿＿＿＿＿＿＿＿＿＿＿

担当者＿＿＿＿＿＿＿＿＿＿＿＿＿＿＿

実施過程（プロセス）の評価

□ 1）　実施時期は適切か

□ 2）　時間配分は適切か

□ 3）　対象人数は適切か

□ 4）　対応人員は適切か

□ 5）　指導内容は適切か

□ 6）　教材・配布資料は適切か

□ 7）　広報の時期、方法は適切か

□ 8）　話し方、マイクの使い方などは適切か

□ 9）　学生が受け身でなく、参加する工夫があったか

□10）　理解を助ける機器類（AV 機器など）を活用したか

□11）　指導マニュアルは適切だったか

□12）　参加できなかった学生へのフォローアップをしているか

□13）　関連他部署との連絡・調整は十分だったか

□14）　実施状況の評価をどう行なったか（アンケート、観察、利用状況の観察、図書館員による評価、教職員による評価など）

□15）　実績を大学内に公表したか

□16）　評価結果を次年度プログラム作成に反映させたか

達成度（成果）の評価

□ 1）　図書館の便利さ、気軽さ、快適さ、自由さを印象づけたか

□ 2）　図書館へ行こうという気持ちを持たせたか

□ 3）　図書館員の専門性を印象づけたか

□ 4）　指導内容は理解されたか

講習会チェックシート
－実施過程評価用－

記入日　　　　年　月　日

記入者名＿＿＿＿＿＿＿＿＿＿

企画の名称＿＿＿＿＿＿＿＿＿＿＿＿＿＿＿＿＿＿＿＿

実施日時（期間）＿＿＿＿＿＿＿＿＿＿＿＿＿＿＿＿＿＿＿＿

担当者＿＿＿＿＿＿＿＿＿＿＿＿＿＿

□ 1）　今回の指導目標にたいして指導内容は適切か
□ 2）　時間配分は適切か
□ 3）　教材・配布資料は分かりやすく魅力的か
□ 4）　教材・配布資料の分量は適切か
□ 5）　実習や練習問題は利用者の興味をひくものとなっているか
□ 6）　練習問題はプリテストをしたか
□ 7）　会場へたどり着くまでの誘導サインは適切に設置されていたか
□ 8）　会場の収容人数は適当だったか
□ 9）　会場の照明は適当だったか
□10）　会場の空調は適当だったか
□11）　受付のデスク配置と要員配置は適当だったか
□12）　利用機器の調整は十分か
□13）　指導担当者はリハーサルをしたか
□14）　指導案・指導の展開は適切か
□15）　話し方、マイクの使い方は適切か
□16）　受講者が受け身でなく、参加する工夫があるか
□17）　広報の時期、方法は適切か
□18）　利用機器（AV 機器など）は理解の助けとなったか
□19）　指導マニュアルは適切だったか
□20）　参加できなかった利用者へのフォローアップをしているか
□21）　日本語が母国語でない利用者のために外国語のマニュアルはあるか
□22）　受講者アンケートを行ったか
□23）　担当者による実施後評価を行ったか
□24）　実施後の問題点、効果を関係部署に知らせているか

講習会チェックシート
－プレゼンテーション評価用－

記入日　　　　年　月　日

記入者名＿＿＿＿＿＿＿＿＿＿

企画の名称＿＿＿＿＿＿＿＿＿＿＿＿＿＿＿＿＿＿＿＿

実施日時（期間）＿＿＿＿＿＿＿＿＿＿＿＿＿＿＿＿＿＿＿＿

担当者＿＿＿＿＿＿＿＿＿＿＿＿＿＿

始め方の三つの「べからず」（ボイラン，1993）

□ 1）　決まりきった常套句で始めなかったか

□ 2）　前置きを長々としゃべらなかったか

□ 3）　最初の１分間はメモを一切使わなかったか

配付資料

□ 1）　最初に、講習内容のレジュメだけを配布しておいたか

□ 2）　最初に、「最後にスライドと同じ内容のプリントは配付するのでメモ不要」と伝えたか

□ 3）　途中で参照する配布資料は、説明と同じ順序に構成されていたか

□ 4）　受講者がメモしなければならない追加情報はなかったか

□ 5）　必要十分な内容と分量だったか

□ 6）　わかりやすい資料だったか

スライド・パワーポイント

□ 1）　スライドを省略して配布資料だけにしたために受講者が下を向いてしまわなかったか

□ 2）　１枚に内容をツメ込みすぎなかったか（１枚に１テーマ。５行から７行が適切）

□ 3）　装飾過多で見にくくはなかったか

話し方

□ 1）　冒頭でウケるはずの冗談がスベってシラケさせなかったか

□ 2）　間違えないように用意した台本のセリフを棒読みしなかったか

□ 3） 謙虚にありのままを話したために失望されなかったか
□ 4） 自信満々に話したために敬遠されなかったか
□ 5） 「これが」と指示したときに３秒以上静止したか（３秒ルール）

禁句集

□ 1） 「読みにくくてすみませんが…」と言わなかったか（読みやすく作れ）
□ 2） 「あまり適当な例ではないかもしれませんが…」と言わなかったか（適当な例を出せ）
□ 3） 「あれぇ，おかしいなぁ…」と言わなかったか（接続動作確認不足）
□ 4） 「ホントはこうなるはずなんだけど…」と言わなかったか（リハーサル不足）
□ 5） 「コレとコレがこうなって…」と言わなかったか（コレがどれだかついていけない）

質疑応答

□ 1） 時間切れで質疑の時間がなくならなかったか
□ 2） 時間はあったのに誰も質問してくれなくならなかったか
□ 3） 難問を聞かれて答えられない状態にならなかったか
□ 4） 執拗に批判されて立ち往生しなかったか

講習会チェックシート
－達成度評価用－

記入日　　　　年　月　日

記入者名＿＿＿＿＿＿＿＿＿＿＿＿

企画の名称＿＿＿＿＿＿＿＿＿＿＿＿＿＿＿＿＿＿＿＿＿＿＿＿＿＿

実施日時（期間）＿＿＿＿＿＿＿＿＿＿＿＿＿＿＿＿＿＿＿＿＿＿＿＿＿＿＿

担当者＿＿＿＿＿＿＿＿＿＿＿＿＿＿＿＿＿＿

達成度（成果）の評価

□ 1）　指導ツール・手法の便利さ、有用性を印象づけたか

□ 2）　用いてみようという気持ちを持たせたか

□ 3）　図書館員の専門性を印象づけたか

□ 4）　目標＿＿＿＿＿＿＿＿＿＿＿＿＿＿＿＿＿＿ は、ほぼ理解されたか

□ 5）　目標＿＿＿＿＿＿＿＿＿＿＿＿＿＿＿＿＿＿ は、ほぼ理解されたか

□ 6）　目標＿＿＿＿＿＿＿＿＿＿＿＿＿＿＿＿＿＿ は、ほぼ理解されたか

□ 7）　目標＿＿＿＿＿＿＿＿＿＿＿＿＿＿＿＿＿＿ は、ほぼ理解されたか

□ 8）　目標＿＿＿＿＿＿＿＿＿＿＿＿＿＿＿＿＿＿ は、ほぼ理解されたか

□ 9）　目標＿＿＿＿＿＿＿＿＿＿＿＿＿＿＿＿＿＿ は、ほぼ理解されたか

□10）　目標＿＿＿＿＿＿＿＿＿＿＿＿＿＿＿＿＿＿ は、ほぼ理解されたか

学科関連指導チェックシート
－実施過程評価用－

記入日　　　　年　月　日

記入者名＿＿＿＿＿＿＿＿＿＿＿＿

実施教科目・ゼミ名＿＿＿＿＿＿＿＿＿＿＿＿＿＿＿＿＿＿＿＿＿＿＿

実施日時（期間）＿＿＿＿＿＿＿＿＿＿＿＿＿＿＿＿＿＿＿＿＿＿＿

依頼教員名＿＿＿＿＿＿＿＿**指導担当者**＿＿＿＿＿＿＿＿＿＿＿＿＿

□ 1）　依頼教員と指導内容・利用資料・実習課題などを十分に協議したか

□ 2）　学生の現時点の図書館利用の習熟度を把握しているか

□ 3）　紹介すべき資料の確認をし、不足資料を補充したか

□ 4）　実施時期は適切だったか

□ 5）　時間配分は適切か

□ 6）　指導内容は適切か

□ 7）　指導案（指導の展開）は適切か

□ 8）　教材・配布資料は分かりやすく魅力的か

□ 9）　教材・配布資料の分量は適切か

□10）　実習や練習問題は利用者の興味をひくものとなっているか

□11）　練習問題はプリテストをしたか

□12）　利用機器の調整は十分か

□13）　指導担当者はリハーサルをしたか

□14）　話し方、マイクの使い方は適切か

□15）　学生が受け身でなく、参加する工夫があるか

□16）　利用機器（AV 機器など）は理解の助けとなったか

□17）　教員は一緒に参加したか

□18）　参加できなかった学生のフォローアップをしているか

□19）　教員、学生からの評価（フィードバック）をうけたか

□20）　担当者による実施後評価を行ったか

□21）　指導後の学生の利用行動や理解度など、図書館としての気づきを教員にフィードバックしているか

□22）　指導の記録を残しているか

学科関連指導チェックシート
－達成度評価用－

記入日　　　　年　月　日

記入者名＿＿＿＿＿＿＿＿＿＿＿＿

実施教科目・ゼミ名＿＿＿＿＿＿＿＿＿＿＿＿＿＿＿＿＿＿＿＿＿＿＿＿

実施日時（期間）＿＿＿＿＿＿＿＿＿＿＿＿＿＿＿＿＿＿＿＿＿＿＿＿＿

依頼教員名＿＿＿＿＿＿＿＿＿＿**指導担当者**＿＿＿＿＿＿＿＿＿＿＿＿＿＿＿＿

達成度（成果）の評価

□ 1）　探索ストラテジー（手順）を理解させたか

□ 2）　指導ツール・手法・資料の便利さ、有用性を印象づけたか

□ 3）　利用してみようという気持ちを持たせたか

□ 4）　図書館員の専門性を印象づけたか

□ 5）　目標＿＿＿＿＿＿＿＿＿＿＿＿＿＿＿＿＿＿＿　は、ほぼ理解されたか

□ 6）　目標＿＿＿＿＿＿＿＿＿＿＿＿＿＿＿＿＿＿＿　は、ほぼ理解されたか

□ 7）　目標＿＿＿＿＿＿＿＿＿＿＿＿＿＿＿＿＿＿＿　は、ほぼ理解されたか

□ 8）　目標＿＿＿＿＿＿＿＿＿＿＿＿＿＿＿＿＿＿＿　は、ほぼ理解されたか

□ 9）　目標＿＿＿＿＿＿＿＿＿＿＿＿＿＿＿＿＿＿＿　は、ほぼ理解されたか

□10）　目標＿＿＿＿＿＿＿＿＿＿＿＿＿＿＿＿＿＿＿　は、ほぼ理解されたか

情報探索法指導チェックシートー評価用ー

チェック実施日　　年　　月　日

記入者氏名＿＿＿＿＿＿＿＿＿＿

企画の名称＿＿＿＿＿＿＿＿＿＿＿＿＿＿＿＿＿＿＿＿＿＿＿＿

実施日時（期間）＿＿＿＿＿＿＿＿＿＿＿＿＿＿＿＿＿＿＿＿＿＿＿＿

担当者＿＿＿＿＿＿＿＿＿＿＿＿＿＿＿＿

利用者の視点からの評価

□ 1）　実施時期は適切か

□ 2）　時間配分は適切か

□ 3）　対象人員は適切か

□ 4）　指導内容はよく理解できたか

□ 5）　演習効果は十分か

□ 6）　演習用 PC は足りたか

□ 7）　演習時間は適切か

□ 8）　使用ビデオは適切か

□ 9）　担当者の話し方・マイクの使い方は適切か

□10）　機器操作と話とのリンクは適切か

□11）　パワーポイントは分かりやすかったか

□12）　配布資料は役に立った

□13）　レファレンスツールの必要性はよく理解できたか

□14）　レポート・論文作成に情報探索法が大切であることを理解したか

実施担当者の視点からの評価

□15）　指導マニュアルは適切だったか

□16）　教員・学生への連絡は十分だったか

□17）　関連部署との連絡・調整は十分だったか

□18）　教材・機材・配布資料は適切だったか

□19）　参加者は、積極的に参加していた様子だったか

□20）　プログラムどおりに進めることができたか

□21）　機器操作に十分慣れていたか

□22）　質問に明確に答えられたか

□23）　教員からの条件を満たすことができたか

第VI部

資料編

—本書のよりいっそうの理解と活用のために—

第VI部では、本書をよりよく理解、活用できるように、いくつかの資料を用意した。1章は本書で登場する重要概念を解説する用語解説、2章は利用教育に活用できる教材・ツールリスト、3章はさらなる実践・研究に役立つ参考文献リストである。

なお、内容は、本書執筆・編集時点のものである。利用にあたっては、留意してほしい。

1章

用語解説（五十音順）

以下の解説は、単に用語の解説にとどまらず、本書の意図をより深く解説したものを含めている。ぜひ本文に合わせて一読していただきたい。用語の説明部分は利用教育を理解し実施に移す助けとなるために作成されたものであり、その範囲以外の適用は考慮されていない。なお、本章の用語解説は、「図書館利用教育ガイドライン―大学図書館版―」（1998年）に収録されていたものを加筆、修正したものである。

●あ行

アクセスポイント：検索ツールを用いる際に、手がかりとする言葉、または記号をさす。著者名、書名、それらの一部、キーワード、件名、分類番号、出版者、出版年等がある。利用者（特に学生）は何をアクセスポイントとするかがわかりにくい。したがって、指導の際に各検索ツールのアクセスポイントを指摘するだけでは十分ではない。自分の求める情報を表現するアクセスポイントをどのようにして探すかの指導が必要である。

●か行

検索ツール:必要な資料や情報を探すために用いるものの総称。OPAC、二次資料（書誌、目録、索引誌）、レファレンス・データベース等を指す。

広報：広報には領域1、領域2の図書館一般の紹介や自館の案内のためのものと同時に、領域3、領域4、領域5における個々のイベントを実施する際の告知・宣伝もある。

コミュニティ：大学コミュニティとは、図書館の設置母体である大学キャンパスまたはそこに集う理事者・教職員・学生を指す。大学の政策によっては、さらに広義に、卒業生、寄付者、支援者、地域住民等を含む。

●さ行

CAI：Computer Assisted Instruction の略語。予めコンピュータに組み込まれた学習プログラムを学習者が個別的に対話しながらたどる形で学習を進められる教育支援システムのこと。

自館の特徴：その図書館らしさ。図書館という機関にとって「人格」に当るもの。ライブラリーアイデンティティとも言い、施設、資料、図書館員、サービスの総体がひとつの個性的な存在感を持つことを指す。サインや広報媒体、帳票類、窓口応対なども含めて、利用者の五感に触れるすべての要素が、統合的に企画・管理されている状態が理想となる。図書館利用教育の実施に当たってはコミュニケーションの土台となる。

情報源：印刷媒体、AV資料だけでなく、データベースや通信ネットワークを通じての外部情報機関をも含む。

情報探索ストラテジー：有効で効率的な探索を行うため、探索開始に先だって、どのような情報源やツールを用い、どのような順序（流れ）で進めていくかを、情報ニーズや探索目標に基づいて規定した計画案（戦略）。

情報ニーズ：情報ニーズは調査・研究や学習の際に生じるものだけでなく、生活のさまざまな場面で必要になる情報へのニーズ全般を指す。“needs”は需要であり、潜在需要と顕在需要がある。要求、すなわち“demands”は利用者自身によって意識され表明された需要であるが、必ずしも本人の真の需要を正確に反映しているとは限らない。したがって図書館が利用者の真の需要を把握するためには、調査と分析が必要になる。

情報の特性：メデイアの持つ特性、また情報発信の年代・地域・社会状況・発信者（源）の持つ特徴と限界等を指す。学問分野ごとに情報の生産、流通、消費の形態は異なり、それぞれ固有の特性を持つ。さらに学説や学派ごとの特性も、学習・研究の前提的な知識である。

情報の評価：多種多様な情報が氾濫する現代においては、真に有用な情報を獲得するためには、その特性を理解し、新しさや確かさなどを適確に評価できるだけの判断力が必要とされる。その評価は利用目的によって変わる。情報源を確定し、発信者の視点・立場と信頼性、作成時期の新しさや妥当性、情報の取り扱い範囲、扱い方、正確さ、客観性、出典表示の有無、情報収集方法、形態面での使い勝手のよさ等が判断の材料となる。

情報の窓：＜窓＞というコンセプトは重要である。たとえ今は蔵書が貧弱でも、相互協力やデータベースの利用によって、利用者が思っているよりはるかに広範囲で高度な情報提供サービスが可能になる。「まず蔵書の充実をしてから利用教育を始める」などという先後論は成立しない。図書館は単独に存在しているのではなくて、世界中に張り巡らされたネットワークに向けて開いているひとつの窓のようなものだという印象を与えたい。

情報倫理：情報の入手や発信には、他の社会的行動と同様に倫理（モラル）が要求される。不正コピー問題、侵入・改変問題、自由と規制の問題等を考える前提として、情報教育の根底には常に、他者の人権、プライバシー、著作権を尊重するという情報倫理が意識されていなければならない。

自立：自立とは、自らの動機に基づき、習得した知識・技能を用いて、主体的に、目的を達成できる能力を身につけた状態をいう。自立的利用者という概念は「図書館員の助けを借りなくても図書館を利用できる成熟した利用者」を指す。これは図書館員が不必要になるという意味ではない。なぜなら、利用者が次々と自立していく一方で、新しい初級利用者も毎日来館し続け、また情報環境の急激な変化の中でその知識・技能が絶えず陳腐化するからである。この意味で自立という課題は大学教育の中で完結するものではなく、大学入学前から卒業後の全期間を貫く継続的な生涯学習の目標理念である。図書館員にとっては、自立促進の成果として、例えば領域2のクイックレファレンスの件数の比率が低下して余力が生まれるが、領域3、4、5の専門的サービスへのニーズは高まる。利用者の自立は図書館員の専門性を高める必要条件なのである。

少数のニーズ：図書館は、潜在的利用者も含めたすべての個人を利用者として尊重しなければならないが、特に大学内の地位や、身体的、社会的、経済的、政治的、思想的、宗教的、言語的、民族的、文化的等のさまざまな意味での弱者やマイノリティへの配慮は欠かせない。大学の国際化、情報化、地域開放という流れの中で、図書館の利用者は一層多様化することが予想される。留学生、帰国学生、編入生、外国人教員・研究者、非常勤職員、障害者等が持つ少数者のニーズに対しては、より一層きめ細かなサービスを提供しなければならない。

●た行

チュートリアル：図書館員や教員、大学院生のティーチングアシスタント等による個別指導時間のこと。

図書館：近年、大学においては図書館という名称が消えつつあり、情報センターまたメディアセンター等と称されるようになってきた。名称はどうであれ、ここでいう図書館とは各種メディアの資料・情報を収集・組織し利用に供することにより、人々の知る権利を保障するという図書館機能を持つ社会的機関全般を指す。

図書館員の専門性：図書館利用教育担当者の専門性には、従来言われてきた「図書館員の専門性」に加えて、教育的指導の能力や、館内の横断的なプロジェクトの実行管理能力が必要である。

●は行

パブリシティ：宣伝的な情報をジャーナリズムに提供して、無料で一般的な記事や番組の形で報道してもらうことを指す。有料の広告とは違って、メディア側が素材の取捨選択と報道のし方を判断するので、ニュース性・話題性が要求されるが、その分だけ受け手側の信頼感も高い。

ブラウジング：必要な資料を特定してから、その入手に向かうことが情報探索の基本ではあるが、漠然とした目的で、あるいは無目的で、書架を眺め歩いたり、ランダムに資料を通読したりすること、つまりブラウジングには思いがけない情報探索の効用がある。

●ま行

マスメディア教材：指導に使用する教材としては、図書館あるいは大学の内部で自作したものだけでなく、情報教育関連の雑誌の特集記事、テレビ番組、市販ビデオソフトなども大いに活用するべきである。

目的と目標：目的とは理念的・抽象的な終着点（goals）を指し、目標とは図書館利用教育の個々のプログラム（具体的な企画の実施計画）の測定・評価可能な到達点（objectives）を指す。

●や行

予算：図書館利用教育に関する予算には、人件費や、使用機器、消耗品などの諸経費のすべてを含まねばならない。人件費には、指導担当図書館員だけでなく、臨時職員、嘱託職員、委託職員、そして協力を依頼する学内他部署職員の拘束時間さらには担当者の研修費、講演会を企画すれば講師謝礼も必要である。また通常の利用のための参考ツールは資料費として計上されるが、図書館利用教育の教材としての参考ツールの予算も、実習で利用者が手にすることができる数量分を別途確保しておく必要がある。

●ら行

利用案内：パンフレット、リーフレットなどの印刷紙媒体を図書館界では「利用案内」と称することが多いが、誤解や混乱のもとになるので呼称を工夫したい。文字通りの語義では、「利用の案内」は五つの領域のそれぞれの中に存在している。物理形態としてはパンフレット、リーフレットだけではなく、掲示、放送、ビデオ、パソコン、コンピュータネットワーク、テレホン・サービスなどさまざまな形で「案内」が可能である。

2章

教材・ツールリスト

本章では、図書館利用教育を実施するにあたって利用できる教材・ツール等として、ガイドライン、ビデオ教材、テキストブック、ホームページをリストアップした。公開されているもの、入手可能なものを収録している。もちろん、これ以外にも教材・ツールはたくさんある。ここに取り上げたものは例に過ぎない（特にホームページについては、かなり選択的に挙げてある）。以下のリストは、それぞれの図書館で追加、修正を行い、充実を図っていただきたい。

これらの教材・ツール等については、各館のニーズや実情にあわせたオリジナルの教材やツールを開発する際の参考資料としても役立てていただきたい。なお、特にホームページアドレス（URL）については、変更になる場合があるので、注意していただきたい（URL最終確認　2003.3.10）。

(1) ガイドライン

・『図書館利用教育ガイドライン　合冊版』日本図書館協会図書館利用教育委員会編，日本図書館協会，2001.（『図書館利用教育ガイドラインー大学図書館版ー』を収録）

(2) ビデオ教材

・『図書館の達人』（ライブラリー・ビデオ・シリーズ）全3巻，紀伊國屋書店，1992.
1巻：図書館の機能（17分）
2巻：文献探索の基礎（19分）
3巻：雑誌記事の調べ方（18分）

・『図書館の達人 Part2』（ライブラリー・ビデオ・シリーズ）全3巻，紀伊國屋書店，1993.
4巻：人名情報の探し方（24分）
5巻：データベース検索入門（25分）
6巻：レポート・論文のまとめ方（28分）

・『新・図書館の達人』（ライブラリー・ビデオ・シリーズ）全6巻，紀伊國屋書店，1998，2002.
1巻：情報基地への招待ー図書館は世界へ開かれた窓ー（26分）
2巻：文献探索法の基礎ー情報の海で溺れないためにー（24分）
3巻：情報検索入門ーデジタル世界への旅立ちー（31分）
4巻：情報整理法の第一歩ー使うための保存と技術ー（31分）
5巻：情報表現法の基本ー伝えるための発表技法ー（23分）
6巻：レポート・論文作成法ー誰にでも書ける10のステップー（34分）

・『医学情報の達人』（ライブラリー・ビデ

オ・シリーズ）全4巻，紀伊國屋書店，1994.
1巻：生命を支える情報サービス　医学図書館（18分）
2巻：医学研究のための文献の探し方（18分）
3巻：文献データベースMEDLINE（20分）
4巻：誰にでもできる学会プレゼンテーション（17分）
・『経済文献の達人』（ライブラリー・ビデオ・シリーズ）全3巻，紀伊國屋書店，1994.
1巻：図書館を使いきる（21分）
2巻：産業・企業情報を集める（22分）
3巻：統計資料早わかり（20分）

(3) テキストブック（著者名五十音順）
・池田祥子『文科系学生のための文献調査ガイド』青弓社，1995.
・大串夏身『文科系学生のインターネット検索術』青弓社，2001.
・佐藤淑子・和田佳代子編『看護文献・情報へのアプローチ』（JJNスペシャル65）医学書院，2000.
・実践女子大学図書館編，伊藤民雄著『インターネットで文献探索』日本図書館協会，2002.
・私立大学図書館協会東地区部会研究部企画広報研究分科会編『図書館広報実践ハンドブック－広報戦略の全面的展開を目指して－』同分科会発行，日本図書館協会発売，2002.
・長尾眞監修，川崎良孝編集『大学生と「情報の活用」：情報探索入門　増補版』京都大学図書館情報学研究会発行，日本図書館協会発売，2001.
・日本図書館研究会編『大学生と図書館　第2版』日本図書館研究会，1995.
・藤田節子『図書館活用術－探す・調べる・知る・学ぶ－』日外アソシエーツ，2002.
・毛利和弘『文献探索法の基礎 2002―レポート・論文作成・調査必携』アジア書房，2002.

(4) パスファインダー
・私立大学図書館協会東地区研究部会企画広報研究分科会「Pathfinder Bank：情報探索の道案内」
http://www.jaspul.org/e-kenkyu/kikaku/pfd/

(5) 所蔵情報・出版情報等
・NDL-OPAC（国立国会図書館）
http://opac.ndl.go.jp/
・NACSIS Webcat（国立情報学研究所）
http://webcat.nii.ac.jp/
・日本の図書館・国外の図書館リンク集（筑波大学附属図書館）
http://www.tulips.tsukuba.ac.jp/other/japan.html
・Books（日本書籍出版協会）
http://www.books.or.jp/
・ブックポータル（図書館流通センター）
http://www.trc.co.jp/trc-japa/index.asp
・Amazon.co.jp（Amazon.com）
http://www.amazon.co.jp/

(6) 図書館関係組織・団体等（アルファベット・五十音順）
・ACRL（米国大学・研究図書館協会）
http://www.ala.org/acrl/
・ALA（米国図書館協会）
http://www.ala.org/
・IFLA（国際図書館連盟）
http://www.ifla.org/
・記録管理学会

http://wwwsoc.nii.ac.jp/rmsj/

- 国立国会図書館

http://www.ndl.go.jp/

- 国立情報学研究所

http://www.nii.ac.jp/

- 国立大学図書館協議会

http://wwwsoc.nii.ac.jp/anul/

- 情報科学技術協会

http://www.infosta.or.jp/

- 私立大学図書館協会

http://wwwsoc.nii.ac.jp/apul/

- 専門図書館協議会

http://www.jsla.or.jp/

- 全国学校図書館協議会

http://www.j-sla.or.jp/

- 日本医学図書館協会

http://wwwsoc.nii.ac.jp/jmla/

- 日本図書館協会

http://www.jla.or.jp/

- 日本図書館研究会

http://wwwsoc.nii.ac.jp/nal/

- 日本図書館情報学会

http://wwwsoc.nii.ac.jp/jslis/

3章

参考文献リスト

本章では、大学図書館において利用教育を実施するうえで参考になると思われる1970年代以降の図書、雑誌論文・記事について、「総論・理論」「実態調査」「実践・事例報告」「利用教育ガイドラインに関するもの」に分けて採録した。また、最後に、執筆箇所ごとの参考文献（ホームページも含む）を挙げた。なお、ACRL（米国大学研究図書館協会）作成のガイドラインと基準を除き、日本語のものに限って掲載した。

リストは、著者名の五十音順とした（アルファベットは最初）。また、図書（または図書の一部）については、行頭に種別を表示した。

(1) 総論・理論

1) ACRL Bibliographic Instruction Task Force. "Guidelines for Bibliographic Instruction in Academic Libraries" *College & Research Libraries News*, 38(4), 1977, p.92-93.

2) ACRL Bibliographic Instruction Section. "Model Statement of Objectives for Academic Bibliographic Instruction" *College & Research Libraries News*, 48(5), 1987, p.256-261.

3) ACRL Instruction Section. "Guidelines for Instruction Programs in Academic Libraries" *College & Research Libraries News*, 58(4), 1997, p.264-266.

4) ACRL Task Force on Information Literacy Competency Standards. "Information Literacy Competency Standards for Higher Education: The Final Version, Ap.roved January 2000" *College & Research Libraries News*, 61(3), 2000, p.207-215.

5) 【図書】笹井広益・山本慶裕編著『メディアと生涯学習』玉川大学出版部, 2000.6, 273p.

6) 渋川雅俊「大学図書館利用者教育研究序説：テキサス大学図書館利用者教育総合計画」を中心として」『Library and Information Science』16, 1978, p.235-251.

7) 戸田光昭「情報共有化の基盤としての情報リテラシー支援：専門図書館のための『情報活用教育ガイドライン』」『専門図書館』192，2002.3，p.1-7.

8) 仁上幸治「図書館マーケティングとプランニング・プロセス論：経営革新をめざす『実行可能な方法』の開発と導入」『専門図書館』192, 2002.3, p.8-18.

9) 【図書】日本図書館学会研究委員会編『図書館における利用者教育：理論と実際』（論集・図書館学研究の歩み　第14集），日外アソシエーツ，1994.9，248p.

10) 【図書】野末俊比古「情報検索（データベース）教育の意義と展開：図書館における利用者教育を中心に」『情報検索の理論と実際』（論集・図書館学研究の歩み　第19集）日本図書館情報学会研究

委員会編，日外アソシエーツ，1999.10, p.126-153.

11) 【図書】野末俊比古「第5章　情報リテラシー」『情報探索と情報利用』（図書館・情報学シリーズ2）勁草書房，2001.7, p.229-278.

12) 【図書】P.S.ブレイビク，E.G.ギー著，三浦逸雄［ほか］訳『情報を使う力』勁草書房，1995.1, 258p.

13) 【図書】丸本郁子「大学図書館における図書館利用教育」『21世紀への大学図書館国際シンポジウム　利用論』京都外国語大学附属図書館，1987，p.189-203.

14) 【図書】丸本郁子，椎葉敝子編『大学図書館の利用者教育』（図書館員選書27）日本図書館協会，1989，256p.

15) 【図書】丸本郁子「図書館サービスとしての利用者教育の意義」『図書館における利用者教育：理論と実際』（論集・図書館学研究の歩み　第14集）日外アソシエーツ，1994.9，p.7-30.

16) 丸本郁子「利用教育の新しい動き」『短期大学図書館研究』16, 1996, p.1-9.

17) 丸本郁子「情報インストラクターを目指して：新しい司書職の専門性「指導サービス」の創造」『短期大学図書館研究』18，1998，p.59-73.

18) 丸本郁子「情報リテラシー教育の評価：大学基礎教科目として何ができるか」『大阪女学院短期大学紀要』30，2001.3, p.31-54.

19) 三輪眞木子「基調講演　問題解決力の習得をどう支援するか：情報活用教育における図書館員の役割」『平成13年度全国図書館大会記録・岐阜』全国図書館大会実行委員会，2002.3，p.335-345.

20) 毛利和弘「レファレンス実施における教育効果と教育的配慮への考察：利用指導を主として」『私立大学図書館協会会報』72, 1979.7, p.98-107.

21) 毛利和弘「短大図書館の利用者教育：情報化社会を生き抜く秘訣として」『図書館研究協議会集録　平成4年度』図書館研究協議会，1993.3, p.30-36.

22) 毛利和弘「図書館における利用教育の重要性と新しい展開」『短期大学図書館研究』16, 1996.7, p.11-21.

23) 毛利和弘「専門性確立に不可欠な図書館利用教育」『図書館雑誌』94(3), 2000.3, p.156-158.

24) 【図書】毛利和弘『文献探索法の基礎2002』アジア書房，2002, 181p.

(2) 実態調査

1) 大城善盛，生嶋圭子，村上泰子「大規模大学図書館における利用者教育の実態：平成5年度調査」『図書館学会年報』40(4), 1994.12, p.133-144.

2) 村上泰子，大城善盛，生嶋圭子「中規模大学図書館における利用者教育の実態：平成6年度調査」『図書館学会年報』41(3/4), 1995.12, p.145-155.

3) 村上泰子，大城善盛，生嶋圭子「小規模大学図書館における利用者教育の実態：平成7年度調査」『図書館学会年報』44(1)，1998.3，p.17-31.

4) 丸本郁子「大学図書館利用指導実態調査—関西地区において」『大阪女学院短期大学紀要』18，1987，p.7-31.

5) 毛利和弘「利用指導の実情　4年制大学（『日本の図書館』付帯調査概要報告）」『現代の図書館』26(2), 1988.6, p.116-120.

6) 毛利和弘「利用指導の現状：4年制大学（日本の図書館付帯調査概要報告）」『現代の図書館』32(1), 1994.3, p.64-69.

(3) 実践・事例報告

1) 【図書】赤瀬美穂，石田俊郎「大学図書館における利用者教育：京都産業大学の事例」『図書館における利用者教育：理論と実際』（論集・図書館学研究の歩み　第14集）日本図書館学会研究委員会編，日外アソシエーツ，1994.9, p.193-205.

2) 市河原雅子，村上幸江，魚住英子「関西学院大学図書館におけるレファレンスサービスの試み：2課チーム制によるレファレンスカウンター開設とその後の実践（事例報告）」『大学図書館研究』58, 2000.3, p.51-57.

3) 市古健次「授業と図書館の有機的結合の一手段としてのライブラリー・インストラクション：卒業論文を中心に」『大学図書館研究』28, 1986, p.71-78.

4) 伊藤光郎「明治大学の「図書館活用法」の開講と利用者教育の事情：2000年度の講師担当を中心にして」『大学の図書館』20(9), 2001.9, p.169-170

5) 上原恵美「琉球大学附属図書館における情報リテラシー教育」『大学図書館研究』54, 1998.12 p.55-65.

6) 大城善盛「フロリダ国際大学図書館における利用者教育」『人文学』164, 1998.11, p.208-176.

7) 【図書】川崎良孝編集，長尾真監修『大学生と「情報の活用」：情報探索学入門増補版』京都大学図書館情報学研究会，2001.4, 197p.

8) 川路孝昭「図書館ガイダンスと図書館同士会」『大学の図書館』17(3), 1998.3, p.40-44.

9) 木村修一「『特別演習』と図書館利用教育との結合：三つの手法を用いた事実分析」『短期大学図書館研究』16, 1996, p.23-30.

10) 慈道佐代子「全学共通科目「情報探索入門」の試み：図書館の役割について」『大学図書館研究』54, 1998.12, p.43-53.

11) 慈道佐代子「全学共通科目「情報探索入門」の試み：図書館の役割について－」『第17回大学図書館研究集会記録学術情報提供と次世代図書館サービス一大学図書館の今後の戦略一』第17回大学図書館研究集会運営委員会編，2000.3, p.104-108.

12) 高橋克明「横浜市立大学学術情報センターにおける情報リテラシー教育への取り組み」『薬学図書館』46(4), 2001, p.307-311.

13) 高山正也「情報利用教育実践の大学における試み：慶應義塾大学における『資料検索法』と『法学情報処理』の概要」『専門図書館』163, 1997.4, p.5-10.

14) 都築埴雅「『利用者サービスの方針確立』と『わかりやすいサービスの実現』をめざして」『大学の図書館』17(3), 1998.3, p.34-39.

15) 登坂善四郎「文献検索活動を支援する利用者教育」『大学の図書館』14(1), 1995.1, p.7-9.

16) 戸田あきら「文教大学越谷図書館における新入生向け利用者教育」『大学の図書館』20(9), 2001.9, p.166-168.

17) 戸田光昭「情報活用能力を高めるための基盤としての，大学における情報リテラシー教育（その1）：文献情報利用教育と実践事例の紹介」『文化情報学：駿河台大学文化情報学部紀要』5(1), 1998, p.51-60.

18) 戸田光昭「情報活用能力を高めるための基盤としての，大学における情報リテラシー教育（その2）：オリエンテーション科目としての『資料検索法』」『文化情報学：駿河台大学文化情報学部紀要』5(2), 1998, p.37-42.

19) 戸田光昭「情報活用能力を高めるための基盤としての，大学における情報リテラシー教育（その3）：オリエンテーション科目としての『論文執筆法』」『文化情報学：駿河台大学文化情報学部紀要』6(1), 1999, p.49-58.

20) 戸田光昭「大学における情報リテラシー教育：情報活用能力を高めるための基盤として」『情報管理』42(12), 2000.3, p.997-1012.

21) 橋洋平「高専図書館で情報リテラシー教育は可能か？」『大学の図書館』20(9), 2001.9, p.170-172.

22) 平尾行蔵［ほか］「大規模大学の1～2年生に対する情報リテラシー教育とメディアセンター」『大学図書館研究』54, 1998.12, p.33-42.

23) 宮本英行「利用者教育について」『大学の図書館』14(1), 1995.1, p.5-6.

(4)『図書館利用教育ガイドライン』

1) JLA図書館利用教育委員会「情報教育を図書館サービスのもうひとつの柱に！：図書館利用教育ガイドライン大学版（第2次案）まとまる」『図書館雑誌』89(10), 1995.10, p.837-843.

2) JLA図書館利用教育委員会「図書館利用教育を全学生の必修に！　カリキュラムに組み込んでいくための実績づくり：図書館利用教育ガイドライン（大学版）第2次案」『図書館雑誌』90(6), 1996.6, p.408-411.

3) JLA図書館利用教育委員会（文責：丸本郁子）「利用教育ガイドラインが描く専門職像：刊行された4館種版は図書館サバイバルの指針」『図書館雑誌』94(3), 2000.3, p.154-155.

4) 企画広報研究分科会「『JLA図書館利用教育ガイドライン』から『大学図書館指導サービスマニュアル』へ」『大学の図書館』18(3), 1999.3, p.40-41.

5) 仁上幸治「コンビニに負けない生涯学習支援サービスを！：市民の情報リテラシーと社会教育」『月刊社会教育』44(10), 2000.10, p.23-28.

6) 仁上幸治「JLA利用教育ガイドラインQ and A：高い理想と柔軟な戦略で部分的段階的な実現を（インタビュー）」『大学の図書館』18(3), 1999.3, p.36-38.

7) 仁上幸治「長い片想いの果てに：情報リテラシー支援事業委員会への遠い道のり」『大学の図書館』338, 2002.1, p.11-13.

8) 仁上幸治「『家元』制度と専門性の復興：事業展開は組織改革から」『大学の図書館』342, 2002.5, p.62-68.

9) 仁上幸治「ホームページ上に『万能道具箱』を！：情報リテラシー支援装置としての上部団体の役割」『第18回大学図書館研究集会記録』2002.3, p.91-98.

10) 丸本郁子「“だれでも、どこでも、いつでも”の思いを込めて」『大学の図書館』18(3), 1999.3, p.34-36.

11) 水田健介「日本図書館協会『図書館利用教育ガイドライン－大学図書館版－』を読む」『大学の図書館』18(3), 1999.3, p.39.

(5) 各章・節に関連するもの

（Ⅲ 3.1）

1) 慶應義塾大学日吉メディアセンター「dLib Digital Library」<http://www.hc.lib.keio.ac.jp/dLib/index.html>

2) 慈道佐代子「情報リテラシー教育への参画：全学共通科目『情報探索入門』の

試み－」『薬学図書館』46(1), 2001, p.13-17.

3) 戸田光昭「大学における情報リテラシー教育：情報活用能力を高めるための基盤として」『情報管理』42(12), 2000, p.997-1012.

4) 茂出木理子「東京大学における新しい情報サービスの戦略と展開：利用者は電子図書館サービスに何を求めているのだろうか？」『INFOSTAシンポジウム予稿集』2001, p.63-66.

5) 山口大学附属図書館「情報リテラシー参考資料」<http://www.lib-c.yamaguchi-u.ac.jp/literacy/literacy.html>

（Ⅲ　7.2, 7.2）

6) 毛利和弘「『参考業務実態調査報告』研究（1）」『私立大学図書館協会会報』68, 1977.6, p.24-32.

（Ⅳ　1.1, 2.1, 2.2）

7) 私立大学図書館協会企画広報研究分科会『サインの研究（私立大学図書館協会企画広報研究分科会報告書　1996-97年度）』1998.

8) 【図書】私立大学図書館協会企画広報研究分科会『図書館広報実践ハンドブック：広報戦略の全面展開を目指して』（私立大学図書館協会企画広報研究分科会報告書No.4）日本図書館協会［発売］, 2002.9.

9) 高橋昇, 仲谷由香理, 仁上幸治「新図書館とサインシステム計画－ＵＩによるデザイン統合システムの開発をめざして－」『早稲田大学図書館紀要』27, 1987.3, p.58-90.

10) 仁上幸治「大学図書館広報を考えなおす：戦略への脱皮をめざして」『現代の図書館』21(4), 1983.12, p.233-230.

11) 仁上幸治「広報活動における相互協力の拡大：ポスター・本の栞の共同制作の歩み」『私立大学図書館協会会報』86, 1986.6, p.65-100.

12) 平岡健次, 須賀晋一郎「大学図書館のサイン　現状分析と一考察：利用者の視点に立った改善の進め」『私立大学図書館協会会報』112, 1999.7, p.97-102.

（Ⅳ　1.2）

13) 私立大学図書館協会企画広報研究分科会．前掲 8）.

14) 【図書】谷山雅計「話題を作る技術」広告批評編『私の広告術』マドラ出版, 2000.3.

15) 【図書】電通クリエーティブ部門編著『アートディレクター入門：広告を魅せる人たちがいる』電通, 1996. 遥洋子『東大で上野千鶴子にケンカを学ぶ』筑摩書房, 2000.1.

16) 【図書】ピエ・ブックス編『キャッチコピー大百科　業種別』ピエ・ブックス, 1996.5.

17) 【図書】ピエ・ブックス編『雑誌広告キャッチコピー大百科』ピエ・ブックス, 1998.6.

18) 【図書】ピエ・ブックス編『ベントチラシ・グラフィックス：Event flyer graphics』ピエ・ブックス, 1996.7.

19) 【図書】藤沢晃治『「わかりやすい表現」の技術』（講談社ブルーバックス）講談社, 1999.

20) 【図書】保坂政和『広報紙（会報・機関紙）のつくり方・見出し編』泰流社, 1984.

21) 【図書】堀章男『広報仕事術』コミュニティハウス, 1997.

22) 【図書】町田忍編著『戦時広告図鑑：慰問袋の中身はナニ？』WAVE 出版, 1997.8.

23) 【図書】丸山尚『広報紙・社内報づくり

の実務』中央経済社，1988.
24) 【図書】安田輝男『あの広告はすごかった！：日本の優秀アイデア作品集』中経出版，1997.9.
25) 【図書】レイアウトデザイン研究会編『レイアウトデザイン見本帖　書籍編』ピアソン・エデュケーション，2000.4.
26) 【図書】ケネス・ローマン，ジェーン・マース『売れる広告：効くメッセージ』日経広告研究所，1996, p.56-77.
（Ⅳ　1.4, 1.5）
27) 【図書】野末俊比古「第5章　情報リテラシー」『情報探索と情報利用』勁草書房，2001, p.258-259.
28) 【図書】笹井広益, 山本慶裕編著『メディアと生涯学習』玉川大学出版部，2000.
29) 三輪眞木子「基調講演　問題解決能力の習得をどう支援するか：情報活用教育における図書館員の役割『平成13年度全国図書館大会記録・岐阜』全国図書館大会実行委員会，2001, p.335-345.
（Ⅳ　2.4）
30) 【図書】私立大学図書館協会企画広報研究分科会．前掲 8).
（Ⅳ　3.1）
31) 私立大学図書館協会東地区部会研究部企画広報研究分科会ビデオチーム「ビデオによる図書館利用指導を考える」『大学図書館研究』30, 1987.5, p.64-75.
（Ⅳ　3.8）
32) 【図書】諏訪邦夫『発表の技法：計画の立て方からパソコン利用法まで』（ブルーバックス B-1099）講談社，1995.
33) 戸田光昭「指導サービス講習会を継続開催に！：初の情報検索指導ワークショップ盛況」『図書館雑誌』1999.11, p.922-923.
34) 【図書】ボブ・ボイラン『プレゼンテーション成功の秘訣13』TBSブリタニカ，1993.

あとがき

「図書館利用教育」をテーマとした「ハンドブック」の刊行は、恐らくわが国で初めてのことであろう。この事実自体が、大学図書館において「利用教育」が一つのサービスとして確立していることを示唆するものだといえよう。

とはいえ、初めてのものであるからこそ、本書は決して完成されたものではない。むしろ、まずは世に問う段階にあるといってよい。本書をお使いいただき、ご意見、ご批判をぜひお寄せいただきたい。大学図書館を取り巻く環境が急激に変化していくなか、このハンドブックも適宜、改訂していく必要がある。お寄せいただいたご意見、ご批判は、積極的に取り入れ、よりよいものをつくりあげていきたいと考えている。

最後になるが、執筆を快諾し、玉稿を寄せてくださった、特に委員会委員以外の執筆者各位に改めて感謝申しあげる。加えて、なんとか年度内の刊行には間に合ったものの、予定からは随分と遅れてしまったことを深くお詫びする次第である。

日本図書館協会図書館利用教育委員会（e-mail: cue@jla.or.jp）

索　　引

●サ行

※　「→」は「を見よ」参照、「→：」は「をも見よ」参照を表す。
※　太字は主要な解説を行なっているページである。
※　第Ⅰ部、第Ⅴ部、第Ⅵ部および各部・章の導入部分と図表は、索引の対象になっていない。
※　主要な用語・概念の定義・意味については、「用語解説」(第Ⅵ部1章)も参照のこと。

執筆者一覧

赤瀬　美穂　図書館利用教育委員会委員
有吉　末充　図書館利用教育委員会委員
市川　美香　昭和女子大学図書館
塩田　純子　東京医科大学看護専門学校図書室
慈道佐代子　京都大学附属図書館
鈴木　正紀　文教大学湘南図書館
高橋　典子　昭和女子大学図書館
戸田　光昭　駿河台大学
仁上　幸治　図書館利用教育委員会委員
野末俊比古　図書館利用教育委員会委員
福田　博同　跡見学園女子大学
丸本　郁子　図書館利用教育委員会委員
三浦　正克　国立小山工業高等専門学校
毛利　和弘　図書館利用教育委員会委員
和田佳代子　図書館利用教育委員会委員

表紙デザイン
堀切　　操　日本大学総合学術情報センター学術情報課

図書館利用教育委員会委員名簿

（委員長）
濱田　敏郎　慶應義塾大学名誉教授（1989-1999）
戸田　光昭　駿河台大学（2000-2001）
毛利　和弘　亜細亜大学図書館（2001-）

（委　員）
青木　玲子　越谷市男女共同参画支援センター（1997-）
赤瀬　美穂　京都産業大学図書館（1999-）
有吉　末充　神奈川県立神奈川工業高等学校図書館（1996-）
池田　祥子　東京都立中央図書館（1999-2001）
梅原由紀子　東京都立八潮高等学校図書館（2001-）
尾田真知子　北陸学院法人本部（1989-1999）
木下みゆき　大阪府立女性総合センター情報ライブラリー（2002-）
戸田　光昭　駿河台大学（1997-2001）
仁上　幸治　早稲田大学図書館（1990-）
野末俊比古　青山学院大学（1995-）
平久江祐司　図書館情報大学（1997-2001）
丸本　郁子　大阪女学院短期大学（1989-）
毛利　和弘　亜細亜大学図書館（1989-）
和田佳代子　昭和大学付属烏山看護専門学校図書室（2001-）

（事務局）
久保木いづみ　日本図書館協会

※　この名簿は、1999年以降に在籍した委員名をすべて記載した（カッコ内は在籍期間）。この中には、直接本書の作成に関わっていない委員も含まれている。
※　所属は、現委員については2003年1月時点のもの、元委員については在任当時のもの。

図書館利用教育ハンドブック－大学図書館版

2003年3月30日　初版第1刷発行©
2006年6月10日　初版第3刷発行
定　価　本体2200円（税別）

編　者　日本図書館協会図書館利用教育委員会
発行者　(社)日本図書館協会
〒104-0033　東京都中央区新川1-11-14　Tel　03-3523-0811㈹
印　刷　㈱ワープ

JLA200610　Printed in Japan
ISBN4-8204-0230-7

本文用紙は中性紙を使用しています。